★図解★

最新 契約の基本と実務がわかる事典

弁護士
森　公任
弁護士
森元みのり 監修

三修社

本書に関するお問い合わせについて

本書の記述の正誤に関するお問い合わせにつきましては、お手数ですが、小社あてに郵便・ファックス・メールでお願いします。大変恐縮ですが、お電話でのお問い合わせはお受けしておりません。内容によっては、お問い合わせをお受けしてから回答をご送付するまでに１週間から２週間程度を要する場合があります。

なお、本書でとりあげていない事項についてのご質問、個別の案件についてのご相談、監修者紹介の可否については回答をさせていただくことができません。あらかじめご了承ください。

はじめに

人が社会において生活をするために無意識のうちに多くの契約を交わしています。日用品を購入すれば、その数と同数の契約を交わし、水道、電気、ガスなどの生活必需サービスも供給契約に基づき提供され、土地や建物を借りるときも、旅行に出かけるときも、すべて契約を交わすことになります。

ただ、締結した契約がどのような内容で、どんな原則や法律の規定に基づいているかを理解している人は多くはありません。契約についての知識がないことから、トラブルになった場合に、不利益な行動や言動をとってしまうことがあります。契約において、不利益を被らないために、契約の基本的な原則やさまざまな契約について理解をしておくことは、契約に基づくトラブルを防止するためにも役立ちます。

本書では、ビジネスから日常生活まで、あらゆる場面で必要になる、暮らしをとりまくさまざまな契約のしくみと関連法律を161の項目に分けてわかりやすく解説した法律事典です。契約についての一般的な原則からさまざまな契約の種類をとりあげ、各契約を理解する上で重要となる事項を説明しています。また、契約書の書き方、電子商取引、公正証書、など、最新の動きや契約に関わるさまざまな制度の重要ポイントについてもわかりやすく解説するように心がけました。巻末には「実務に使える書式集」を掲載しています。

契約と深いかかわりのある消費者契約法、特定商取引法、割賦販売法については、とくに紙面をさいて解説しました。2020年４月施行の民法債権法改正など最新の法律改正にも対応しています。

本書をご活用いただき、皆様のお役に立てていただければ監修者として幸いです。

監修者　　弁護士　森公任　弁護士　森元みのり

Contents

第4章 契約書の記載事項と作成法

第7章 割賦販売法のしくみ

巻末 実務で役立つ契約書式集

第１章

契約の一般ルール

1 契約とは何か

契約書がなくても契約は成立する

契約と約束はどう違うのか

私達が日々生活する上で、守らなければならない約束があります。わかりやすい例で言えば、品物を購入したら店に代金を支払うという約束が発生しますが、この約束を**契約**といいます。

このように、特に意識していなくても、私たちは日々契約を交わしながら生活をしているのです。

契約には、法律上の権利や義務が発生します。このため、契約が履行されなかった場合、その相手を訴えるなどして、その約束を強制的に行使することが可能です。

一方、ある物事についての取り決めが約束です。ただ、この場合はお互いが約束を交わしていて、たとえそれを相手が守らなかったとしても、強制して履行させることはできません。

このように、契約と約束の間には、法律上の強制手段が成り立つかどうかの違いがあります。

契約といってもさまざまな種類があります。民法は、おもな契約として、贈与、売買、交換、消費貸借、使用貸借、賃貸借、雇用、請負、委任、寄託、和解、組合、終身定期金という13種類の契約について規定しています。

なぜ契約書を作るのか

契約とは、契約書を交わすものと考えている人もいるかもしれませんが、

契約書を作成する理由

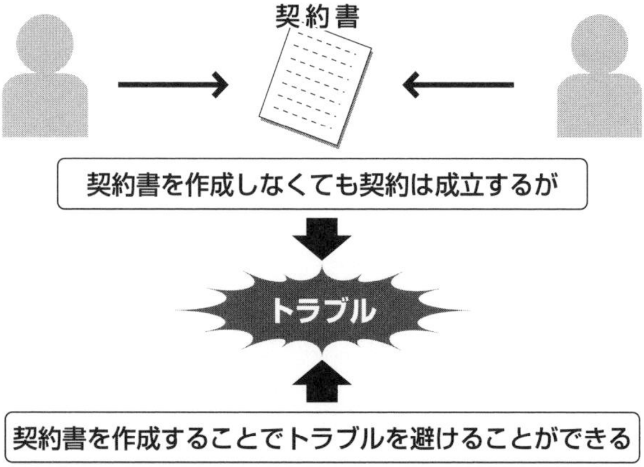

実際には、契約書はたいていの場合、交わされることはありません。言葉だけで約束し、それに対して相手が承諾すれば、そこで契約の成立となります。

しかし、特に高い買い物をする場合、口約束だけではお互いの記憶も曖昧《あいまい》となり、トラブルの元となります。これらを避けるためにも契約書が存在するのです。

契約書の目的は、ある物事についての取り決めが、「法的」な約束ごとであることを明確にすることです。さらに、契約後のお互いの行動を定め、その結果しだいでは双方に法的に強制力を負わせる証明にもなります。

まず、契約書に必要なのは契約成立日を明確にすることです。これがはっきりとしていなければ、契約の意味はありません。

次に、契約内容の詳細を間違いなく記載しておくことも必要です。特に、日付と契約内容は重要なので、契約の際は間違いのないように確認することが大切です。

その他、契約する際に、収入印紙などの経費が必要になる場合がありますが、これらの経費の負担をどちらが負うのかについて定めておく必要があります。

また、契約が履行されなかった場合の責任の所在や、損害賠償の際の内容、契約を解除する条件も定めておくことも重要です。

このように、契約書によって双方の義務や権利、責任をはっきりとさせておくことで契約はトラブルなく機能することができます。

契約書サンプル

土地売買契約書 ← 表題(タイトル)

○○不動産株式会社（以下「甲」という）および△△△△（以下「乙」という）は、次のとおり土地の売買契約を締結した。 ← 前文

第１条（売買契約の目的） 甲は、下記物件（以下「本件土地」という。）を金○○円で乙に売り渡し、乙はこれを買い受ける。 ← 目的条項

記

所　在	神奈川県○○市○○区○町○丁目
地　番	○○番○○
地　目	宅地
地　積	○○・○○平方メートル

2 申込と承諾

申込と承諾で契約は成立する

意思の合致とは

たとえば、デパートに行って陳列されているスカートを見て、気に入った１枚を試着してみるとします。このデパートが「スカートの陳列」をするという行為は、顧客の申込を誘う申込の誘引にあたります。そして、試着したスカートを買うことを決心し、レジで「これをください」といいます。これが契約の**申込**です。

これに対して、店員が「かしこまりました」と言うのが契約の**承諾**です。これにより申込と承諾が合致する、つまり「意思の合致」がなされて、契約が成立したことになります。なお、売主が複数回にわたり商品を送付してきた場合に、買主が異議を述べない場合など、承諾の意思表示を黙示により行うことが認められる場合があります。

契約というと、契約書を正式に交わさなければならない難しいものと考えがちですが、このように口頭でも契約は立派に成立します。しかし、ビジネスにおいては、後々トラブルが起こらないように、申込と承諾を書面（申込の場合は発注書や注文書、承諾の場合は受注書や注文請書など）に明記し、証拠として残すのが普通です。さらに、申込の有効期限や承諾の回答期限も明確にしておくことも大切です。

申込の意思表示の成立

契約は申込と承諾の合致、つまり「意思の合致」によって成立しますが、申込と承諾がいつ成立するのかについて知っておくことも重要です。

契約の申込は、たとえば買主が「この商品を売ってください」という意思表示が売主に到達したときに成立します。このように、契約の申込には**到達主義**が採用されています。到達主義とは、意思表示が相手に到達した時点で効力を持つことです。買主が商品の代金を支払った時点でも、売主が代金を受け取った時点でもないことに注意をしなければなりません。

では、値段を交渉するような場合はどうでしょうか。まず買主が「これを3500円で売ってください」と売主に申し込みます。この値段では不服な場合、売主は「3800円なら売ることができます」と買主に提案します。これは売主による新たな申込にあたります。買主が値段に納得した場合は、「承知しました。3800円で買いましょう」と言った時点で、承諾が成立します。

承諾の意思表示はいつ成立する？

民法上は、契約の申込と同様に、契約の承諾についても到達主義が採られ、承諾の意思表示が相手に到達した時に、申込と承諾が合致して、契約のとして効力を生じることになります。まず、買主と売主が直接対面している場合（対話者間）には、相手の申込に対して「この商品を売ります」と言った時点で承諾が成立します。代金を受け取った時に承諾が成立するわけではないことに注意が必要です。

なお、かつては離れた者同士（遠隔地）における契約の承諾は発信主義を採用していました。**発信主義**とは、意思表示を相手に発信した時点で効力を持つことです。発信主義によると、承諾の意思表示が相手に到達していなくても、承諾を発信さえすれば契約は成立したことになります。

しかし、電話、FAX、インターネットなど情報通信技術の発達した現在では、手紙などの時間がかかる手段のみの利用は少なくなっています。そこで民法は、遠隔地（隔地者間）における承諾の意思表示についても、相手方に到達した時点で、契約の承諾が成立すると規定しています。

また、承諾のための期間を定めて行った申込については、原則としてその期間内は撤回できません。そして、遅延して承諾の意思表示が届いた場合、原則として契約は成立しません。

一方、承諾のための期間を特に定めずに行った申込については、一定期間経過後でなければ、申込の意思表示を撤回できません（撤回するまで申込は有効なまま存続します）。

契約の効力発生時期

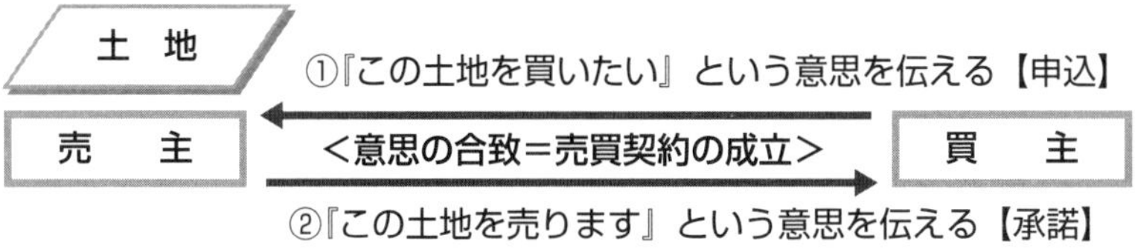

◎申込・承諾共に「到達主義」が採られる

◎承諾のための期間を定めた場合

承諾の意思表示が遅延して届いた場合、申込を行った者は相手方に通知する義務はない ⇒ **この場合、原則として契約は成立しない**

◎承諾のための期間を定めなかった場合

原則として一定期間経過後でなければ、申込の意思表示を撤回できない

3 契約締結の自由①

原則として契約は法律に優先する

4つの原則と例外

契約は契約自由の原則によって、原則として自由に締結することができます。契約自由の原則とは、具体的には以下の４つを意味します。

① 締結する・しないの自由

契約の締結は原則として当事者の自由であり、片方の当事者が契約を結びたくても、もう片方の当事者が契約の締結を望まないのであれば、契約は成立しないということです。ただし、一部に例外もあります。たとえば、医者は他の患者の治療があって新たな患者を治療する余裕がないなどの正当な理由がない限り、患者を治療しなければなりません（医師法19条）。

② 契約の相手方の自由

契約を結ぶ場合、双方が契約の相手方を自由に選んでよいということです。しかし、明らかに力関係に差があるような場合には例外があります。労働者と使用者では、法的には公平な関係であっても実際には使用者のほうに力があることは明らかです。このような場合に「契約の相手方の自由」を無制限に認めてしまうと、労働組合に入ろうとしている人を雇用しないなどの事態が生じる危険性があります。

そこで「契約の相手方の自由」の例外として、労働組合法は「労働組合に入ろうとしていることを理由として労働契約を拒否できない」と規定しています。

③ 契約内容の自由

いつ、どこで、誰が、何を、どうする、どういう条件で、などの契約内容を当事者の合意があれば原則として自由に決められるということです。ただし、内容が反社会的であるなどの問題で契約の内容にはできないこともありますので注意が必要です。

また、契約の当事者の間に明らかに力の差がある場合は、弱者を保護するために「契約内容の自由」の例外を設けています。たとえば、消費者契約法は、業者と消費者との契約は、消費者に一方的に不利な契約内容は無効として消費者の保護を図っています。

④ 契約の方法の自由

口約束でも書面でも、双方の合意があれば契約として成立するということです。もっとも、必ず書面によらなければならないものもあります。具体例としては、建設工事の際の請負契約などが挙げられます。

4 契約締結の自由②

何もかも自由というわけではない

当事者の合意と強行規定

契約の内容が法律と異なる場合でも、原則として契約として締結されたことについては、法律に優先します。契約は当事者の合意に基づいて作られる強制力を伴った当事者間のルールであり、契約の当事者間では、まず契約というルールを守ることが求められます。

しかし、「法律が契約に優先する」場合もあります。当事者同士の合意よりも優先する法律の規定を**強行規定**といいます。強行規定の内容に違反・矛盾する合意は無効です。そのため契約をするときには強行規定に違反しない範囲で契約をしなければなりません。

強行規定が存在する理由は、大きく分けて３つあります。

① 社会秩序の維持

② 取引の安全、第三者の信頼の保護

③ 社会的・経済的な弱者の保護

もっともなじみ深いのは、③の弱者保護です。たとえば、借地借家法30条には、特約であっても建物の賃借人（建物を借りる人）に不利なものは無効とするものがありますが、これは不動産に関する知識や経済的立場の差を考慮して、一般的に弱者とされる賃借人を保護する必要があるからです。

消費者保護のための自由の制限

商品を購入するのも一つの契約ですが、経済活動の複雑化、高度化を考慮すると、事業者のほうが消費者より、商品に関する知識も豊富で、交渉力にも長けています。そのため、事業者主導の契約が締結される可能性が高いことから「強者」といえます。もし消費者が買った商品について商品の機能・価値が自分の望むものではない、重大な思い違いで買ったなど、ある正当な理由で返品・返金を望んだとしても、事業者が快く消費者の要求に応じてくれることは稀です。

そこで、悪質な商法を行う事業者の増加や事業者と消費者のトラブルの増加という社会的問題をふまえ、弱い立場にある消費者を保護するために特定商取引法や消費者契約法などが作られました。消費者契約法は、消費者と事業者が取引する場合のルールを定めています。また、一定の取引について事業者を規制し、消費者を保護するのが特定商取引法です。消費者と事業者との契約については、特定商取引法や消費者契約法などを適用することによって、消費者が不当な被害を被らないように、消費者の救済が図られています。

5 契約の有効性

契約自由の原則の例外は多く存在する

無効とされる契約

契約自由といっても、何もかも自由というわけではありません。それでは、どのような場合に有効な契約として認められないのかについて以下見ていきましょう。

① 実現不可能な契約

「自力で空を飛んだら100万円あげよう」などというような契約です。契約の内容（自力で空を飛ぶ、100万円をあげる）は誰が判断しても明確にわかりますが、そもそも実現不可能な契約は無効とされます。

② 契約の内容が不明確なとき

「就職が決まったら何かプレゼントしよう」というような、「何か」の内容が特定できないような契約のことです。この場合も無効です。

③ 勝手に結んだ場合

たとえば、誰かが自分の名前を語って勝手に契約をした場合や、誰かが勝手に自分の代理人として契約を結んだ場合、当事者は契約とは無関係のため、契約はそもそも成立しません。

公序良俗違反契約

有効な契約であるというためには、当然ながら、契約内容も適法でなければなりません。社会的に妥当性を欠くような契約は、契約としての効力が認められません。社会的妥当性は、主に公序良俗違反の有無をめぐり問題になり、公序良俗違反（明らかに反社会的、不当な契約）は、無効になります。「公序良俗」は時代と共に変化しますし、個人間の常識の差もあるので有効か無効か意見の分かれるものもありますが、通常は一般常識で判断できます。たとえば殺人依頼、愛人契約、不当な男女差別を内容とする契約は、公序良俗に反するものとして無効です。

強行規定違反の契約

強行規定に違反する契約も無効になります。強行規定の具体例としては以下のものがあります。

① 借地借家法

当事者同士の契約内容が借地借家法の規定よりも借地人にとって不利な場合は、その規定は無効となり、借地借家法が優先することになります。たとえば、借地権の存続期間は30年となっていますが、30年より短い期間を定めた場合には、借地人にとって不利なものにあたり、期間は30年となります。

② 利息制限法

利息制限法における強行規定は利息の上限に関するものです。不当に高い利息が設定されないように、利息制限法の強行規定によって利息の上限が定められています。

たとえば、10万円以上～100万円未満の借入金についての利息の上限は、年利18％とされているので、たとえば、50万円を年利20％で借りたとしても、20％という利率は無効となり、年利18％という強行規定が適用されます。

③　流質・流担保

流質、流担保の場合も、強行規定があります。流質、流担保とは、借金を弁済期に返せなかった場合に、質あるいは担保として提供されたものを、借金の代わりに得ることです。

しかし、50万円の借金を返せなかったために、担保に提供した100万円の指輪がとられてしまうというのは債務者にとって酷な話です。そこで、債権者はその宝石を競売にかけて優先的に弁済を受けることができますが、清算して余りがある場合には、債務者に返還しなければならないとされています。これに反する特約をしても、それは無効になります。

④　消費者保護に関する特例

消費者保護のための法律の中にも強行規定があります。よく知られているのがクーリング・オフという制度ですが、これは訪問販売や電話勧誘販売など特定の取引について、一定の期限内であれば、無条件で契約を解約することができるという制度です。契約でクーリング・オフを認めない内容、クーリング・オフと矛盾する内容を取り決めていたとしても、その部分は無効になります。

一方に不当な契約は無効となる

消費者契約法では、契約で、事業者が債務不履行・不法行為責任を全面的に免れる内容の特約を定めていたとしても、そのような契約は無効とすることを定めています（170、172ページ）。

強行規定とされているおもなもの

借地借家法	当事者同士の借地契約や借家契約の内容が借地借家法の規定より不利な場合には、借地借家法が適用される
利息制限法	利息の上限が決められている
流質契約	質や担保として提供されたものを、借金の代わりに、得ることは原則としてできない
消費者保護に関する特例	クーリング・オフを認めない契約をすることはできない

6 無効・取消

法律行為の効力が否定されると原状回復義務が発生する

無効と取消とは

「未成年者の行為は取り消すことができる」「公序良俗違反による行為は無効」などというように、法律行為の効力に関しては、無効や取消という言葉がでてきました。ここでは、この2つの言葉について見ていきましょう。

無効とは、意思表示が当然のこととして効力をもたない場合をいいます。つまり原則として、誰かが何らかの行動を起こすまでもなく、その意思表示は初めから効力を持たないと扱われることになります。これに対して、**取消**とは、一応有効とされるが、取り消されれば、さかのぼって無効とされる場合をいいます。したがって、取り消すことのできる行為は取り消されるまでは有効です。取り消すことのできる事情があっても、それが自分に有利なものだと考えれば、取り消さないこともできます。

もっとも無効や取消が問題になるのは、意思表示自体は存在しているということです。法律行為の大前提ともいえる、意思表示自体がそもそも存在しない場合には、法律行為は「不成立」であり、無効や取消とは異なることに注意が必要です。

なお、無効に関して、取消的無効という考え方についても理解しておく必要があります。本来は、誰もが意思表示の無効を主張することが可能ですが、取消的無効については、一方当事者のみが、意思表示の無効を主張することが認められます。たとえば、乳幼児のような意思能力を持たない者の意思表示については、意思能力を持たない者の側（この場合は親などの保護者）のみが、意思表示の無効を主張することができます。

無効と取消はどう違う

まず、追認の意味合いが異なります。**追認**とは、欠陥のある法律行為を事後的に認める事です。無効行為は当然に効力をもたないので、追認しても有効になるわけではありません。無効行為の追認は新しい意思表示をしたとみなされます（119条）。

これに対して、**取り消すことのできる行為の追認**は、一応有効に成立している行為を、確定的に有効にする行為ということになります。これによって、法律行為の相手方にとって、取り消されるか否かという不安定な状態から解放され、法律関係が確定するという意味合いがあります。

なお、取り消すことのできる法律行

為の相手方は、取り消されるか否かが不明確な間は、法律的に不安定な位置に置かれざるを得ません。そこで、法律行為の相手方は、一方当事者である制限行為能力者や無権代理行為の本人に対して、追認するか否かを確認することが認められています。これを**催告**といいます。催告を行った後に、一定の期間内に何ら確答（追認するかしないかの返事）が得られない場合には、追認が拒否されたものとして扱われます（20条１項、114条）。

追認が行われると、それ以降は、当該法律行為は完全に有効な法律行為であると扱われるため、いったん追認した法律行為について、後になって取り消すことはできません。

また、取消権者が追認の意思表示を示していなくても、法律が定める事実があったときに追認したものと扱われる場合があります。これを**法定追認**といいます。民法は法定追認にあたる事実として、次の６つを規定しています（125条）。それは、①取消権者が債務の全部または一部を履行した場合、②取消権者が相手方が負う債務の履行を請求した場合、③取消ができる法律行為に関して更改契約を結んだ場合、④取消権者の負う債務について抵当権等の担保を提供した場合、⑤取消ができる法律行為により取得した権利の全部または一部を取消権者が譲渡した場合、⑥取消権者が取消可能な法律行為に基づき強制執行を行った場合です。

次に、無効は誰であっても主張できます。一方、取消は詐欺・強迫を受けた者やその代理人など、または制限行為能力者やその代理人など、一定の人しか主張ができません（120条）。

無効はいつまでも主張できます。一方、取消は追認ができる時から５年間、あるいは法律行為をした時から20年間を経過すると主張できなくなります（126条）。

このように両者に違いがありますが、これは取引の安全などいろいろな事情を考慮した上で、「その行為がなかったことにする」と主張したい人をより強く保護すべき場合なのか、それほどでもないのかによって、「無効」を主張できる場合と「取消」を主張できる場合が区別されたためです。

無効と取消についてのまとめ

	主張できる者	主張できる期間	追　認	効　力
無効	誰でもできる	いつでも主張できる	できない	当然無効
取消	取消権がある者（120条）	期間が限られている（126条）	できる	はじめにさかのぼって無効

7 原状回復義務

契約などが行われた以前の状態に戻す義務

どんな義務なのか

たとえば、土地の売買契約において、売主が、実際には存在しない地価が高騰する理由を、まるで存在するかのように装い、これを信じた買主が土地の売買契約を締結して、すでに代金も支払った後で、土地も買主に引き渡されていたとしましょう。この場合、買主が詐欺を理由に契約を取り消すと、この契約は遡ってはじめから無効であったとして取り扱われます。

このように契約が取り消された場合、すでに買主は土地の引渡しを受けており、売主は代金の支払いを受けています。契約が遡って無効になった以上、当事者のもとに給付されている物や金銭もまた、元の持主のもとに戻され、契約締結以前の状態に巻き戻す必要があります。なぜならば、売主が受け取った代金や、買主に引き渡された土地は、効力を失った売買契約に基づき給付されたものであり、法律上の原因がなく給付された物であるといえるからです。

そこで民法では、無効な行為によって給付を受けた場合について、その給付を行った相手方に対して、原状に復帰させる義務（原状回復義務）を負うことを明記しています（121条の２第１項）。**原状回復**とは、そっくりそのまま、契約などが行われた以前の状態に完全に戻すことを指します。売買契約など当事者双方が給付をするケースでは、お互いに原状回復することが当事者の公平に資するといえます。

しかし、贈与など一方当事者のみが給付する無償行為のケースでは、給付を受けた側のみに原状回復義務が課され、不当に重い義務となりかねません。

そこで、無効な無償行為に基づいて給付を受けた者は、給付を受けた当時、その行為が無効である（またはその行為の取消ができる）ことを知らなかった（善意）ときは、その行為により現に利益を受けている限度で（現存利益）返還の義務を負うとの例外があります（121条の２第２項）。つまり、無償行為の給付を受けた者がその行為が無効等であることを知らない（善意）ときは、手元に残っている範囲での返還でよいことになります。

なお、原状回復義務の対象が、商品などの物の場合で、返還する以前に滅失したというケースも考えられます。このように、現物を返還することができない際には、その物の価額を賠償する必要があります。

8 権利能力・意思能力・行為能力

一人前に取引活動をするための３つの前提である

権利能力とは

民法や商法上の権利の取得や義務の負担が可能になる能力のことを**権利能力**といいます。民法上、権利能力をもつということは、独立して契約上の土地の引渡請求権を取得したり、代金支払義務を負担できることを意味します。また、自分の名前で登記をしたり、訴えたり、訴えられたりすることになるのです。

権利能力をもつことができるのは、人と法律によって認められた法人です。

胎児や法人の権利能力

すべての人間は出生と同時に権利能力を取得し、死亡することによって権利能力を喪失します。

胎児は損害賠償請求（民法721条）・相続（民法886条）・遺贈（民法965条）の場合にだけ権利能力が認められています。

また、**会社などの法人**も権利能力をもつことができます。ただし、法人は肉体をもたないことや法律で認められた存在であることなどにより、権利能力については人より、制限を受けることになります。たとえば、相続権や親権などを法人はもつことができません。

意思能力とは

意思能力とは、有効に意思表示をする能力のことです。有効に意思を伝える事ができなければ、法律行為などできません。たとえば、泥酔者や重い精神病にかかっている人は意思能力がないと判断されます。

意思能力のない人の行為は、意思に基づく行為とはいえませんから何の効力もありません（無効です）。

行為能力とは

権利能力をもつことで民法の世界への入場が許され、意思能力をもつことで社会での取引が一応認められたとしても、それだけで十分とはいえません。社会で取引をするためには一定水準以上の能力が必要だからです。そのために要求されているのが**行為能力**です。

行為能力とは、単独で有効な法律行為を行うことのできる能力のことです。民法では、行為能力が不十分な者を未成年者・成年被後見人・被保佐人・被補助人という４パターンに整理し、その者に保護者をつける制度（制限行為能力者制度）を定めています。

9 制限行為能力者制度

判断能力が不十分な者を保護する制度である

弱者を守る制度である

一般的にみて意思能力があるとされても、実際に生活していく上で判断能力が十分ではないという人もいます。そこで、民法は、類型的に行為能力が十分とはいえない者を定め、その者の行為を制限する反面、保護者をつけることによって利益を保護することにしています。これを**制限行為能力者制度**といいます。

制限行為能力者にあたる者

通常の判断能力をもつ大人であれば、行為能力を制限されることはありません。つまり、裏を返せば、「通常の判断能力をもつとはいえない人」か、「大人ではない人」が、行為能力を制限されるということになります。

民法では、「通常の判断能力をもつとはいえない人」をその判断能力の程度によって、成年被後見人、被保佐人、被補助人の３種類を規定しています。

成年後見について

成年被後見人は、精神上の障害によりほとんど判断能力のない人です。

成年後見人が、日常生活に関する行為を除いたすべての法律行為を代理して行います。 また、成年後見人は、本人が行った法律行為を、必要に応じて取り消すことができます。たとえば、本人の所有の土地を、市価よりかなり低い金額で売却した場合に、成年後見人がこの売買契約を取り消し、土地を取り戻すことができます。ただし、日常生活に関する行為については、本人の判断が尊重されます。日用品をスーパーで購入するような場合には、これもたしかに契約ではありますが、成年後見人が取り消すことはできません。

保佐について

被保佐人は、精神上の障害によって判断能力が著しく不十分な人です。つまり、日常生活で行う買物などは自分の判断で行えるが、原則として、重要な財産行為については、適切な判断を自分で下すことが難しいという人です。重要な財産行為とは、たとえば、家や土地、車などの高額な物の売買や、お金の貸し借り、保証人になるといった行為です。

このような場合に、常に誰かの手助けを得る必要がある人を対象としています。保佐人の同意や家庭裁判所の許可を得ずに本人が重要な行為を行った場合には、保佐人はその行為を取り消すことができます。

補助について

被補助人は、精神上の障害によって判断能力が不十分な人です。判断能力の不十分さの程度は、後見や保佐より軽度な人を想定しています。自分で契約などは締結できるものの、判断能力が不十分であるために、適切な判断が下せるかどうかという点については心配であるような場合で、誰かに手助けしてもらったり代理で行ったほうがよい状態にある人が対象に含まれます。

補助は、成年後見・保佐とは異なり、補助開始の審判では補助人となる人が選任されるだけです。つまり、選ばれた補助人にどのような権限を与え、どのような支援を行うかについては、別途「同意権付与の審判」「代理権付与の審判」という別の手続きを経て補助内容を定める必要があります。補助人は、本人が審判の申立時に選んだ特定の法律行為についてのみ、同意権・取消権・代理権のうち本人が許可した権限を持つことができます。

未成年者は民法上保護される

行為能力を制限されるもう１つの類型にあてはまる者は、「大人でない人」つまり、**未成年者**です。未成年者とは、年齢20歳未満の者のことです（民法４条）。未成年者が取引をするには、原則として、保護者である法定代理人（普通は両親）の同意を得ることが必要です（民法５条１項本文）。法定代理人の同意がない場合には、未成年者の行為を取り消すことができます。

ただ、未成年者の行為を制限し、保護者をつけるのは、通常、未成年者を保護するためですから、未成年者が害されるおそれがないと認められる場合には、未成年者の行為能力は制限されません。たとえば、菓子屋の営業を許可された未成年者は、菓子屋の営業の範囲で保護者の包括的な同意を得ているといえるので、原則として行為能力の制限は受けません。また、こづかいを使ってマンガを買う行為も、１人で行うことができます（民法５条１項ただし書・３項）。なお、結婚（婚姻）した未成年者は、一人前の大人として扱うのが適当なので、行為能力の制限は受けません。

制限行為能力者制度

判断能力が十分でない者

① 成年被後見人　② 被保佐人
③ 被補助人　④ 未成年者

➡

ⓐ これらの者の行為能力を制限する
ⓑ これらの者に保護者をつけ、権限（同意権、代理権、取消権、追認権）を与える

10 未成年者の契約と取消

原則として取り消すことができるが、取り消せない場合もある

民法の規定ではどうなっているのか

民法では、未成年者が法定代理人の同意を得ずに法律行為を行った場合には、取り消すことができます。この場合、子どもが親の同意を得ないで、ネットショップで勝手に買い物をした場合には、未成年者が法定代理人の同意を得ずにした法律行為なので、取り消すことができます。取り消すという意思表示をネットショップ側に行えば、支払いをする必要はありません。商品が発送前の場合はそのままですし、すでに商品が手元にある場合には、商品を返品する必要があります。

もっとも、契約を取り消せない場合もあります。未成年者が詐術を用いて、相手に自分が成年であるように装った場合や、法定代理人の同意があるかのように装った場合です。この場合、積極的にウソを言って、相手に信じ込ませるに足る程度でないと詐術を使ったとはいえませんが、インターネットでの購入の場合には、親権者の同意が必要であることを警告した上で、申込者の年齢を入力させる画面で、成年であるように入力した場合は詐術を用いたと考えられるでしょう。

また、法定代理人が相手方に対して法律行為を確定的に有効とする意思表示を行った場合には取り消せません。簡単にいうと、法定代理人が代金を支払った後では取消はできないということです。

カードによる買い物には注意が必要

ネットショッピングでは、クレジットカード決済が簡便な方法として広く用いられていますが、クレジットカードの不正利用や**なりすまし**が問題になっています。

おもなクレジットカードの会員規約では、カード名義人本人以外が不正利用した場合にカード会員の責任を限定しています。具体的には、①カード情報を管理する善管注意義務に違反した場合、②会員の家族や同居人の不正利用の場合、③会員の故意または重過失による場合、という3つのケースに該当しない不正利用であれば、カード会員に支払義務が生じないとしているものが多くなっています。裏を返せば、これら①～③に該当する不正利用については、カード会員に支払義務が生じるということになります。

つまり、同居している未成年の子どもが、親のクレジットカードを利用してネットショッピングをしている場合には、カード会員である親は支払いを

する義務があるということになります。

インターネットでクレジットカードを利用する場合、一度利用すればクレジットカードの情報がパソコンやスマートフォンに保存されることがあり、次回からはカード情報の入力を省略してカード決済を利用できるという方法があります。この機能は大変便利である反面、なりすましが起こりやすくなるという危険性をあわせ持っています。カード情報が残らない設定にするなど、管理には十分な注意が必要だといえるでしょう。

商品の返品について

「未成年者を理由とする取消」「なりすまし」「錯誤」などの理由がある場合、すでに商品が消費者の手元に届いてしまっているときには、商品の返品が必要になることがあります。

「未成年者を理由とする取消」は、商品を購入したのが未成年者だった場合の話です。未成年者が保護者である父母の同意を得ないで交わした契約は、取り消せることになっています。契約を取り消した場合、契約は初めからなかったものと扱われます。

「なりすまし」は、他人のIDやパスワードを勝手に使って、他人になりすまして、ネットショップから商品を購入する場合をいいます。この場合は、なりすましの被害者と店の間の契約が無効になる場合があります。

「錯誤」は、ネットショップで商品を購入する際に、操作ミス、勘違いがあり、本心とは異なる意思を伝えてしまう場合です。錯誤による取引についても、取り消すことができます。

また、商品に瑕疵（欠陥や傷）があった場合には、消費者の側から解除される可能性があります。

いずれの理由でも、店は顧客による返品の主張にしっかりした根拠があるかどうかを確認する必要があります。根拠があれば、店は返品に応じなければなりません。

未成年者の契約による取消と商品の返品

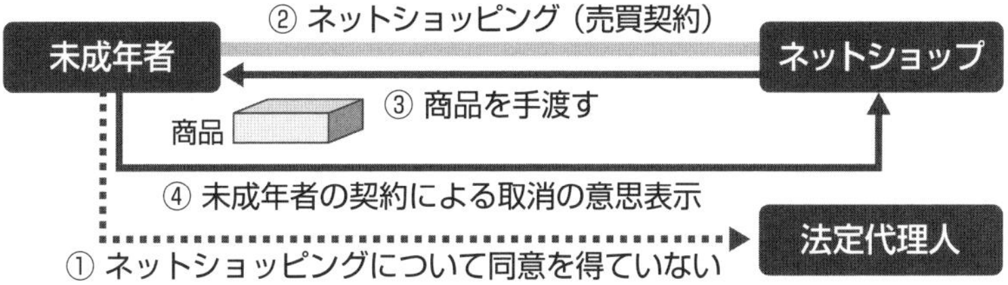

契約は初めからなかったことになる（取消）
∴ネットショップは、原則として商品の返品に応じなければならない

11 意思表示

内心を相手方に伝えるまでのプロセスのことである

意思表示とは

意思表示は、法律行為（契約など）の中核となるものです。ある法律効果（法律行為によって生じる権利義務）の発生を望み、そのことを相手に伝える行為が意思表示です。

一見難しそうですが、私たちは日常的に意思表示を行っています。たとえば、コンビニで、「あれください」といえば、それは「売買契約の申込」の意思表示ということになります。これに対して、店員が「はい、どうぞ」といえば、それは「売買契約の承諾」の意思表示ということになります。

内心の意思が外部に表示されていくしくみ

私たちが日常的に行う意思表示のメカニズムを、液晶テレビを買う場合を例に考えてみましょう。

液晶テレビを買うからには、その動機があるはずです。たとえば、「今のテレビが古くなったから、新しい機能のあるものがほしい」というようなことです。そして、動機に従い「じゃあ、液晶テレビでも買おうか」と内心で考えることになるでしょう（効果意思）。そこで、量販店に行き、お目当ての品が見つかった場合、「このテレビをくださいと言おう」と考え（表示意思）、実際に店員に「このテレビをください」と意思を表示することになります（表示行為）。これらの過程を経て液晶テレビの売買契約が成立します（法律行為）。

このように、意思表示は通常、①動機、②効果意思、③表示意思、④表示行為というプロセスをたどります。

意思主義と表示主義

意思表示をめぐって、意思主義と表示主義という考え方を理解しておく必要があります。

意思主義とは、相手方に示される表示には、それに対応する内心の意思の存在が必要だと考える立場をいいます。そのため、何らかの意思表示が行われた場合でも、それが意思表示を行った者の内心の意思に基づいていない場合には、意思表示の効力が否定されることになります。内心の意思に反した意思表示の効力が否定されるという考え方は、意思表示における「意思」の要素が強く保護されるため、意思表示を行う者の利益が最大限に尊重されることになります。

しかし内心の意思は、特に外部からうかがい知ることは困難です。それにもかかわらず、内心の意思が存在していないからといって、意思表示の効力が常に否定されてしまうのであれば、およそ世の中の取引が成り立たなくなってしまうおそれがあります。

そこで、実際の表示を中心に、それに対応する意思があったと判断できる場合であれば、意思表示の成立を認めるべきだという考え方が現れました。これを**表示主義**といいます。表示主義においては、取引の安全性が考慮され、場合によっては、意思表示を行った者の内心の意思とは反する意思表示の成立が認められる場合もあります。

民法は、ケースに応じて、バランスよく意思主義と表示主義の双方の立場に立った規定を設けています。

意思表示の受領能力

判断能力が不十分な者については、制限行為能力者制度で保護者が置かれていますが、意思表示を受け取るのに必要な能力は、行為能力と同じレベルを求められるわけではありません。

意思表示を受け取るのに必要な程度の能力を**意思表示の受領能力**といいます。

民法は、被保佐人と被補助人には意思表示の受領能力を認め、未成年者と成年被後見人には意思表示の受領能力を否定しています。つまり、表意者が未成年者や成年被後見人に対して意思表示をし、それが到達したとしても、そのことを主張（対抗）することはできないのです（民法98条の２本文）。

ただ、未成年者や成年被後見人の法定代理人（単独で取引を行う能力がない者に対して、法律の規定によりつけられる代理人）がその意思表示を知った場合には、その時点から表意者は到達を主張することができます（同条但書）。

また、表意者が意思表示の相手方あるいは相手方の所在を知らない場合には、公示の方法によって意思表示の到達があったことにすることができます（民法98条）。この公示による手続きは、簡易裁判所に対して行います。公示から２週間がたった時点で、意思表示の到達の効果が発生します。

意思表示のメカニズム

① **動機**・・・「今のテレビが古くなったから新しい機能のあるものがほしい」

② **効果意思**・・・「じゃあ液晶テレビでも買おうか」

③ **表示意思**・・・「このテレビをくださいと言おう」

④ **表示行為**・・・「このテレビをください」と意思を表示する

12 心裡留保
ついたウソの責任は本人が負う

胸の内に秘めていても相手には伝わらない

他人には、人の心の中はわかりません。ですから、意思を表示する人（表意者）が、心にもないことを言ってしまったとしても、相手方の信頼を保護するためには、表示したとおりの効果の発生を認めるのが妥当だといえます。

このように、表意者自身が、真意でないことを知りながら意思を表示することを**心裡留保**といいます（93条）。「心裡」とは、「心の裏」という意味であり「留保」とは、そのことを表にださず、内に留めていることを意味します。

心裡留保は、原則として表示どおりの効果を認めるものですから（民法93条本文）、表示主義に基づく規定ということができます。なぜならば、表意者が意思表示について、真実ではないことを認識しており、保護する必要がないためです。

ただ、心裡留保があったとしても、相手方が、実は真意でないということを知っていた場合（悪意）や、ちょっと注意すればわかりそうな場合（有過失）まで、相手方を保護する必要はありませんから、その場合は無効になるとされています（同条ただし書）。

心裡留保と通謀虚偽表示の違い

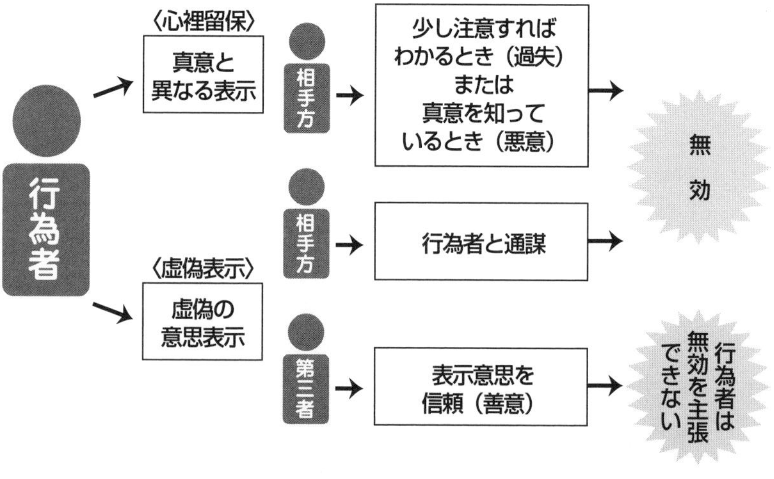

13 通謀虚偽表示

事情を知らない第三者は保護される

原則として無効になる

意思を表示する当事者同士がお互いウソと知っていながら契約をした場合のように、相手方と示し合わせて真意でない意思表示をすることを**通謀虚偽表示**といいます（民法94条）。

そもそも表示どおりの意思がないわけですから、当事者の間では無効です（民法94条１項）。これは、意思主義に基づくものです。ただ、当事者以外の第三者には、それがウソであるとはわからないので、示し合わせた相手方が、あとで裏切った場合には少々やっかいなことになります。

たとえば、財産を隠す目的で、売主Ａと買主Ｂが、Ａ所有の甲土地を通謀虚偽表示により売買したとします。この取引は、ＡＢ間では無効です。しかし、ＢがＡを裏切り、事情を知らない第三者Ｃに甲土地を転売してしまったら、Ａは「甲土地を返せ」とＣに主張することはできません。つまり、事情を知らない（善意）第三者であるＣとの関係では、ＡＢ間の売買契約は有効なものとして扱われ、ＣはＢから有効に土地を取得することになるのです（民法94条２項）。

このように、通謀虚偽表示は、善意の第三者との関係では表示主義に基づいた規定となっています。民法94条２項の規定は、虚偽の外観を作りだしたことに責任のある者は、虚偽の外観を信頼して取引をした第三者に対して外観どおりの責任を負わせるという規定です。

通謀虚偽表示

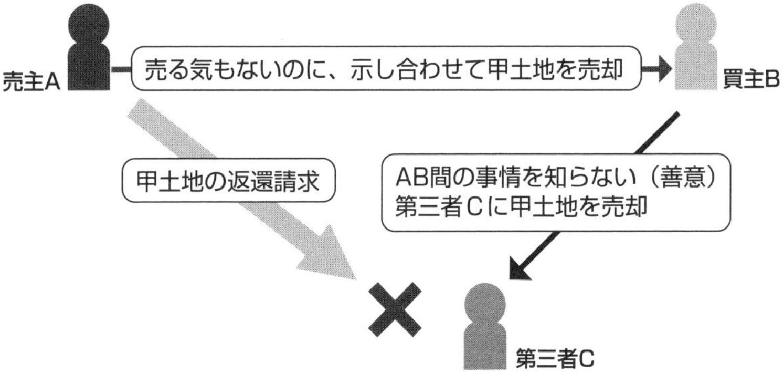

14 錯誤による意思表示

「勘違い」により行った意思表示を取り消すことができる場合がある

錯誤が問題となる場合

たとえば、B所有の甲土地の購入を検討しているAがいるとしましょう。Aが甲土地を購入する際に、「数年後に甲土地の近所に駅が設置されるとのうわさ話を聞いたので、交通の便が良くなり地価が高騰すると予想し、甲土地を転売して儲けよう」としていたとします。

しかし、甲土地の近所に駅が設置される話は一切なく、Aの勘違いでした。この場合、「駅ができる話がなければ、甲土地を購入しなかった」という理由で、AはBに対して甲土地の売買契約をなかったことにできるでしょうか。Aは甲土地の購入を希望し、まさに甲土地を購入しているので、「甲土地を買いたい」という意思どおりの契約が成立しています。しかし、「甲土地の近くに駅が設置される」という動機の部分に勘違いがあるため、契約をなかったことにしたいと考えています。

錯誤とはどのようなものか

表示と真意との食い違いに表意者が気づいていない場合を**錯誤**といいます。民法は、錯誤について表意者の意思を尊重する立場をとっています。

もっとも、錯誤無効を主張するには、食い違いが**要素の錯誤**（法律行為の重要な部分に関する錯誤）であることが必要です。

動機の錯誤の取扱い

かつての民法は錯誤の具体的意味を明確にしておらず、表示と真意との食い違い、つまり意思表示の過程に勘違いがあることと解していました（意思表示の錯誤）。意思表示は「効果意思→表示意思→表示行為」（次ページ図）の過程をたどりますが、動機は効果意思を形成する原因であり、意思表示に含まれないため、動機の錯誤を理由とする契約の無効は主張できないのが原則であると解されていました。

前述のケースでは、動機（甲土地の近くに駅が設置される）に勘違いがあるだけで、効果意思（甲土地を購入したい）、表示意思（甲土地を購入するとBに言いたい）、表示行為（甲土地を購入したいとBに言う）という意思表示の過程には勘違いがないため、Aは契約の無効を主張できませんでした。

しかし、動機を相手方に表示していた場合は、その動機が意思表示に取り込まれ、動機の錯誤による無効を主張できるとも解していました。前述のケースでは、Aが「甲土地の近くに駅が設置されるので甲土地を購入したい」とBに表示していれば、動機が意思表示に取り込まれ（効果意思に取り込まれると考えることができます）、Aは契約の無効を主張できます。

現在の錯誤に関する取扱い

現在の民法では、錯誤には、①意思表示に対応する意思を欠く錯誤と、②表意者が法律行為の基礎とした事情についてのその認識が真実に反する錯誤、の２つがあると規定しています。①が意思表示の錯誤、②が動機の錯誤にあてはまります。その上で、②については「その事情が法律行為の基礎とされていることが表示されていたとき」に限り錯誤による取消ができると規定しています（95条２項）。

次に、錯誤が「法律行為の目的及び取引上の社会通念に照らして」重要なものであるときに、錯誤による取消ができると規定しています（95条１項）。これは、かつての「要素の錯誤」を具体化した規定と考えられています。

なお、錯誤は「無効」から「取り消すことができる」（取消）に改められたので、行使期間の制約がかかるようになった（21ページ）点も重要です。

また、表意者が重大な過失により勘違いをした場合は、表意者による取消の主張は認められません。著しい不注意に基づく取消を防ぎ、取引の安全性を保護する趣旨です。しかし２つの例外が規定されています。つまり、①相手方が表意者に錯誤があることを知り、または重大な過失によって知らなかった場合、または②相手方も表意者と同一の錯誤に陥っていた場合は、表意者が重大な過失により勘違いをしていたとしても、錯誤による取消を主張することを認めています（95条３項）。

意思表示と錯誤

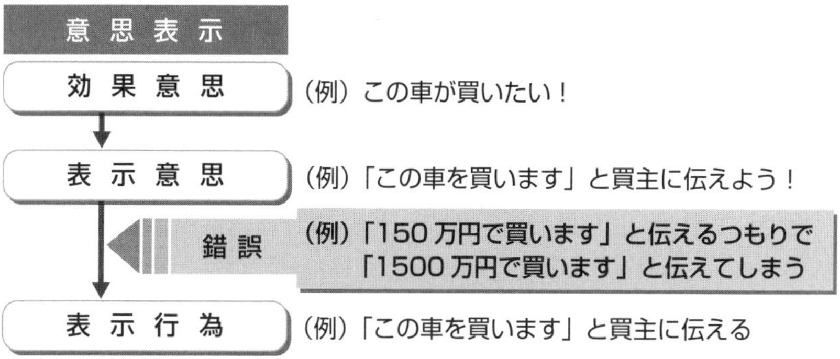

15 詐欺・強迫による意思表示

意思表示に不当な介入があった場合には取り消すことができる

詐欺・強迫とは

人をだまして勘違いをさせることを**詐欺**といい、害悪を与えると告げて恐怖心を起こさせることを**強迫**（脅迫ではありません）といいます。良品であるとだまされて購入したり（詐欺）、言われたとおりにしないと傷つけられそうなので従った（強迫）場合です。「自分の言動には責任をもて」とよく言われますが、詐欺や強迫の場合にも言動のとおりの義務を負わせるのは気の毒です。そこで、民法は、詐欺または強迫を受けて行った意思表示は取り消すことができるとしています。

なお、ナイフを突きつけて無理やり契約書にサインをさせた場合のように、相手の判断能力の一切を奪った形で行われた意思表示は、取り消すまでもなく、表意者の意思無能力を理由に無効となります（３条の２）。

詐欺による取消の要件

詐欺に基づく意思表示の取消を主張するには、おもに以下の要件を満たす必要があります。

・詐欺を行った者がだます意思があること（欺罔意思）

詐欺による意思表示の取消が認められるためには、だました者に、「だます」ことについて故意が必要です。これを欺罔意思といいます。欺罔意思は、さらに２つに分類されることに注意が必要です。まず、①「相手をだましてやろう」という意図が必要です。そして、だましたことによって、②「相手に特定の意思表示をさせよう」という意図も必要です。民法においては、①・②双方を満たして、はじめて欺罔意思として認められます。

・だました行為により意思表示を行ったこと（因果関係）

詐欺による意思表示の取消が認められるためには、①だます行為によって、意思表示を行う者が実際にだまされること、②だまされたことによって意思表示を行ったと評価できることが必要です。つまり、だまされたことと意思表示との間に原因・結果の関係（因果関係）の存在が必要です。

・違法性の存在

だました者の行為が、違法である必要があります。具体的には、取引上の信義に反するような行為によって、だました場合のみが対象に含まれます。つまり売買契約などにおいて、売主が一定程度、商品をよく見せたり、性能を誇張して表現することは、取引上の駆け引きとして詐欺にはあたらないということです。

詐欺・強迫による取消の違い

取消とは、取消権のある者が「この意思表示は取り消すよ」と言って、初めて意思表示が無効となるものです。詐欺や強迫により意思表示をしても、常に損をするわけではないことから、民法では取消権のある者の判断にゆだねることにしました。

詐欺による意思表示の取消は、後述のように詐欺の事実について落ち度がなく知らない（善意無過失）第三者には主張できませんが、強迫による意思表示の取消は、善意無過失の第三者にも主張できます（96条３項）。民法は、だまされた人よりおどされた人の方を強く保護しています。詐欺と強迫では意思表示をした人にとって、その意思表示を行うにあたり、選択の自由という点で大きな差があるためです。詐欺に関しては、相手方等の詐欺行為により勘違いしたとはいえ、最終的に意思表示を行うか否かは、表意者が比較的自由に選択できる状況にあるのが通常です。しかし強迫については、自分自身がそのような意思表示をしたくないと思っていても、相手方から特定の意思表示をするよう強いられています。そのため、強迫により意思表示を行った人をより保護する必要性が高いといえます。

詐欺と錯誤の違い

民法は、錯誤の場合と、詐欺による場合とを区別していますが、この区別は果たして適切なのでしょうか。だまされた人は、何らかの錯誤（勘違い）に陥ります。その意味では、詐欺による意思表示と錯誤による意思表示は、重なる場合があるといえます。ただ、詐欺の場合には「だます」という違法な行為が使われている点で錯誤とは異なります。

詐欺と強迫

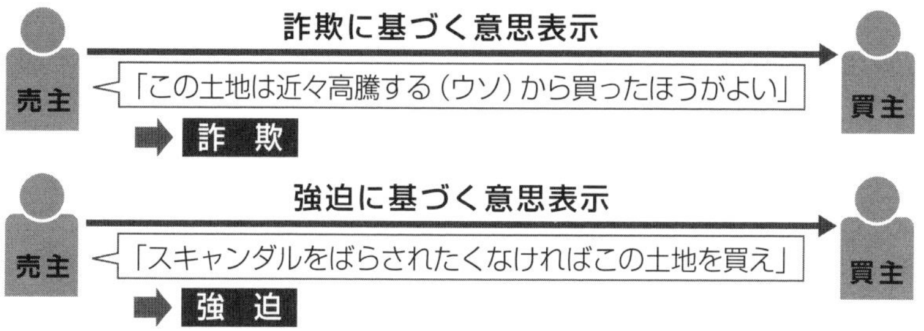

16 詐欺・強迫による意思表示②

第三者を保護する規定が設けられている

第三者詐欺とはどのようなものか

民法は詐欺による意思表示は、取り消すことができると規定しています。したがって、売主が「近々この土地の地価は数倍にも跳ね上がるので、現在買っておくと得ですよ」というように、実際には存在しない事実を買主に告げたため（詐欺）、買主がこれを信じて土地の購入を決意し、実際に土地の売買契約を締結した場合は、後からこの契約を取り消すことが可能です。

もっとも、詐欺行為は当事者間のみにおいて起こるわけではありません。たとえば前述のケースで、詐欺行為を行ったのが売主ではなく、売買契約とは無関係の第三者が、買主に地価が高騰するというウソの事実を告げたために、地価が高騰すると誤った認識に基づいて、買主がこの土地の売買契約を結んでしまう場合もあります。これを**第三者詐欺**といいます。

買主の視点から考えると、詐欺が原因で契約を結んでいるという点では、売主が詐欺行為を行った場合と何ら異なるところはありません。しかし、売主が詐欺行為をしているわけではありませんから、第三者詐欺の場合は、買主が契約の取消を売主に主張することができるのかどうかが問題になります。

第三者詐欺に遭った表意者は取消ができるか

かつての民法は、第三者詐欺に基づく意思表示であるとの事実を相手方が知っていたときに限り、表意者が詐欺による意思表示の取消ができると規定していました。前述のケースでは、買主が第三者詐欺に遭った事実を売主（相手方）が過失によって知らないとしても、買主は売買契約の取消ができません。

しかし、第三者詐欺のケースは、詐欺に基づく意思表示をした人（表意者）に落ち度は少なく、通常の詐欺（相手方が詐欺をしたケース）と同様の保護が必要であることから、第三者詐欺における表意者の保護が不十分であると批判されていました。

そこで、現在の民法では、第三者詐欺に遭った表意者は、相手方が第三者詐欺の事実を知っている場合だけでなく、過失により知らない場合にも、第三者詐欺による取消をすることが可能になっています（96条２項）。

第三者保護規定について

錯誤の場合と同様に、取消と第三者に関する規定が置かれていることも重要です。つまり、詐欺に基づく契約等の法律行為が行われた当事者間ではなく、その法律行為に起因して、取引関係に入った第三者の保護に関する規定が置かれています。ただし、「第三者」とは、詐欺に基づく取消の意思表示が行われる前に取引関係に入った者を指すということに注意が必要です。

かつての民法では、詐欺の事実を第三者が知らない（善意）場合には、表意者は、その第三者に対して、詐欺による取消を主張できませんでした。

実際のところ民法は、心裡留保や虚偽表示の場合、過失がある第三者に対しても、意思表示の無効を主張することができないと規定しています。心裡留保や虚偽表示の場合には、内心の意思と異なる意思表示を作出したことについて、表意者自身の関与の度合いが大きいため、表意者と第三者を比べた際に、第三者をより保護する必要性が高いといえるためです。

これに対して、詐欺に基づく意思表示の場合、表意者の意思に基づくのではなく、だました者の関与があるために、内心の意思とは異なる意思表示が作出されています。つまり、表意者の関与の程度は、心裡留保や虚偽表示の場合と比べて小さいといえ、第三者よりも、詐欺に遭った表意者を保護する必要性が高いといえます。そのため、現在の民法では、表意者は、善意かつ無過失（詐欺の事実を落ち度なく知らない）の第三者に対してのみ、詐欺による取消の主張ができないと規定しています（96条３項）。

詐欺に関する法改正のポイント

● 第三者詐欺

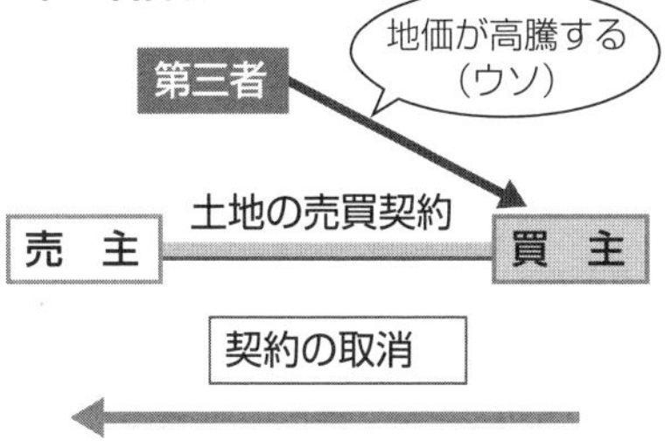

【詐欺に基づく取消の要件】

☆ 買主が第三者詐欺にあったことについて売主が知らないこと
☆ 売主が知らないことについて過失がないこと

● 第三者の保護

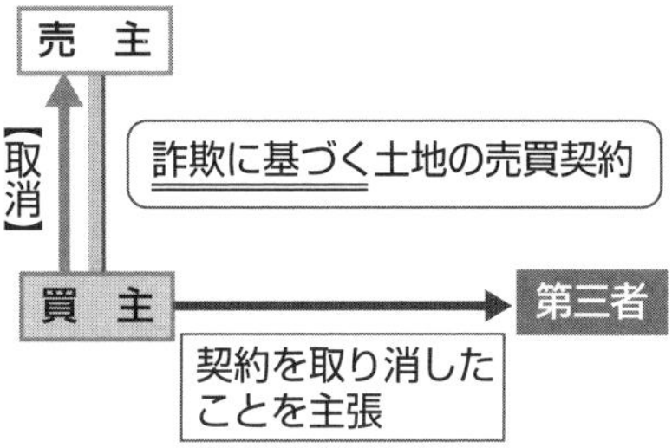

【詐欺と第三者】

☆ 第三者が、詐欺の事実について知らず、知らないことに過失がない
⇒ 第三者に取消の主張ができない

17 電子商取引の特殊性

相手の顔が見えないという特殊性がある

電子商取引とは何か

インターネットをはじめとした、電子的なネットワークを介して行われる商取引を**電子商取引**といいます。電子商取引には、企業と企業で行われるものや企業と消費者で行われるもの、また個人間で行われるものなど、さまざまな形態があります。インターネット上で取引を行う場合には、ホームページなどの画面にあるフォームの送信機能を利用したり、電子メールを利用して行います。ホームページや電子メールなどのインターネットの代表的な利用方法は、人との交流や情報交換に役立つだけでなく、ショッピングや投資などの商取引にも使われているのです。

対面取引との違い

電子商取引は、通常の商取引と比べて、いくつかの特色があります。それは、通常の対面式の売買と違って、相手の顔が見えない点です。通常、人が取引を行う場合には、相手の様子や企業の雰囲気などを実際に目で見て判断しますが、電子商取引ではそれができません。さらに、売買契約を行ったとして、その契約がいつ成立したものであるか、わかりにくいという問題もあります。

対面取引ではその場で売買が終わることが多く、日を改める場合でも、契約の証拠となる文書を渡すなどの対応が簡単にとれます。

他方、電子商取引の場合には、契約が成立していることを示すものは紙ではなく、電子データです。電子データは、性質上、改ざんされたりコピーされやすいため、非常に不安定で、契約の証拠には向かない性質のものです。

また、たとえば商品を買う場合には、商品を送ってもらう必要があります。こうした情報を電子メールなどを利用して行うことから、情報が漏れる可能性も高く、実際に個人情報が漏れたケースは多数見られます。

このように、インターネットを利用した商取引は非常に便利で手軽なものですが、他方、インターネットであるがゆえの問題点も多く含んでいるのです。

特に、オンラインショッピングや金融取引のオンライン化が進み、利用者が増えることで、トラブルも増大しているのが現状です。

そのため、電子署名・認証制度や電子契約法により、電子商取引の安全が図られています。

18 電子署名・電子認証制度

電子署名によって取引の安全を図っている

ネット取引の危険性と電子署名

ネット上では、相手の顔が見えません。契約の証拠となる電子メールなどは、電子データです。電子商取引では、取引の相手方の身元を確認することが難しく、契約の証拠となりうる電子メールなどが、改ざんされやすいという問題があります。

ただ、契約をしたという証拠を残すことについては、技術の進歩によって、ある程度の対応がなされています。これが**電子署名・電子認証制度**です。これらの制度は、電子署名および認証業務に関する法律（**電子署名法**）によって守られています。

電子署名の取引

電子署名がなされた電子データは、本人でなければ作成することができないデジタルデータの形式で存在するため、本人が自分の意思で作成したものであると推定されます。そのため、トラブルで裁判になった場合にも、電子署名つきの電子文書が手元にあれば、容易に証拠として用いることが可能です。

電子署名は、信頼性を高めるために考えられたものです。本人が署名していることと、署名されたものには後から変更などが加えられていないことを証明できるような高い信頼性が求められます。現在のところ、電子署名には、公開鍵暗号方式と呼ばれる技術が広く使われています。

公開鍵暗号方式は、秘密鍵と公開鍵という２つのデータを使います。この２つのデータは、印鑑登録制度と似たしくみで、それぞれ印鑑と印影のような役割を果たします。

秘密鍵を本人が使い、公開鍵は通信の相手方が本人のものであるかどうかをたしかめるのに使います。通信の相手が本人の署名であるかどうかを確認するには、認証機関（日本認証サービス株式会社、株式会社日本電子公証機構など）が発行した電子証明書が必要になります。認証機関が電子署名を行った本人を電子証明書により証明することを**電子認証**といいます。

認証機関に電子証明書を発行してもらうには、事前に本人が身元を証明できるような資料と共に認証機関に申請をする手続をすることが必要になります。

このように、電子署名・認証制度では、認証機関が本人の確認をするので、通信の相手方は本人の署名を本物であると信用することができるようになっています。

19 電子契約法の定めるルール

事業者は、消費者が申込内容を確認できる措置をとる

◎契約の成立時期が異なる

インターネット技術の発展は取引を多様化した一方で、利用者の増大に伴うさまざまな問題を生じさせました。

たとえば、インターネットを利用した通信販売では、ワンクリック詐欺と呼ばれる悪質商法による被害も深刻化しています。

そのような、電子商取引をめぐるネット上のトラブルを防ぐことを目的として制定されたのが**電子契約法**です。

しかし、電子契約法は、インターネット上の取引の場合には、承諾の通知が相手方に到達したときに契約が成立することを定めています。インターネットの場合、通常の遠隔地取引と異なり、承諾の意思表示はすぐに相手に到達するからです。

現在は、民法においても、申込に対する承諾の通知が到達した時点で、契約が成立すると規定されています。

◎電子契約の成立する時点

インターネット上での取引では、事業者側は、商品の情報をホームページなどに掲載します。これを**申込の誘引**といいます。消費者がこの申込の誘引に応じて、商品を注文することを申込といいます。消費者の申込の意思表示を受け、応じることを承諾といいます。

契約は、売主と買主という契約の当事者の間で、申込と承諾というお互いの意思が合致してはじめて成立するのが原則です。ただ、この当事者同士が遠く離れた場所にいて契約をする場合には、申込と承諾の時期にズレが生じます。かつては、承諾の通知が発信された段階で、相手に到達する前に契約が成立するのが原則でした。

インターネット上の取引も、お互いに離れた場所での取引といえます。

特に、インターネットでは、通常の遠隔地の契約と異なり、承諾の意思表示

契約の成立時期

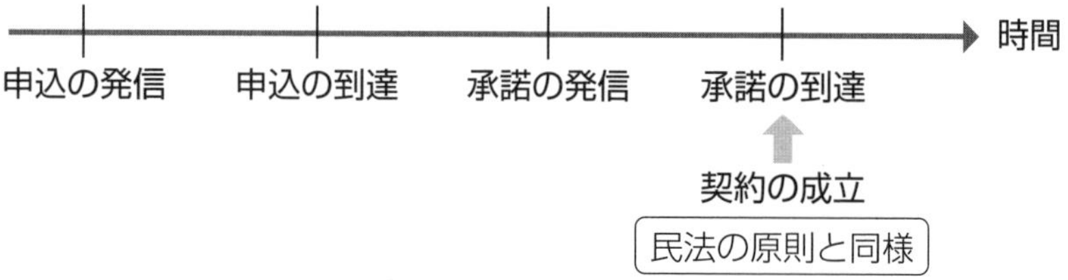

はすぐに相手に到達するという特殊性があります。このため、電子契約法は、インターネット上の取引の場合には、承諾の通知が相手方に到達したときに契約が成立すると規定していました。

現在は民法も、承諾の意思表示の到達により、契約が成立すると規定しているため、電子契約についても民法が適用されます。

操作ミスをしても救済される

パソコンについての知識があり、操作にも慣れている人にとっては何でもなくても、操作に不慣れな人は、操作ミスをしてしまうこともあります。また、パソコンでは瞬時に処理がなされるため、間違いに気づいたときには、取り返しのつかないことになっていることもあります。そこで、電子契約法では、消費者の操作ミスの救済が図られています。契約の原則（民法の原則）によると、重大な不注意で勘違いして意思表示をしたときは、取消を主張できません。

しかし、電子契約法では、この原則に対して例外を定めています。

具体的には、事業者側には、消費者が申込を確定させるより前に、自分が申し込む内容を確認できるようにする義務が課せられています。

内容が確認できるようになっていない場合で消費者がコンピュータの操作を誤った場合には、契約の申込の意思表示を取り消すことが可能です。

他方、消費者が申込の意思表示をする画面で、申込内容を確認できるように事業者側が作っていた場合には、消費者側で申込の意思表示の取消を主張することはできません。

また、申込内容の表示を見て、訂正しようとした場合に訂正ができるようになっている場合にも、取消の主張はできません。

電子契約法のしくみ

対象

①電子商取引のうち、
②事業者と消費者との間の、
③パソコンなど（電子計算機）を使った申込や承諾を、
④事業者が設定した画面上の手続に従って行う契約

効果

①操作ミスなどによる意思表示の取消を認める
②事業者側に意思確認のための措置をとらせる
③相手方へ承諾の意思表示が到達したときに契約が成立する

20 代理制度

他人の行為の効果を本人にもたらす制度である

◎代理とは何か

本人の代わりに他人（代理人）に事務を処理させ、本人が代理人の行った法律行為の結果（効果）を受けるという制度を**代理**といいます。民法は、能動代理と受動代理に関する規定を設けています。能動代理とは、代理人が本人のために意思表示を行う場合を指し、受働代理とは、代理人が、本人のために相手方が行った意思表示を受領する場合を指します。

代理は、取引行為など本人の活動範囲を広げるための制度です。本人と一定の関係にある代理人が、本人のために意思表示をして、その法律効果が直接本人に帰属します（民法99条）。通常であれば、行為をする者（行為当事者）とその行為から生じる効果を受ける者（効果帰属者）は、同一人ですが、そこが分かれている点が代理の特徴なのです。

また、制限行為能力者については、その保護者などが代わって行為をする必要がある場合があります。その場合にも、代理という制度が必要になってきます。

このように、代理という制度は、本人の活動範囲の拡張（私的自治の拡張）、制限行為能力者の活動の手助け（私的自治の補充）という役割を果たしています。

なお、代理に似たものとして委任というものがあります。委任とは、当事者の一方が、法律行為などの事務処理を、相手に委託する契約のことをいいます。一般に、委任する場合には、共に代理権を与えているといえますが、与えていない場合もあります。ですから、代理イコール委任というわけではありません。

◎本人・代理人・相手方の３面関係

代理では、①本人と代理人との関係（代理関係）、②代理人と相手方との関係（代理行為の当事者）、③本人と相手方との関係（法律効果の帰属者）、という３面関係を理解することが重要です。

①　本人と代理人との関係（代理関係）

代理において最も中心となる関係です。代理人の代理行為の効果が本人に帰属するためには、代理人にその行為についての代理権がなければなりません。代理権は、代理人の法律行為の効果が本人に帰属するための要となるものです。代理権のない者がした行為の効果は、原則として本人には帰属しません（民法113条）。

② 代理人と相手方との関係（代理行為の当事者）

代理においては、法律行為を行うのは代理人であって、本人はただその効果を受けるにすぎません。そこで、顕名（代理人が代理人として法律行為をしていることを相手方に明らかにすること）が要求されています（民法99条1項）。顕名は、契約書に本人の代理人であることを示して（A代理人Bなど）署名をするなどによって行います。また、代理人に法律効果が帰属するわけではないので、代理人に行為能力は必要ではなく（民法102条）、意思能力さえあれば足ります。

③ 本人と相手方との関係（法律効果の帰属者）

代理行為の効果はすべて本人に帰属します。たとえば、売買契約において目的とする物の所有権を得ることや、代金を支払う義務などです。

代理人と似て非なる使者

代理人と似て非なる概念に**使者**というものがあります。

使者とは、本人の決定した意思を相手方に伝達したり、表示する人のことです。代理人との違いは代理人が自ら意思決定をするのに対し、使者の場合、使者自身は意思決定をしません。

たとえば、人に頼まれて骨董店に骨董品買受けの申込書を届けただけの者は、他人の申込の意思表示が記された書面を届けただけですので、代理人ではなく、使者ということになります。

このように、使者はみずから意思決定しないので、行為能力がない人でも使者にはなることができます。

また、詐欺や錯誤を判断するにあたっては、使者ではなく、本人の意思表示に問題がなかったかどうかで判断することになります。

代理の三面関係

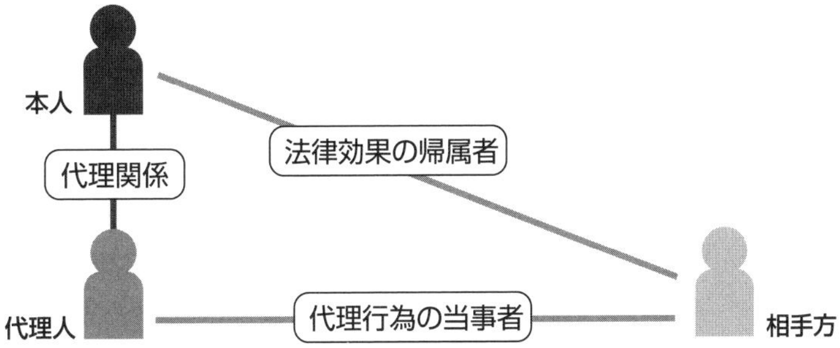

21 代理の種類と代理権の範囲

代理の種類によって権限の範囲も異なる

◎法定代理人と任意代理人がいる

本人の意思に基づかないで代理人となる場合を**法定代理人**といい、本人の信任に基づいて代理人となる場合を**任意代理人**といいます。

法定代理人は、おもに制限行為能力者である本人を保護する役割を果たします。たとえば、相当な高齢者の方など、判断能力がやや衰えてきた人に法定代理人をつけることで、本人に不当な義務を負わせないようにすることができます。一方、任意代理人は、おもに本人の行動範囲を広げる役割を果たします。本人の行動範囲は限られていても、任意代理人が行動することで、世界中の取引相手と交渉することも可能になります。

◎復代理人とは何か

復代理人とは、代理人が代理権の範囲内の行為を行わせるために選任した本人の代理人です。つまり、代理人の代理人ではありません。代理人は、復代理人を選任しても、代理権を失うわけではありません。

任意代理人は、本人の信任を受けて代理人となる者ですから、本人の許諾を得たときか、やむを得ない事由があるときでなければ復代理人を選任することができません（民法104条）。

他方、法定代理人は、本人の意思に基づいて選任された者ではないので、「自己の責任」で復代理人を選任することができます。ただし、復代理人の行為により、本人に不利益が生じた場合には、原則として、代理人が本人に対して、責任を負います。

復代理人は、代理人の権限の範囲内で権限をもち、本人を代理します（民法107条１項）。また、本人と第三者に対して代理人と同一の権利義務をもちます（民法107条２項）。

◎代理権が及ぶ範囲

法定代理の場合であれば、法律の規定により代理権の範囲は決まっており、任意代理の場合であれば、本人の権限授与により代理権の範囲は決まります。

ただ、権限授与によっても代理権の範囲が明らかでない場合に備え、民法は、最小限の代理権として管理行為ができることを定めています。

管理行為とは、具体的には、①保存行為（財産の現状維持行為）、②利用行為（性質を変更しない程度で収益をはかる行為）、③改良行為（性質を変更しない程度で財産の価値の増加をはかる行為）を意味します（103条）。

22 無権代理と表見代理

無権代理人の行為について本人が責任を負うこともある

無権代理とは何か

代理権がないのに代理人として行為することを**無権代理**といいます。この場合、本人が後から無権代理人の行為を承認（追認）すれば、本人に効果が帰属します（民法113条）。本人の承認が得られない場合には、無権代理人が履行か損害賠償の責任を負うことになります（民法117条）。

表見代理とは何か

無権代理行為の場合、常に本人の追認が得られるとは限りません。

しかし、それでは、代理権がないことを知らないで取引した相手方の保護としては不十分ですし、代理制度の社会的信用を損なうおそれがあります。

そこで、民法は、本人と自称代理人との間に、本人に責任を負わせるのが相手方保護の立場からもっともだと認められる特別の事情がある場合には、本人が無権代理を理由として、自分への効果の帰属を拒否することができないようにしました。これを**表見代理**といいます。民法では以下の３種類の表見代理について規定しています。

表見代理が成立するためには、有効な代理行為であったと信じたことについて、相手方に正当な理由（善意・無過失）があることが必要です。

①　授権表示による表見代理

本人が第三者（相手方）に対して、他人に代理権を与えたことの表示（授権表示）をしたが、実際には代理権を与えていなかった、という場合です。本来、委任状には、委任者の氏名、受任者の氏名、委任事項の詳細などが記載されますが、これらの記載の一部（たとえば委任事項）が空欄となっている白紙委任状を渡したり、自分の名義を使って仕事をすることを許したような場合（名板貸・看板貸）がそうです。

②　権限を越えた場合の表見代理

代理人には何らかの代理権（基本代理権）はあるものの、代理人がその代理権の範囲を越えて代理行為をした場合です。土地の管理を頼まれていた者が、その土地を売却した場合などが、これにあたります。

③　代理権消滅後の表見代理

以前は代理人に代理権があったが、代理権が消滅した後も、以前と同じように代理人として行為をした場合です。勤め先から解雇された集金人が、集金業務を行った場合などが、これにあたります。

23 定型約款

不特定多数の者との取引のために画一的な内容をあらかじめ条項として置くことができる

定型約款とは

定型約款とは、民法によると、定型取引について、一方当事者があらかじめ準備した、契約内容として用いることを目的に作成した条項のことです。「定形取引」とは、ある特定の者が不特定多数の者を相手とする取引であって、その内容が「画一的」であることが双方にとって合理的なものをいいます（548条の２第１項）。保険約款、預金規定、通信サービス約款、運送約款、カード会員規約は、すべてのユーザーに共通する内容なので、定型約款にあたる可能性が高いといえます。

民法では、定型取引にあたり、①定型約款を契約の内容とすることの合意もあった場合、または②定型約款を契約の内容にすることをあらかじめ相手方に表示していた場合には、定型約款の個別の条項について合意があったものとみなすと規定しています（548条の２第１項）。これを**みなし合意**と呼んでいます。特に②の場合は、相手方が定型約款を全く見ていなくても合意があったとみなされる場合がある点は注目に値します。

しかし、常に合意があるとみなされると不都合が生じる場合もあります。そのため、一定の場合には個別の条項がみなし合意の対象から除外される規定が置かれています。具体的には、相手方の権利を制限したり、義務を加重する条項であって、定型取引の態様・実情や取引上の社会通念に照らして、信義則（信義誠実の原則）に反して相手方の利益を一方的に害すると認められるときには、そのような個別の条項については合意をしなかったものとみなされます（548条の２第２項）。この除外規定に該当する条項の例として、不当条項や不意打ち条項が挙げられます。不当条項とは、契約違反をした相手方に過大な違約金を課する条項や、定型約款を準備する側（定型約款準備者）の責任を不当に免責したり、賠償額を不当に僅少にする条項などを指します。不意打ち条項とは、定型取引と関連性のない製品やサービスを、通常予期しない形でセット販売している条項などを指します。

定型約款の表示（開示）義務

定型取引について合意した場合で、定型約款を契約の内容にする旨をあらかじめ相手方に表示していた場合には、定型約款の個別の条項についても合意があったとみなされます。その場合でも、相手方から請求があれば開示に応じなければなりません。

また、定型取引合意の前後に、相手方から定型約款の内容を開示するよう請求があった場合には、定型約款準備者は、支障がない限り速やかに、相当な方法により、定型約款の内容を開示しなければなりません（548条の3第1項）。たとえば、相手方から請求されたときに定型約款を掲載したWEBページのURLを提示するなどが想定されます。

なお、定型約款準備者が、定型取引合意後に、相手方による定型約款の内容の開示請求を拒否しても、定型約款自体は契約の内容になります。ただし、この場合は定型約款を表示する義務が履行されておらず、定型約款準備者は債務不履行責任を負う可能性があります。これに対して、定型取引合意前に相手方から定型約款の開示請求があったのに、正当な理由なく拒否した場合は、みなし合意の規定が適用されず、定型約款自体が契約の内容にはなりません（548条の3第2項）。

定型約款の変更が可能な場合

定型約款を利用して不特定多数の相手方と取引を開始している状態であっても、事後的にその定型約款を変更する必要が生じる可能性もあります。民法は、一定の要件を満たしている場合には、相手方の個別の合意がなくても定型約款を変更できるものとしています。具体的には、個別の合意なき定型約款の変更が認められるためには、次のいずれかの要件を満たす必要があります（548条の4第1項）。

1つは、定型約款の変更が相手方の一般の利益に適合するものであることです。もう1つは、定型約款の変更が契約の目的に反せず、かつ、変更の必要性、変更後の内容の正当性、約款上の変更に関する定めの有無・内容、その他の変更に関する事情に照らして合理的なものであることです。

定型約款を利用した取引

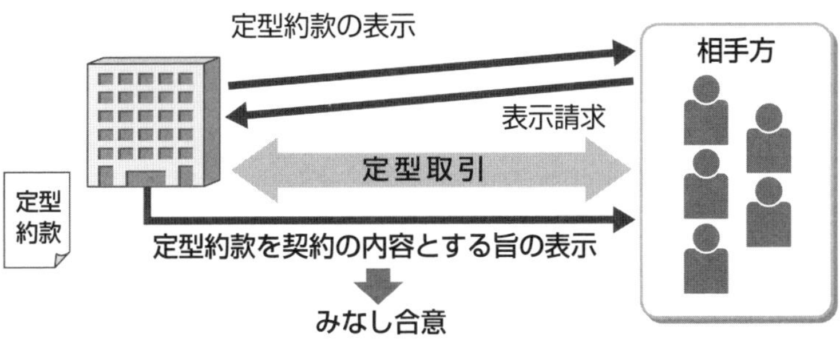

24 商取引

商法が規律するのが「商人」であり、「商行為」である

一般個人の取引とは異なる

商法は、その規律の対象とする企業主体を**商人**と名づけ、「自己の名をもって商行為をすることを業とする者」と定義づけています（4条1項）。これを固有の商人ともいいます。「自己の名をもって」というのは、代理人としてではなく自分が取引の主体となるということです。**商行為**というのは、商法の適用対象となる商取引のことをいいます。「業とする」というのは、「営業」つまり、営利目的をもって、計画的かつ継続的に、同種の行為を反覆して行うこと、をいいます。「者」には自然人も法人も含まれます。自然人というのは私たち人間、法人というのは、自然人以外で権利義務の主体となれる者のことですが、ここでは会社と考えてよいでしょう。

ただし、例外的に、商行為をしなくても商人とみなされる場合があります。①店を出して物を売るのを業とする者、②鉱業を営む者の2つです。これらを擬制商人といいます。

商法のルールが適用される商取引にあたる場合とは

商法が適用されることになる商行為は、「絶対的商行為」と「営業的商行為」の大きく2つに分けることができます。

まず、誰がやっても、1回だけやっても商行為となる行為が絶対的商行為です（501条）。①品物を先に安く買っておいて、後で高く売ること（投機購買とその実行行為）、②品物を先に高く売っておいて、後で安く仕入れること（投機売却とその実行行為）、③証券取引所や商品取引所で行う取引、④手形その他の商業証券に関する行為、の4つがあります。

次に、営業として反復・継続して行うことによって商行為となる行為を営業的商行為といい、これは商法502条に13の行為が列挙されています。たとえば、①賃貸する目的で動産・不動産を取得する行為、②他人のための製造・加工に関する行為、③電気やガスの供給に関する行為、④運送に関する行為、⑤作業・労務の請負、⑥出版・印刷・撮影、などが挙げられています。

また、商人が営業のためにする行為も商行為となり、「附属的商行為」と呼ばれています（503条）。

商行為や商人間の取引に適用されるさまざまなルール

商法では、商取引の迅速性ということを考えて、契約に関して、民法とは

異なる取扱いがされています。たとえば、隔地者間（遠隔地）において、承諾期間の定めのない申込を受けた者が、相当期間内に承諾の通知を発しなかった場合は、申込の効力が失われます。

また、商人が平常取引をする者から営業に関する契約の申込を受けた場合、遅滞なく諾否の通知を発信しなければならず、通知を怠った場合には承諾とみなされます。さらに、商人が契約の申込を受けた場合に物品を受け取ったときは、申込を拒絶したときでも、それを保管する義務を負います。

商事売買に適用されるルール

商法では、民法上の売買についても特則を設けています。まず、定期売買について、民法では履行期を過ぎれば、債権者はすぐに契約を解除できます。一方、商人間の定期売買では、履行期に履行がなされない場合、契約解除の意思表示をすることなく、債権者が契約を解除したとみなします。

また、買主が目的物の受領を拒んだ場合、民法では目的物の供託が原則となっています。しかし、商法では期間を定めて催告しても買主が目的物を受領しない場合、売主はそれを競売にかけることができると規定されています（自助売却権）。さらに、目的物を受け取った買主は、受取後すぐに検査を行い、不適合（欠陥や数量不足）がないことを売主に通知しなければ、契約解除や損害賠償請求などの権利行使ができなくなります。

民事売買と商事売買の違い

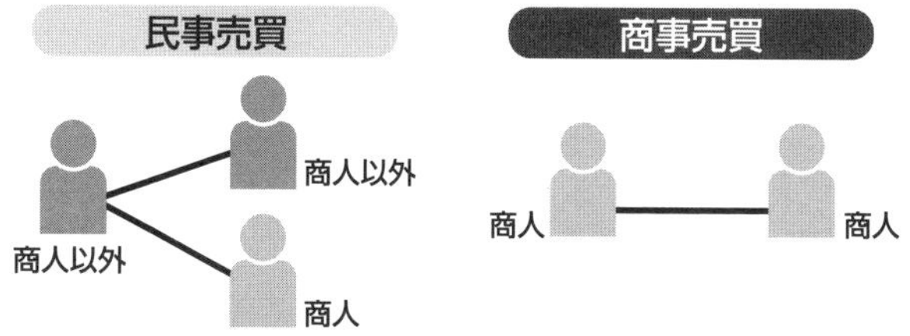

	民事売買	商事売買
定期売買	催告なしで意思表示だけで契約解除できる	催告も意思表示もなしで契約解除とみなす（履行期を過ぎれば契約が消滅する）
買主の受領拒否	売主は目的物を供託することが原則	売主は目的物を競売することができる（供託か競売かの選択ができる）
買主の検査・通知	検査・通知義務はない	検査・通知義務がある（不適合を通知しないと契約解除・損害賠償請求ができなくなる）

25 外国企業との取引

国内取引以上に注意して書面を作成しなければならない

英文契約書の特徴

国際取引では、英米法に基づく英文契約書の書式を使用するのが一般的となっています。英文契約書は、商取引の根幹をなす文書として、もちろん正確な文法で記載されなければなりませんが、その他にも契約書特有の言い回しや法律用語、ラテン語などが使用されることが多いので注意が必要です。日本語の契約書を主たる契約書とするにしても、そのまま翻訳するだけでは足りない場合もありますので注意が必要です。できれば、国際取引に詳しい弁護士などに確認を依頼しましょう。

また、同音異義語などのように、同じ表現でも違う意味合いにとれる言葉がありますが、これらによる認識の違いを回避するため、わかりきったようなことを1つひとつ説明し直すということも多く行われています。

このような事情から、英文契約書は日本の契約書よりもかなり分量が多くなり、作成自体にも相当の時間がかかります。最近は、このような状況を改善しようと国際商業会議所が標準的な取引条件（インコタームズ）を制定したり、書式を簡単にしようとする動きなども出てきています。

英文契約書は通常、①表題、②前文、③本題、④末尾、という構成になっています。以下、それぞれに記載する内容を簡単に説明します。

① 表題

「SALES AGREEMENT」(売買契約)、「SHAREHOLDERS AGREEMENT」(合併契約）などのように、その契約書がどんな契約のために作成されたものであるかが一目でわかるような表題をつけるのが一般的です。

② 前文

契約内容に入る前に、誰が、いつ、どこで契約を行うかといったことを特定したり、どんな経緯で契約に至ったかといったことを記載する部分です。

国際取引の場合は、個人を記載する場合はパスポート番号や外国人登録番号、法人を記載する場合は本店の住所や設立準拠法（どこの国の法律に基づいて法人を設立したか）といったことも必要に応じて記載します。

③ 本題

実際に行われようとしている取引の内容・手続などを定めます。その他、後述の一般的記載条項（一般条項）について記載します。

④ 末尾

契約の当事者が契約を証するためにこの文書を作成し、交付したということの記載と、当事者双方の社名、代表者名、署名が記載されます。

取引上必要になる一般的記載条項

契約書の本題部分には、国際取引で一般的に使用される条項が記載されます。多くは紛争が起こった際の対処方法を事前に定める目的であり、内容としては以下のようなものがあります。

① 通知条項

国内事情などによって、通知が到達しないといったことも十分起こり得るので、事前に通知の方法と効力発生時期を定めておくわけです。

② 準拠法条項

契約書の条項の解釈や契約書で定められていない事柄について問題が起こったときに、どの法律を使って解決するかということを定めておくのがこの条項です。自社の権利を守るためには、よくわかる自国の法律を使うほうが有利です。

③ 裁判管轄条項

準拠法条項とも関連しますが、紛争になったときにどこの国の裁判所に判断をまかせるかを決めておく条項です。

④ 仲裁（紛争解決）条項

紛争の解決を裁判所ではなく、日本商事仲裁協会などの仲裁機関に委託するという内容の条項です。

⑤ 不可抗力条項

天変地異など、当事者の関与できない事情で契約が履行できなかった場合の対応について規定する条項です。

⑥ 契約解除条項

原則として契約書に記載されていることがすべてであるため、履行遅滞などの債務不履行（契約違反）による契約解除の条件も記載しておきます。

⑦ 完全合意条項

契約締結前になされた約束や合意を排除し、契約書に書かれたことが、当事者が合意したすべての内容であるということを明確にする条項です。

英文契約書の構成

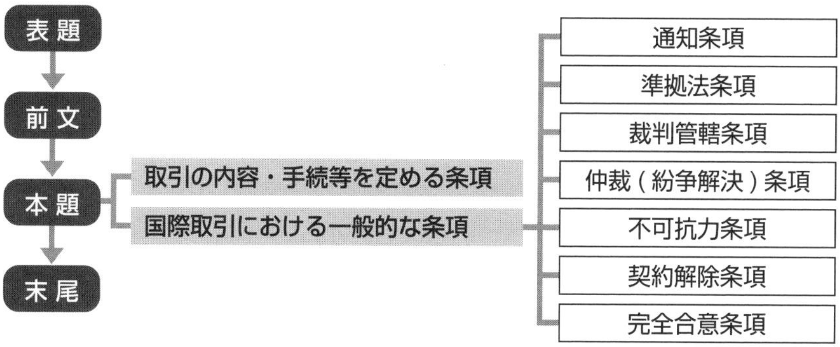

Column

なりすましのトラブル

なりすましは、たとえばAがBのユーザーIDとパスワードを勝手に使い、Bと名乗ってネットショップCから商品を購入する場合です。なりすましの事案では、被害者Bとネットショップの間には契約は成立しません。したがって、ネットショップCは被害者Bに対して、代金の支払いを請求できないのが原則です。

この場合、CはAに対して、不法行為に基づく損害賠償請求や不当利得の返還請求が可能です。不法行為とは、意図的に（故意）または、落ち度によって（過失）他人の財産などに損害を与える行為をいいます。不当利得とは、利益を受ける根拠がないにもかかわらず、他人の財産や行為によって利益を受けることをいいます。ただし、犯人Aの名前や住所が判明しても、Aが代金を支払うだけのお金を持っていない場合には、これらの請求は困難です。

また、なりすましの事案では、ネットショップCが被害者Bに対して、責任を追及できる場合が２つあります。

・表見代理の類推適用が可能な場合

表見代理は、代理権を持っていないにもかかわらず代理人と称している人と取引した相手方を保護する制度です。表見代理の規定が類推適用（法律の規定を、事案の性質が似た別の事柄にも適用すること）されると、CとBの間に契約が成立したのと同様に扱われます。要件は、①Bが注文したかのような外観の存在、②Cが外観を信頼したことに落ち度がないこと（善意かつ無過失）、③外観の存在についてBに落ち度があることです。

・規約に責任追及を可能とする規定がある場合

ネットショップが、会員規約に「入力されたID、パスワードが登録されたものと一致する場合、会員本人が利用したとみなす」、というような規定を設けている場合には、顧客になりすましの責任を追及できる可能性があります。

第２章

さまざまな契約の種類

1 13種類の典型契約

契約の種類を知っておく

典型契約と非典型契約がある

「契約」といってもさまざまな種類の契約があり、大きく分けて典型契約（有名契約）と非典型契約（無名契約）に分かれます。

民法は、売買や賃貸借、雇用、請負など13種類の典型的な契約（典型契約と呼ばれる）について定めています。どのような内容の契約を結ぶかは当事者の自由ですが、契約内容の解釈の基準として、それぞれの契約の基本的な性質・内容を法律で定めているのです。

典型契約とは、民法で定められた13種類の契約類型のことです。典型契約以外の契約のことを**非典型契約**または無名契約といいます。また、たとえば売買と請負の双方の要素を含んでいる契約のように、いくつかの典型契約の要素が組み合わさったもの、あるいは典型契約の中に非典型契約の要素が含まれているものを**混合契約**といいます。

非典型契約の具体例としては、リース契約やフランチャイズ契約などがあります。また、混合契約としてよく利用されるものとしては製作物供給契約があります。この契約は、請負契約と売買契約が合わさったものです。

代表的な契約

ここで、典型契約の中でも代表的なものについて、簡単に見ていきましょう。

① **贈与契約**

贈与とは、自分の財産を無償で相手に与える契約です。財産を与える側を贈与者と呼び、もらう側を受贈者と呼びます。贈与者が物を与える意思を表示し、相手方がそれを受諾すれば贈与契約が成立します。

② **売買契約**

売買とは、売主が買主に財産を移転し、それに対して買主が代金を支払うことを約束する契約です。売主の「売ります」という意思と買主の「買います」という意思が合致すれば、売買契約が成立します。

③ **消費貸借契約**

消費貸借契約とは、借主が金銭その他の物を貸主から受け取って、それと同等のものを後で返還することを約束する契約です。借主が物を受けとることによって契約が成立します。

④ **賃貸借契約**

賃貸借とは、貸主が借主に物を使用させ、それに対して借主が賃料を支払うことを約束する契約です。不動産の賃貸借が代表的です。

⑤　雇用契約

雇用契約は、使用者の指揮命令下で、労働者が労働力を提供する代わりに、使用者が報酬として賃金を払う契約をいいます。正社員、契約社員、アルバイトなどの雇用形態の違いがあっても、契約の基本的部分は同じです。

⑥　請負契約

請負とは、当事者の一方（請負人）がある仕事を完成させ、他方（注文者）がその仕事に対して報酬を支払うことを約束する契約です。たとえば、建築会社が建物を建て、注文者がその報酬を支払うという「建築請負」が代表的です。

⑦　委任契約

委任契約とは、法律行為や事務を委託する契約です。委託する側を委任者、その相手方を受任者といいます。

⑧　寄託契約

寄託とは、たとえば他人の荷物を預かる場合のように、物の保管を約束する契約のことです。預ける側を寄託者といい、預かる側を受託者といいます。受託者が実際に物を引き受けたときに契約が成立します。寄託契約は当事者間の信頼関係が基本となることが多いようです。

典型契約のタイプ

典型契約には13種類の契約の類型がありますが、目的に応じて4つに分類できます。具体的には、①財産権などの移転を目的としたもの（売買、交換、贈与）、②物を利用することを目的としたもの（賃貸借、消費貸借、使用貸借）、③サービスの提供を目的としたもの（雇用、請負、委任、寄託）、④①～③にあてはまらないもの（和解、組合、終身定期金）、です。

契約の種類

契約の種類	契約内容	契約例
典型契約	民法に定められた13種類の契約	贈与、売買、交換、終身定期金、消費貸借、使用貸借、賃貸借、雇用、請負、委任、寄託、組合、和解
非典型契約	典型契約以外の契約	リース契約、フランチャイズ契約、出版契約、ライセンス契約など
混合契約	複数の契約が合わさったもの	製作物供給契約（請負契約と売買契約が合わさったもの）

2 契約の分類

売買は双務・諾成契約である

どんな分類方法があるのか

契約のどのような部分に着目するかで、以下の４つの分類が可能です。

①　双務契約・片務契約

双務契約は、双方の当事者が互いに権利義務を持つ契約です。一方、片務契約は、当事者の一方だけが給付義務を負う契約です。

双務契約の代表的なものに売買契約が挙げられます。売る側には、商品を引き渡す義務がある一方で、代金を受け取る権利があります。逆に買う側は、代金を支払う義務がある一方で、商品の引き渡しを受ける権利もあります。

片務契約の例としては金銭消費貸借契約が挙げられます。金銭消費貸借契約では、金銭を借りた人だけが返済の義務を負いますが、金銭を貸した人は、契約成立後は借りた人に対して何ら義務を負わないのが原則です。

②　諾成契約・要物契約

諾成契約は当事者の承諾（合意）があれば成立する契約です。

売買契約が代表的です。一方、要物契約とは、契約が成立するためには当事者の合意があるだけでは足らず、物の引渡しが必要な契約です。

一見、商品など契約の目的物の引渡しを伴うので「承諾があれば成立」とは思いにくいですが、売買契約の「成立そのもの」には目的物の引渡しや金銭の支払いが要求されているわけではありません。

要物契約の例としては消費貸借契約が挙げられます。この場合、物品や金銭の受け渡しがあってはじめて契約が成立することになります。なお、消費貸借契約を書面で締結する時は諾成契約にあたります。

③　有償契約・無償契約

有償契約は売買契約のように、当事者の双方が対価を負担し合う（売主が財産を給付し、買主が金銭を給付する）契約です。

無償契約は贈与契約（贈与する側がされる側に対し、一方的に給付をする契約）のように、当事者の双方が対価を負担し合うのではなく、片方の当事者だけが給付する契約です。

④　要式契約・不要式契約

要式契約とは、契約の方法は自由であるとの原則の例外として、書面（契約書）の作成など一定の形式を契約成立の要件とする契約です。

不要式契約とは、特に形式を必要とせず成立する契約（口約束だけで成立する契約）です。

3 贈与契約

定期贈与、負担付贈与、死因贈与などいろいろな形態がある

贈与とはタダであげる契約

贈与とは、無償で財産を相手に与える契約です。有効な贈与契約が締結された場合、当事者の一方は、相手方に対して財産を移転する義務を負います。また、贈与した者は財産を引渡しの時まで保管する義務を負います。

さらに、他人の財産を贈与することについても、民法は、贈与契約について「ある財産」と規定していることから、他人の財産であっても贈与することは可能です。贈与契約には特別な要式は必要ありません（諾成・不要式契約）。ただ、贈与は、財産権を無償で他人に与えるという恩恵的な性格をもつという特徴があります。

契約を締結した以上、契約は守られるべきです。しかし、贈与は、贈与者の恩恵的な行為による無償契約であるため、一定の要件の下で、贈与契約を自由に解除することが認められています。つまり、①書面によらない贈与（口約束による贈与）であり、②履行の終わった部分でないことを条件に、各当事者は贈与契約を解除することができます（550条）。「履行の終わった」とは、贈与者の贈与の意思が明らかになり、贈与者の債務の主要な部分が履行されたことを指します。

特殊な贈与の形態がある

民法は、特殊な形態の贈与について規定しています。

① **定期贈与（552条）**

大学卒業までの学費を毎月仕送りするというように、定期の給付を目的とする贈与のことをいいます。定期贈与は、当事者のどちらかが死亡すると効力を失います。

② **負担付贈与（553条）**

家を贈与する代わりに庭の手入れをしてもらう等のように、受贈者（もらう側）に対価性のない一定の負担をさせる贈与です。受贈者の負担は債務ですが、贈与者（あげる側）の債務と対価的な関係に立たないため、双務契約ではありません。受贈者の負担は、贈与される価値を超えてはいけません。

③ **死因贈与（554条）**

贈与者の死亡によって効力を生ずる贈与です。死因贈与が「契約」であるのに対し、遺贈は遺言という一方の当事者の意思で行えるという点で異なっています。死亡により効力が発生するという点で遺贈（遺言による財産の贈与）と類似しているため、遺贈に関する規定の多くが準用されます。

4 売買契約・交換契約

売買は有償契約の代表格である

売買は最も頻繁に行われる契約

売買とは、売主が財産権を移転する義務を負い、買主がその代金を支払う義務を負う契約です。売買契約は、有償契約の代表格です。

売買契約の効力として、売主は財産権を買主に移転すべき義務を負い、買主は代金支払義務を負います（555条）。

売主は、財産権の引渡しだけでなく、不動産であれば移転登記、債権であれば譲渡通知というように第三者に対する対抗要件を備えるところまで買主に協力する義務があります。

売買契約では、不動産（土地や建物）、動産（自動車、宝石など）の他、株式や手形などあらゆる財産権が目的物となります。また、売買契約においては、違法・不当な販売方法によって消費者が被害を受けるケースが多いため、消費者契約法、割賦販売法、特定商取引法、宅地建物取引業法などの法律によって、買主の保護が特に図られている場合があります。

売買契約について

洋服や食品、雑貨や文房具など、日常生活における買い物をはじめとして、不動産や車両、工場用機械の購入など、金額の大きな買い物もあります。

特に購入金額が大きな売買契約を結ぶ場合は、後々のトラブルに備えて「売買契約書」を取り交わす必要があります。売買契約においては、売買価格の決定はもちろんのこと、支払方法や支払時期などの決定も、契約を結ぶために重要な条件となります。支払方法については「一括払い」「分割払い」などがあり、一括払いでも、商品が引き渡される前の「前払い」、商品が引き渡された後の「後払い」などがあります。分割払いの場合も、頭金の有無、分割払いの金利、毎月の支払額などを、契約を結ぶ上で決めなければなりません。また、売買契約の売主には「契約不適合責任」が課されています。契約不適合責任とは、契約の目的物が種類・品質・数量・権利に関して契約の内容に適合しない場合における売主の責任です。

交換契約とは

交換契約とは、当事者がお互いに金銭の所有権以外の財産権を移転することを約束することによって成立する契約です（586条1項）。

たとえば、相手方の絵画と、自己所有の陶芸品を交換する場合などが挙げられます。

5 買戻し・再売買

実務では再売買のほうがよく利用される

再売買の予約

再売買の予約とは、いったん相手方に売り渡した物を、再び買い戻すことができるとする約束のことをいいます。

不動産を融資の担保として相手方（債権者）に売却し、融資金の返済と引換えに再度売買により取り戻すという形でなされます。

売買契約の際にはよく再売買や買戻しといった契約が行われます。

再売買の予約とは、Aがその不動産を2000万円でBに売却し、将来Aが2500万円でBから買うという予約をした場合のように、売買の当事者間で、二度目の売買について予約（556条）をすることをいいます。

このような契約は、AがBから融資を受けたいという場合に行われるもので、その担保として不動産の権利がAからBにいったん移転します。再売買の予約は、一度目の売買と別のときにもできます。前述の例では、予約完結権をもつAが買主Bに予約完結の意思表示をすることで再売買の予約を完結することができ、Aは代金2500万円で不動産を取り戻すことができます。

買戻しとは

買戻しとは、Aがその所有不動産をBに売却する際に、それと同時に、Bに対して、Bが払った代金と契約の費用を返還して、Aが後日売買を解除する旨を特約することをいいます（579条以下）。買戻しが認められるための要件は、契約の目的物が不動産であること、買戻しの合意が、売買契約と同時に、買戻しの特約を締結することが必要です。特約への締結が、売買契約と同時ではなく、売買契約締結後に、同様の取り決めを締結した場合は、再売買の予約にあたります。

買戻しは、担保として利用されることがよくあります。借金をした者が特約により、自分の不動産を売り、期限までに金銭を支払うことで不動産を取り戻すというしくみです。

これは、再売買の予約と同じく、債権担保のために利用されることが多いですが、再売買の予約と異なり、一度行った売買を解除するという形をとります。解除ですから、売主は、原則として売買代金をそのまま返還すれば不動産を取り戻すことができます。

買戻しは、対象が不動産であること、買戻しに関する特約を、売買契約と同時に結ぶ必要があるなど、制約が多いので、実務上は再売買の予約が行われることが多いようです。

6 金銭消費貸借契約

回収を確実にするには連帯保証人をおく

金銭消費貸借契約とは

消費貸借とは、借主が同種・同品質・同量のものの返還を約束して、貸主から金銭その他の物を受け取ることで成立する契約です（587条）。

たとえば、米やみそなどの物品を借りるにも消費貸借ですが、お金を借りる金銭消費貸借の重要性が高まっているといえます。

金銭消費貸借契約は、借主が約束した期限までに決められた支払方法によって借りた金額とそれに対する利息を返済するという契約です。

金銭消費貸借契約の中で利率を定めている場合、貸主はその利率に基づく利息を請求することができます。民法は、利息の支払に関する特約がある場合、貸主が、「借主が金銭その他の物を受け取った日以後の利息の請求ができる」ことを規定しています。この契約で定められた利率を約定利率といいます。約定利率は利息制限法に違反するような高利の約定が無効であることに注意すべきです。利息の支払は合意しているが利率を決めていないときは、法定利率に基づく利息を支払います。また、出資法（出資の受け入れ、預り金及び金利等の取締りに関する法律）が、高い金利を処罰する規定を置いている点にも注意が必要です。

さらに、金銭消費貸借契約の中で、**遅延損害金**の定めが置かれることがあります。遅延損害金の定めがあることで、借主に対して、返済など契約内容を遵守させる強い力をもちますが、やはり利息制限法が規定する上限利率の1.46倍を超える利率は無効となります。

金銭消費貸借契約が締結される場合、通常は貸主が保証人の選定を求めるのが一般的です。保証人をつけることで、借主本人が返済不能となったときでも、保証人から返済してもらえます。これにより、貸主は債権を確実に回収できます。

準消費貸借契約という方法もある

なかなか支払ってもらえない売掛金債権は、準消費貸借に切り換えるという手段があります。**準消費貸借**とは、金銭などの給付を行う債務を、当事者の合意により、消費貸借契約上の債務に変更する、という契約です。

民法は、準消費貸借契約について、金銭その他の物の給付義務を負う者がある場合に、当事者がその物を消費貸借の目的とするのを約束したときに、消費貸借が成立したとみなす契約であると規定しています（588条）。

7 債権譲渡契約

通知や承諾は、確定日付のある証書でする

◎債権譲渡とは

債権譲渡とは、債権の同一性を維持したままで債権を他に譲渡することです。たとえば、AがBに対して持っている債権αを回収しようとしたとしましょう。このときBがCに対して債権βを持っている場合に、債権βをBがAに譲渡します。そして、CがAに対して債権βの弁済をすれば、Aが債権αを回収したことにしよう、というわけです。譲渡可能な債権であれば、AとBとの間の取り決めで債権譲渡はできます。しかし、それだけではCの預かり知らないところで、債権者が変わってしまっているわけですから、うっかりB（譲渡人）に対して支払いをしてしまうおそれもあります。

そこで、債権譲渡があったことをC（債務者）または第三者に対して主張するには、通知・承諾という対抗要件を備える必要があります。

◎譲渡制限特約について

債権譲渡は原則として自由にできますが（債権譲渡自由の原則）、例外として、性質上譲渡を許さない債権の譲渡は、その効力が生じません（466条１項）。

また、民法は、当事者が、債権譲渡を禁止したり、あるいは制限する特約（譲渡制限特約）に違反して、債権譲渡が行われた場合も、その効力は妨げられないと規定しています。つまり、譲渡制限特約違反の債権譲渡は、特約を結んだ当事者間では無効ですが、債権の「譲受人」との関係では、その債権譲渡は有効であり、債権者は「譲受人」に移転します（債権的効力）。

譲渡制限特約は、債務者が債権者に対する優位な立場を利用し、自己の利益のために設定することが多いといえます。譲渡制限特約に違反する債権譲渡が、すべての者にとって無効である（物権的効力）と扱うことは、債権者が債権を譲渡して資金を得たり、融資を受けることの阻害要因となります。そのため、改正民法の下では、債権の譲受人との間では、譲渡制限特約に違反する債権譲渡の効力が有効であると規定されたことの意義はとても大きいといえます。

ただし、預貯金債権についての譲渡制限特約は、例外的に「物権的効力」が生じ、悪意または重過失の譲受人には譲渡制限特約を対抗できると規定しています（466条の５）。預貯金債権に譲渡禁止特約があるのは一般的に知られているためです。

8 保証契約

債務者が弁済できないときに支払うことになる

保証契約とは

保証とは、債務者（主たる債務者）が債務（主たる債務）を履行しない場合に、その債務を代わりに履行する義務を負うことです。他人の債務を保証した者（保証人）は、その他人が債務を履行しない場合に、その債務を他人に代わって履行する義務（保証債務）を負います。保証は、保証人という「人」の財産を担保とする制度であることから**人的担保**とも呼ばれ、金融機関から融資を受ける場合や、マンション等の賃貸借契約、住宅ローンや奨学金の借り入れなどに際して広く利用されています。

ただ、保証は保証人の全財産を債務の引き当てとすることから、主たる債務者が返済しない場合には、保証人が多額の借金を肩代わりしなければならず、保証人に過大な負担を強いることになります。平成29年の民法改正では、個人保証の制限などの保証制度の大幅な見直しをしています。

保証債務の性質

保証債務には、おもに以下の性質があります。

① 内容の同一性

主たる債務とは別個の保証債務は、債権者と保証人との間の契約（保証契約）に基づいて設定されます。

主たる債務者と保証人が保証契約を結ぶわけではありません。ただ、他人に代わって履行するものですから、その内容は主たる債務と同一です。

② 附従性

保証債務は主たる債務の担保が目的なので、主たる債務がなければ保証債務も成立せず（成立の附従性）、主たる債務が消滅すれば保証債務も消滅します（消滅の附従性）。これらを保証債務の附従性といいます。

③ 随伴性

保証債務は主たる債務の担保ですから、主たる債務が第三者に移転するときは、保証債務も移転します。これを保証債務の随伴性といいます。

④ 補充性

保証人は、主たる債務者がその債務を履行しない場合に初めて、保証債務を履行すればよいとされています。これを保証債務の補充性といいます。具体的には、保証人は、債権者からの請求に対して、まず主たる債務者に請求せよという催告の抗弁権（452条）と、まず主たる債務者の財産に執行せよという検索の抗弁権（453条）をもっています。

9 連帯保証契約・根保証契約

保証といえば連帯保証をとるのが常識である

連帯保証の特徴

通常の保証には、催告の抗弁権や検索の抗弁権があり、お金を貸した方（債権者）にとっては、必ずしも便利なものではありません。そこで、これらの抗弁権がない（補充性がない）保証が利用されています（454条）。これを**連帯保証**といいます。実際に締結される保証のほとんどが連帯保証です。

なお、主たる債務者が債権者に対して有する債権で主たる債務を相殺した場合、主たる債務者を債権者が相続した場合（混同）、債権者の主たる債務者に対する債権を消滅させ、新たに第三者の主たる債務者に対する債権を発生させる場合（更改）、債権者が主たる債務を免除した場合（免除）などは主たる債務が消滅し、これに伴い連帯保証債務も消滅します。

債権者が主たる債務者に訴訟を提起すれば、履行の請求として時効の完成猶予や更新の効力が生じ、これにより連帯保証債務の時効も完成猶予や更新の効力が生じます。他方、主たる債務の時効が完成すれば、主たる債務は時効消滅しますので、連帯保証人は主たる債務の時効を主張して、自らの連帯保証債務も消滅させることができます。

根保証とは

根保証とは、特定の債権者との継続的な取引関係から生じる、一定の範囲に属する不特定の債務を保証する契約です。

たとえば、会社を経営する知人Xから頼まれ、A銀行からの融資金100万円の保証人を引き受けた場合、通常の保証であれば、Xが100万円を完済した時点で、保証人の責任も消滅します。

しかし、保証契約書に「極度額1000万円、元本確定期日を３年後」と記されていた場合は、Xが100万円を返済しても保証人の責任は消滅せず、極度額の範囲内で、元本確定期日までにXが借り入れた別の債務についても保証責任を負わなければならなくなります。

根保証は、一度の契約で将来にわたる複数の契約（複数の貸し借り）を保証することから、保証される債権者側には使い勝手のよい契約である一方で、保証人側は過酷な負担を強いられることになりかねません。平成29年の民法改正では、貸金等債務の根保証に限定されず、個人が保証人となる根保証契約を「個人根保証契約」として、極度額を定めない個人根保証契約は無効とする規定を設けています（465条の２）。

10 抵当権

物的担保の代表格である

抵当権とは何か

抵当権とは、貸金などの債権を担保するために、債務者（第三者も含む）の土地や建物に設定される権利です。債務者が債務を返済しない場合には、抵当権者（＝債権者）は、抵当権設定者（＝債務者または第三者）の土地・建物を競売し、その売却代金から債権の回収を図ります。

抵当権には、抵当権設定後も債務者が従来通りに目的物を使用・収益することができ、そこから債務の弁済資金を得ることができるという利点があます。抵当権は、「担保の女王」などと呼ばれ、実務上多く利用される担保物権です。

なお、抵当権には、大きく分けて通常の抵当権と根抵当権の２種類があります。一般に抵当権という場合には、通常の抵当権のことを指します。

抵当権の効力

抵当権の一番重要な効力が優先弁済権です。これは、債務者が返済しないときに、抵当権の設定された不動産を換価処分（＝競売）して、その代金から他の債権者に優先して債権の弁済を受けられるという効力です。

さらに、抵当権の登記がなされているのであれば、抵当権の設定された不動産を債務者が第三者に売却しても、その不動産に対する抵当権の効力は第三者のもとにも及びます。

また、抵当権には物上代位という効力も認められています。これは、抵当権の目的物に代わる金銭にも抵当権の効力が及ぶというものです。

たとえば、抵当権の目的物である建物が火災により滅失したために、火災保険金が債務者に支払われるとします。このとき、抵当権者は債務者に支払われる前に、その火災保険金を差し押さえて、自己の債権への優先的な弁済に充てることができます。

抵当権を設定する

抵当権は、貸金債権などを担保するために設定されます。抵当権によって担保される債権のことを被担保債権といいます。

たとえば、ＡがＢに5000万円の貸金債権を持っていたとします。これについて、抵当権を設定するには、ＡとＢが抵当権設定契約を締結して、抵当権の登記をします。その結果Ａは5000万円を被担保債権とする抵当権を取得することになります。

その後、Ｂが5000万円を弁済した場

合には、Aがもっていた抵当権は消滅することになります。

◎物上保証と共同抵当

原則的ではない抵当権の設定として物上保証と共同抵当があります。

① 物上保証

物上保証とは、債務者以外の第三者が所有する目的物に抵当権を設定することです。たとえば、AがBに対して5000万円の貸金債権をもっている例で借り手であるB所有の不動産に抵当権を設定するのではなく、第三者CがC所有の土地にAのために抵当権を設定することもできます。

Cのように他人の債務を担保するために自己の不動産に抵当権を設定させる者を物上保証人といいます。もし、Bが貸金債務を弁済しない場合には、AはCの土地を競売して、その売却金から自己の債権を回収することができます。

② 共同抵当

共同抵当とは、1つの債権を担保するために複数の不動産に抵当権を設定することをいいます。債務者の1つの土地だけでは、債権額を担保するのに不十分な場合や、土地とその上の建物の両方に抵当権を設定する場合などに利用します。

たとえば、AがBに5000万円の貸金債権をもっているとします。このとき、Bが所有する甲地の評価額が3000万円で、乙地の評価額が2000万円だとすれば、甲地・乙地は単独では債権の担保として金額が不足しています。

しかし、甲地と乙地とに「共同抵当」を設定すれば、あわせて5000万円の評価額となり、被担保債権を担保するのに十分な金額になります。

このような共同抵当では、Bが貸金債権を返済しない場合には、Aは甲地と乙地の両方を競売することができます。

抵当権とは

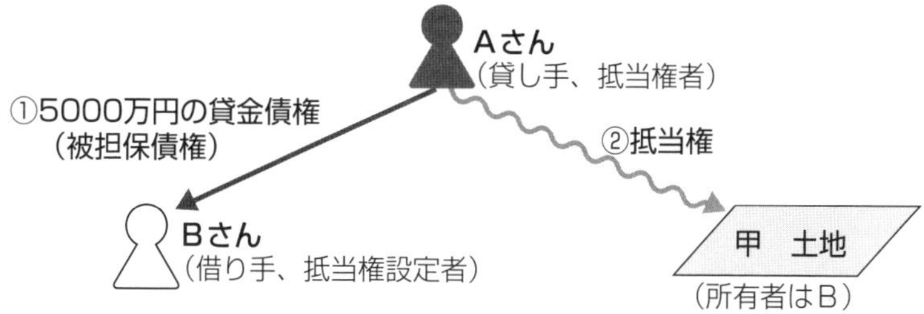

AはBと①貸金契約（金銭消費貸借契約）と②抵当権設定契約を結ぶ。Aさんを「抵当権者」、Bさんを「抵当権設定者」、5000 万円の貸金債権を「被担保債権」という。

11 根抵当権

土地や建物に根抵当権を設定したら登記する

◯根抵当権について

根抵当権とは、一定の範囲にある不特定の債権を、限度額（極度額）まで担保する形式の抵当権です。

通常の抵当権とは、次のような違いがあります。通常の抵当権は、被担保債権が個別に特定されており、その債権を担保するために設定され、その債権が弁済などで消滅すれば抵当権も消滅します。

これに対して、根抵当権では、一定の範囲に属する債権であれば、個々の債権を特定することなく複数の債権を極度額に至るまで担保することができます。

さらに、通常の抵当権と異なり、被担保債権の金額がゼロになっても根抵当権は消滅しません。

つまり、根抵当権は極度額という「枠」を設定して、その枠の内部であれば、被担保債権が増減したり入れ換わったりすることのできる権利です。

根抵当権は、継続的な取引をしている債権者が債務者に対する債権を一括して担保するのに有益な制度です。

◯根抵当権を設定する

根抵当権は、債務者に対する債権であれば何でも担保できるわけではありません。一切の債権を担保するなどという包括的な定めはできません。

ただ、ある「範囲」を決めて、その範囲に属する債権であれば、増減したり入れ換わったりしても担保されます。

たとえば、A社とB社が継続的に取引をしており、A社がB社に対して常に売掛金債権をもっているとします。そして、個々の売掛金債権が増減したり入れ換わるような場合には、根抵当権の被担保債権の範囲（債権の範囲）を「令和○年○月○日商取引契約」というように決定し、その契約から生じる債権を被担保債権とする旨を根抵当権設定登記の内容とします。

また、根抵当権は、債務者の不動産に一定の担保「枠」を設定するものですから、その金額（極度額）も根抵当権の設定に際して決めなければならず、極度額も根抵当権設定登記の内容となります。

根抵当権には、極度額という枠が設定されますが、実際の被担保債権は常に変動しており、担保される債権は一定の範囲のものに限定されます。

そのため、根抵当権の設定に際しても、被担保債権の「範囲」と「極度額」を定めることが必要となり、それらが登記事項とされています。

　また、被担保債権を特定するためには債務者が誰かがわからなければなりません。そのため、債務者も登記事項とされています。

　この極度額、債権の範囲、債務者は必ず根抵当権を設定する登記に記載しなければならない事項となります。

元本を確定する

　根抵当権は元本の他、利息・遅延損害金をすべて極度額まで担保します。

　元本は一定の事由があると確定します。元本が確定すると、その額の債権を被担保債権とする通常の抵当権とほぼ同様に扱うことができます。

　たとえば、極度額が6000万円の根抵当権について元本が5500万円と確定されたのであれば、その後は5500万円の債権を担保する通常の抵当権とほぼ同じように考えればよいわけです。

　このような元本の確定が生じる原因には、いくつかありますが、おもな原因を挙げると、まず、根抵当権設定時に根抵当権者と根抵当権設定者があらかじめ定めておいた「確定期日の到来」が挙げられます。

　また、確定期日を定めていないときは、根抵当権者や根抵当権設定者が「元本確定請求」をした場合にも根抵当権の被担保債権は確定します。

　根抵当権者は、いつでも元本確定請求をすることができ、根抵当権設定者は根抵当権を設定した日から３年を過ぎたときに元本確定の請求をすることができます。ただ、根抵当権設定者の場合、元本が確定するのは、請求時から２週間後になります。

　なお、根抵当権者や根抵当権設定者による「元本確定請求」は、確定期日を定めている場合にはできません。

根抵当権とは

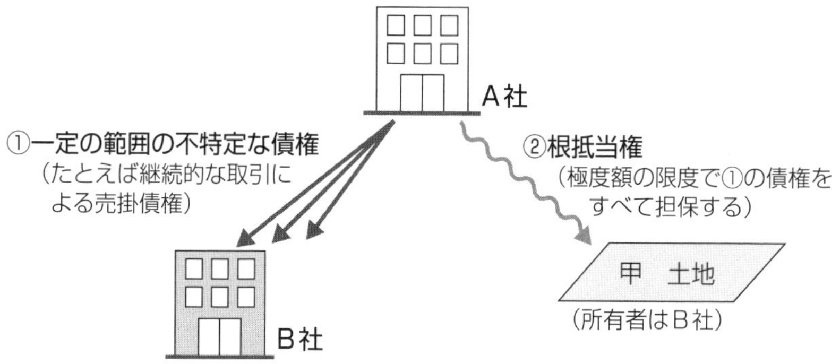

12 質権

質権には3種類がある

動産質では物の引渡しが必要

質権は、債権者が自己の債権を担保するために債務者の所有物を預かる形式の担保物権です。債務の弁済がなされないときには、債権者（＝質権者）は債務者（＝質権設定者）の目的物を競売して債権を回収します。質権は、目的となるものの種類により、動産質・不動産質・権利質に分けられます。

質権の多くは、動産質です。動産質を主張するためには、質権設定の合意と共に、債権者が債務者から目的物（質物）を実際に預かることが必要です。

債権質には取立権がある

権利質とは、債権や株式などの財産権を目的としたものですが、おもなものは債権質です。

債権質は、債務者が第三者に対してもつ債権を質権の目的とする場合です。たとえば、ＡがＢに対して債権をもっていて、ＢはＣ（第三債務者という）に対して債権をもっているとします。このとき、ＡがＢのＣに対する債権を目的としてＢとの間で質権の設定を受けるような場合です。

債権質の利点は、質権者が質権の目的である債権を直接取り立てることができることにあります。

債権質は、質権設定の合意の他、債権の譲渡に証書の交付が必要なものを質権の目的とする場合には、証書の交付を受けることによって成立します。不動産質は、不動産を目的として質権を設定するものですが、ほとんど利用されていません。

債権質

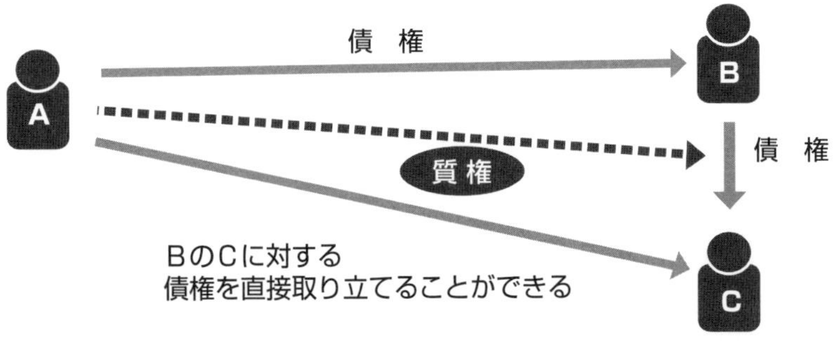

13 譲渡担保①

法定されていない非典型担保物権

譲渡担保について

債権者にも債務者にも便利な担保権は抵当権なのですが、その規制は法律で厳格に定められています。そこで、抵当権の利便性をいかしながらも、もう少し制約の緩やかな担保の手段が取引の世界では要請されてきました。そこから生まれたのが、**譲渡担保**という担保方法です。

これは、担保目的物の所有権を債権者に移転して、それを債務者が引き続き借りておくという形の担保です。譲渡担保は、工場に備えつけの機械や、倉庫に保管してある在庫商品など、担保化のための明確な規定がない財産を担保にとる場合に、広く利用されています。そのため、譲渡担保の対象は、不動産、動産、債権などの各種権利が広く対象に含まれます。

この場合、担保目的物の担保価値の査定は、慎重に行うことが必要です。担保価値の査定が甘いと不良債権を作り出すことになってしまいます。

集合債権譲渡担保とは

担保目的物の所有権ではなく、債権を譲渡担保の目的にする方法もあります。

継続的な取引関係にある者の間では、実務上、集合債権譲渡担保という方法がとられています。これは、継続的取引によって現に発生している債権、または将来発生するであろう売掛債権をまとめて譲渡担保の目的とするものです。

担保の対象となる債権は将来発生するものでもかまいません。

譲渡担保とは

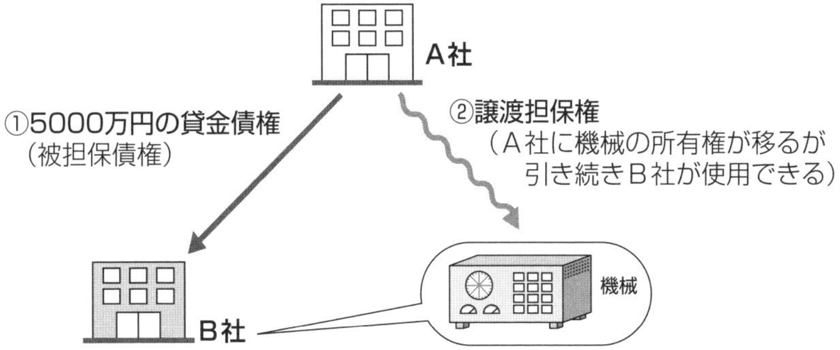

14 譲渡担保②

帰属清算型と処分清算型の２つの方法で担保権を実行する

抵当権の利便性をいかした制度

譲渡担保の特徴は、担保目的物の所有権は債権者に移転しますが、それを債務者が借りるという形式をとり、債務者が使用し続けることが可能な点です。客観的には、一般の売買契約に見えますが、契約当事者の間では、所有権の移転を目的としていません。

譲渡担保は、抵当権の利便性を生かしたよい担保方法なのですが、質権のように手元に引き取るものではないので、表面からは担保が設定されているかどうかわかりません。そのため、ネームプレートなどを貼って第三者から見ても債権者の所有物であることがわかるように表示する必要があります。

債務者にしてみれば、自分の企業が借金をしていることを公示するようなものです。ただ、債務者の資金状態が悪化している場合には、担保目的物を第三者に譲渡することもあるので、ネームプレートは貼っておいたほうがよいでしょう。

帰属清算型と処分清算型がある

譲渡担保権については明文の規定はありませんが、期限まで債務を弁済できないときは、担保目的物の所有権は完全に債権者のものとなります。その実行形態としては、当該目的物の所有権を譲渡担保権者が確定的に取得する方法による場合（帰属清算型）と、当該目的物を譲渡担保権者が第三者に売却しその代金をもって弁済に充当する場合（処分清算型）とがあります。

いずれの場合にも、目的物の価額を被担保債権額（担保されている債権の額）が下回る場合には、譲渡担保権者は設定者にその差額を支払って清算しなければなりません。

譲渡担保の実行形態

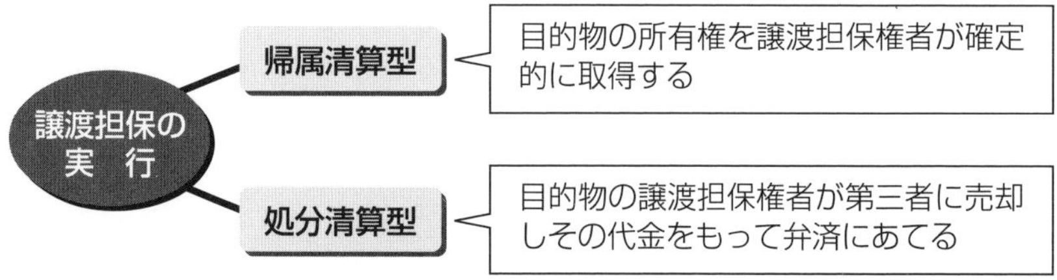

15 仮登記担保

比較的簡単な債権回収法

仮登記担保とは何か

仮登記担保とは、金銭債務を担保するために、その不履行があったときには、債務者または第三者に属する所有権その他の権利を移転させることを約束し、これに基づいて仮登記などをすることです。

たとえば、債務者が債務を履行できなくなった場合には、代わりに債務者所有の不動産を債権者所有に移転するとの取り決めをすることがあります。これらの取り決めにも、以下のようないくつかの型があります。

① 期限までに債務が履行されない場合には、債務の履行に代えて、目的財産を代物弁済する旨の停止条件付代物弁済

② 債務が履行されない場合には、債権者は目的財産を代物弁済として取得できる旨の代物弁済の予約

これらの担保方法は、金銭債務を担保するための契約でなければなりません。

また、仮登記などができる権利の移転または設定を目的としてなされた契約でなければなりません。

競売をする必要がない

債務者が、返済を怠った場合には、債権者は、仮登記を本登記にすることで、仮登記担保の目的とした不動産などを取得することができます。

本登記にするだけですから、競売を行わなければならない抵当権と比べて、煩雑な手続きが不要で、簡単な債権回収方法といえます。

ただし、不動産価格が債権額より多い場合ですと、債務者が損をしますので、清算手続が必要になります。

仮登記担保

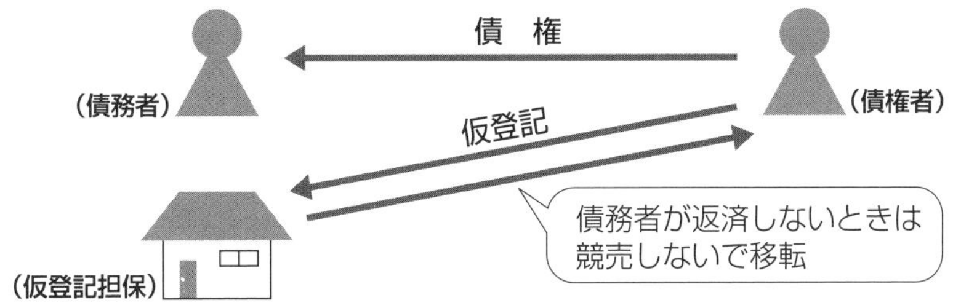

16 所有権留保

おもに割賦販売で利用する

所有権留保とは

所有権留保とは、売買契約において、売買代金が支払われるまで、売買目的物の所有権を売主に留保するという担保の方法です。

買主の代金不払いのときには、売主は所有権に基づいて目的物を取り戻し、代金に充てることができますから、代金債権を担保することになります。

所有権留保は、割賦販売（分割払いによる販売）などでよく使われます。

たとえば、販売店Ａが客Ｂに自動車、あるいは、パソコンを分割払いで売るという契約をする場合、通常、その自動車やパソコンの所有権は、売買代金の全額が支払い終わるまで、売主に留保されるという特約がつけられます。この特約が所有権留保です。

これにより、売主である販売店Ａは、客Ｂの支払が滞ったときは、売買契約を解除して、所有権に基づいて自動車あるいはパソコンの返還を求めることができます。

所有権留保は、売主が抵当権などを設定せずに、売買代金の担保をとることが可能な制度といえます。

所有権留保の実行

債務者が代金を支払わない場合の実行の方法は、目的物の引き揚げです。つまり、債権者は所有権に基づき目的物の返還を求めることができます。

この場合、目的物は債務者が所持していますが、これを同意なく引き揚げることは許されません。

同意なく債務者から引き揚げると窃盗罪となり、刑事罰を科せられるおそれもあります。そのため、所有権留保物の引き揚げという私的実行は債務者の同意がなければ実現できないという限界があります。

この場合も強制的に実行するには裁判所に引渡しを求める訴訟を提起することが必要になります。

所有権留保のしくみ

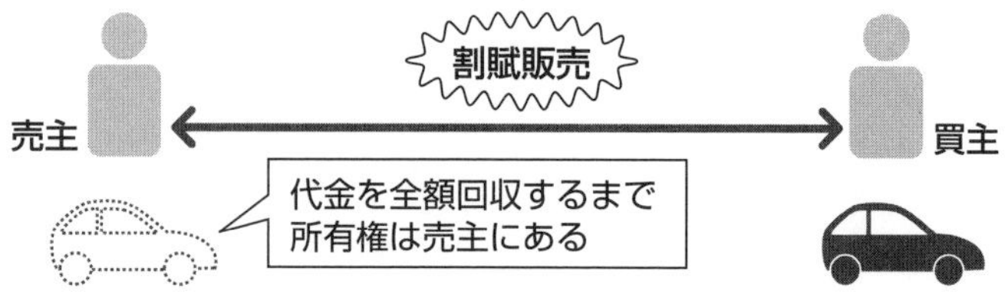

17 代物弁済と代物弁済予約

代物弁済は諾成契約

代物弁済による債権回収

代物弁済とは、50万円の借金がある場合に、現金がないから代わりに店舗の中の商品を代金の支払いにあてるような場合をいいます。

代物弁済が債権回収の手段としてなされる場面としては、まず融資を受けた商店が倒産しそうなケースで、債権者が店にかけつけて商品を融資金の支払いに代えて持ち出す場合があります。

代物弁済予約

あらかじめ借金を支払えなかった場合は、債務者の土地を代物弁済としてもらい受けるという約束（代物弁済予約）を事前に当事者間で結んでおく方法もあります。

代物弁済予約は、仮登記という方法で行うため、競売のような面倒な手続きをすることなく債権の回収ができますが、債務者からすれば借金の額と不釣合いな土地などの財産を債権者に丸取りされるという問題点もあります。

そこで、法律（仮登記担保法）は債権者による丸取りを防止するために、債権者に清算の義務を課しています。

代物弁済は諾成契約である

代物弁済の後に「弁済者が当該他の給付」をすることが「弁済と同一の効力を有する」ため、これにより債権が消滅します。

たとえば、Aが借金を返済する代わりに、自己所有の不動産をBに引き渡して借金を消滅させる旨の契約をAB間で行うことです。その後にAが当該不動産をBに引き渡すことで、Aの借金が消滅します。

代物弁済契約が諾成契約（合意だけで成立する契約）であるか、または要物契約であるかについて、改正後の民法は、代物弁済契約が「諾成契約」であることを明確にして、契約を結んだ後に本来の弁済に代わる他の給付がなされた時に、債権が消滅するというしくみを採用しています。さらに、改正民法は、代物弁済を行う者を債務者に限定していませんので、債務者以外の第三者が弁済を行う場合（第三者弁済）にも、代物弁済による弁済が可能です。

なお、未成年者などの制限行為能力者が弁済（代物弁済）として物の引渡しをした場合、その弁済を取り消したときは、その制限行為能力者は、さらに有効な弁済をしなければ、その物を取り戻せないとする改正前民法の規定は削除されました。

18 相殺契約

相殺とは似て非なるもの

相殺契約とは

相殺と区別すべきものとして、**相殺契約**があります。**相殺**は、当事者の一方だけの意思表示によって効果が生じます。これに対して、相殺契約は、当事者の一方から他方に対する意思表示ではなく、当事者双方の合意によって相互の債権債務を消滅させることです。

相殺契約は、互いに有する権利義務関係を簡易迅速に整理したい場合において、特に民法上の相殺ができない場合（たとえば、債権の目的である給付の性質が異なる場合）に利用されています。というのも、相殺契約は、あくまでも契約の両当事者の合意に基づいて成立するものなので、民法が規定する相殺の要件や相殺禁止の規律を及ぼす必要がないためです。そこで、相殺契約と区別するために、民法が規定する相殺を特に法定相殺といいます。金銭債務にとどまらず、物品の給付を目的とする債務と金銭債務との相殺契約なども可能です。

相殺契約書サンプル

相殺契約書

○○産業株式会社（以下「甲」という）と、△△商事有限会社（以下「乙」という）は、相互に有する債権債務の相殺に関し、次のとおり契約する。

第３条（相殺合意） 甲および乙は、前２条に掲げる個々の債権債務につき、期限の利益を放棄した。

２　前項において、甲および乙は、本契約締結の日をもって対当額につき相殺することを合意した。

第４条（相殺通知書） 本契約は、甲乙双方が、相殺通知書を配達証明付き内容証明郵便で送付することにより、未然に紛争の予防をはかることとする。

第５条（免責） 第３条の相殺の結果、甲が乙に対し有する第１条の買掛金の残高の支払債務は、乙において、これを免除する。

以上、相殺契約の成立を証するため、本書を２通作成し、各自記名押印の上、各１通を保有することとする。

19 代理受領

債務者の協力を得やすい

代理受領と振込指定

債務者が第三者に対してもっている債権が、譲渡を禁止または制限されているものである場合（譲渡制限債権）は、債権譲渡を受けないで、支払いだけを受ける代理受領や振込指定という方法があります。

どちらの方法も、譲渡が禁止されている債権についても可能な方法であることの他に、債務者や第三債務者（債務者の持っている債権の債務者）の協力が得やすいという特徴があります。

しかし、債権譲渡のように第三者に債権の存在を主張する方法（対抗要件）がありませんので、回収前に対象とする債権を譲り受けたり、差し押さえたりした債権者が現れると負けてしまうというデメリットもあります。

① 代理受領

債権者が債務者から、対象とする債権について取立てと支払いを受領する権限の委任を受けて、第三債務者から受領した金銭を返還すべき債務と、自分の債権を相殺することで、自己の債権の支払いにあてるという方法です。

② 振込指定

第三債務者から債務者へする支払いを、債権者が指定する銀行口座にしてもらい、そこに振り込まれた金銭を自分の債権に充当しようという方法です。

代理受領のしくみ

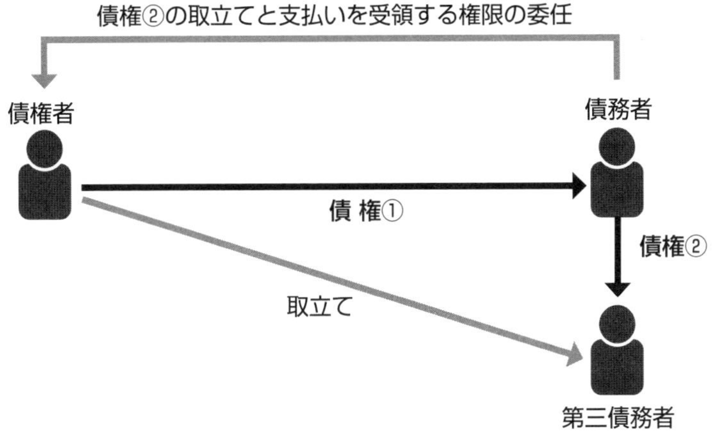

20 使用貸借契約・賃貸借契約

貸主と借主の信頼関係を基礎として成り立っている

使用貸借とは

使用貸借とは、借主が無償で使用・収益した後、それを返還するのを約束することで成立する契約です（593条）。つまり、タダで借りて使用後に返す契約です。

平成29年の民法改正で、使用貸借は要物契約から諾成契約に変わっています。

借主には、契約や目的物の性質によって定まった用法に従って借用物を使用・収益する義務（用法遵守義務）があります（594条１項）。この義務に反して貸主に損害を生じさせたとき、借主は貸主に対して損害賠償責任を負います（600条）。

なお、使用貸借契約において、民法は、借主の収去義務を定めています（599条１項本文）。具体的には、「借主は、借用物を受け取った後にこれに附属させた物がある場合において、使用貸借が終了したときは、その附属させた物を収去する義務を負う」と規定しています。

賃貸借とは何か

賃貸借とは、賃貸人が賃借人に目的物を使用・収益させることを約束し、賃借人がその賃料を支払うのを約束することで成立する契約です（601条）。

アパートやマンションを借りるといったような場合が典型的です。

目的物は不動産に限らず、動産でもかまいませんが、不動産賃貸借は、賃借人の生活に密接に関わることから、民法の特別法である**借地借家法**によって多くの修正が加えられています。

貸借型契約の比較

	消費貸借	使用貸借	賃貸借
具体例	金銭の借入れ 米やみその借入れ	友達からタダで DVDを借りる場合	賃貸マンションに 住む場合
返す物	借りた物と同種・同等・ 同量の別のものを返す	借りた物 そのものを返す	借りた物 そのものを返す
有償か無償か	返す際に利息を支払う 場合は有償	無償	有償
要物か諾成か	要物（書面でする場合は諾成）	諾成	諾成

21 地代・家賃

あらかじめ相場を調べておくことが大切

地代・家賃は前払いが多い

地代とは、土地の借主が土地を利用する対価として、土地の貸主に支払う料金のことです。家賃は主に居住用などの建物の利用料を指します。地代も家賃も賃貸借契約において「借主が貸主に支払う対価」という性質を持つため、ひとくくりに「賃料」と呼ばれています。賃料の支払時期や支払方法は契約できめられることになりますが、実務では前払いとされるのが一般的です。

賃料・地価の相場

賃料や地価には、その地域ごとにある程度相場が決まっています。

家賃の相場については、近隣の賃貸物件の相場以外にも立地条件、建物の築年数、設備や広さ、利便性なども影響します。主に駅やスーパーが近場にある場合や、商業地では1階の店舗の賃料は高くなります。

一方、地価は近隣の相場以外にも、周囲の環境、土地の使用用途によっても価格が変化します。特に首都圏の付近の地価は高価です。

最近は、インターネットでも地域ごとの家賃相場は紹介されているので、事前に下調べをしておくのがよいでしょう。

地代・家賃の値上げ

地代や家賃などの賃料は、事情が変更したという理由で、賃料を増やしたり減らすことが認められています。主な値上げの理由としては、地価の値上がりや固定資産税などの税金、経費の増額などです。

ただ、このような賃料の金額の変更が認められるのは、あくまで正当な理由がある場合に限られます。具体的には以下の通りです。

・税金等、土地や建物にかかる経費の増加があった場合
・経済事情の変動によって物件の価値が大きく変化した場合
・近隣の同種の賃料と大きな差がある場合

将来的に、賃料を上げる可能性があるのであれば、契約書には将来の状況によっては賃料の変更も行うことがある旨を明記しておく必要があります。

貸主より値上げの申入れがあり、もし借主がこの金額に納得できない場合は、話し合いによる結論が出るまでの間、少なくとも値上げ前の賃料を支払うようにします。貸主がこれを受け取らない場合は、相当と認める賃料を供託することが可能です。

22 不動産賃貸借

立場の弱い賃借人の保護が図られている

不動産賃借人の保護

人間の生活に不可欠の「衣・食・住」のうち、不動産賃借権は、「住」に関わる大切なものです。しかし、一般に、物を借りる賃借人は物を貸す賃貸人よりも社会的にも経済的にも弱い立場にあります。ところが、民法の規定では、賃借人が弱い立場に立つことが十分に考慮されていません。そこで、以下のような保護が図られています。

① 解釈による不動産賃借人の保護

賃貸人にとって、賃借人の一存で見知らぬ者に転貸や賃借権の譲渡をされては困ってしまいます。民法は、賃借人による無断転貸や無断譲渡を禁じ、これに違反すれば賃貸人は契約を解除できるという規定を置いています(612条)。しかし、これを文字どおり適用すると、無断転貸等により、即刻契約が解除され、住居を失うなど、賃借人に厳しい結果になることがあるため、判例は「信頼関係破壊の法理」により賃借人に対する救済策を講じています。この法理を用いて、無断転貸や無断譲渡が賃貸人に対する背信的行為と認められない場合は、賃貸人の契約解除権が発生しないと解釈しています。

② 民法改正が及ぼす影響

平成29年民法改正は、賃貸借契約に関しても多くの規定が改正されています。そこで、賃貸借契約について、賃借人の保護に関するおもな改正ポイントを見ていきましょう。

・賃貸借契約の存続期間の伸長

改正民法においては、比較的長期に渡る賃貸借契約を結ぶことが可能になります。具体的には、賃貸借の存続期間は、50年を超えることができないと改められることになり、かつての20年よりも、長期に渡る賃貸借契約を結ぶことが可能になりました。

・敷金の定義規定の新設

改正民法によると、敷金とは、賃料債務の他、賃貸借契約から生じる、あらゆる賃借人の債務を担保する目的で、賃借人が賃貸人に交付する金銭（名目は問わない）をいいます。また改正前においては、特に敷金の返還時期が契約終了時なのか、建物の明渡し時なのかが争われていましたが、改正民法では、賃貸借契約が終了し、賃貸の目的物が返還される時期であるという明文の規定が置かれています。

③ 借地借家法による保護

借地借家法は、「建物の所有を目的とする」不動産の賃貸借（地上権も含む）について、民法の特則を定め、賃借人の保護を図っています。

23 借地契約

契約の存続期間は借地借家法に規定されている

◎借地権をめぐる法律の規制

借地契約とは、建物の所有を目的とする土地の賃貸借です。建物の所有を目的とする土地の賃借権のことを借地権といいます。借地借家法では、借地人を保護することを目的として民法よりも有利な規定を設けています。

① 借地権の存続期間

民法の賃貸借契約の規定をそのまま適用すると、契約期間の上限（50年）があるため、借地借家法では借地権の存続期間を最短30年としています。また、契約期間が満了した場合は更新が可能ですが、更新後の契約期間は最初の更新の場合は最短20年、2回目以降の更新の場合は最短10年となります。

② 期間の満了と更新

借地権の存続期間が満了しても、借地上に建物がある場合は、借地人が契約の更新を請求したとき、または借地人が継続して土地を使用しているときに、原則として前の契約と同一の条件で契約を更新したとみなします。

③ 借地権を主張する条件

借地権が存在していることを借地契約関係のない第三者に主張するには、本来ならば借地権の登記が必要です。しかし借地借家法では、土地の賃借権について登記がなくても、借地上に建物を建てて借地人名義で「建物の登記」をしていると、借地権を第三者にも主張できるようにしています。

④ 建物買取請求権

契約期間が終了して（更新もなく）土地を返さなければならないが、借地上に建物が残っている場合や、地主が借地権の譲渡や借地の転貸（又貸し）を承諾してくれない場合には、借地人（転貸などの場合は転借人）は、地主に建物を時価で買い取るよう請求できます。

借地権の存続期間と終了

	民 法	借地借家法
契約の存続期間	最長 50 年 最短の規定なし	最短 30 年 （最長期間の制限なし）
契約満了と更新	期間満了で終了	更新拒絶の制限 （更新されやすい）
第三者に主張する条件	借地権の登記	借地人名義の建物の登記

24 定期借地権設定契約

用途に合わせて３種類ある

定期借地権とは

定期借地権とは、一定の要件を満たした場合に認められる契約の更新がない借地権のことです。定期借地権を設定すると、ⓐ契約の更新がない、ⓑ建物再築による存続期間の延長がない、ⓒ契約終了時の借地人からの建物買取請求が排除されます。

通常の借地権では、借地権の存続期間満了時に建物がある場合、地主は正当事由をもって更新拒絶をしないと、契約が更新されることになっています（**法定更新**）。定期借地権は、契約の更新を認めず、期間満了時には必ず地主に土地を返還することが条件です。地主への土地の返還が約束されるので、「借地権を設定すると戻ってこない」というイメージから借地契約の締結に慎重であった地主も、柔軟に土地を運用することが可能になります。一方、借地料は通常の借地権よりも安くなるのが一般的なので、借地人にとっては、使用収益できる期間が限られることを受忍すれば、安い金額で土地を調達できるメリットがあります。定期借地権には、以下の３種類があります。

①　一般定期借地権

50年以上の存続期間を設定し、期間満了時に、借地人が土地を更地に戻して返還すること、建物買取請求はしないことなどを定める借地権です。一般定期借地権の設定契約は、書面で行わなければならず、通常は公正証書を利用します。使用収益の目的が居住用か事業用かの制限はありません。

②　事業用定期借地権

事業用の使用収益に限られた定期借地権です。居住用建物を含む場合は事業用として認められない点に注意が必要です。存続期間は10年以上50年未満で設定できます。そして、事業用定期借地権の設定契約は、必ず公正証書で行わなければなりません。存続期間が30年以上か30年未満かによって設定条件が異なってきます。

③　建物譲渡特約付借地権

期間満了時に、借地上にある建物を地主が買い取る特約のついた借地権です。存続期間は30年以上で設定します。たとえば、業者が土地を借り、ビルやマンションを建てて、30年以上にわたり賃料収入を得た後に地主へ建物を売却する、というビジネスモデルで建物譲渡特約付借地権の設定契約が利用されます。書面による契約は要求されていませんので、口頭でも契約は成立しますが、公正証書を利用するのが一般的です。

25 駐車場契約

賃借人は用法にしたがって使用しなければならない

駐車場経営のメリット

駐車場経営は土地の賃貸人にとって以下のようなメリットがあります。

①　土地の状態に応じて経営できる

非常に狭い土地、奥深いところにある土地、変形している土地でも、それなりの有効活用が可能です。

②　専門知識はさほど必要ない

駐車場経営では、マンション・アパート経営、貸しビル経営をする際に必要な借地借家法などの知識や、建物の保守管理に関する専門知識が不要です。

③　用途変更がしやすい

将来的にアパートを建てるなどの用途変更が、法律上も事実上も容易です。

契約書の具体的な内容は

駐車場契約には、土地全体を駐車場として賃貸する場合と一区画ごとに賃貸する場合があります。また、駐車車両を制限することもあるようです。駐車場契約書を作成する場合には、①車両名、②車両番号、③車両所有者名、などを特定して記載します。契約の際、車検証や運転免許証の他、実印などによって身分の確認をしておきましょう。

賃借人は、賃料を払う事はもちろんですが、賃貸人の定めた管理規則に従って、善良なる管理者の注意をもって駐車場を使用しなければなりません。「善良なる管理者の注意」とは、職業や社会経済的地位に応じて要求される程度の注意義務のことをいいます。契約終了後は、自動車を移動し、残留品を撤去して賃借した駐車場を原状に復して賃貸人に返還しなければなりません。

駐車場経営をするにあたって注意すべき法令

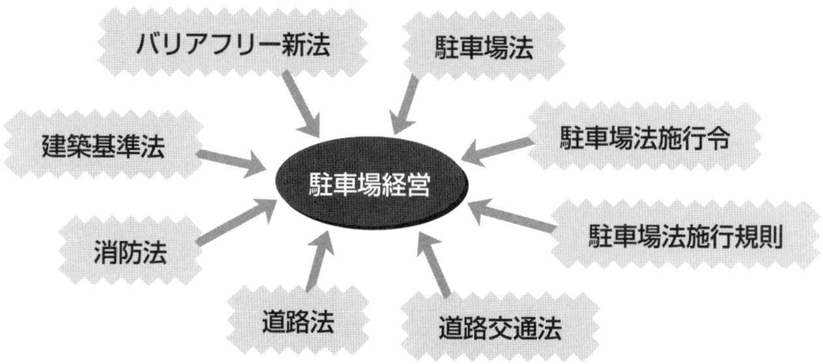

26 借家契約

借家人保護の観点から借家契約は更新されやすくなっている

借地借家法が適用される

借家契約とは、建物の賃貸借契約のことです。借家契約においては、家賃、賃貸の目的、契約期間、転貸の可否といった事項を規定しておくことが重要です。借家契約は長期間にわたるものですから、貸主と借主の間の双方の信頼関係を基礎として成立します。建物の貸主は、借主に建物を使用させる義務を負います。一方、借主は、賃料を支払い、契約で定めた用法に従って善良な管理者としての注意をもって使用する義務（善管注意義務）を負います。

借家契約については、借主保護のために民法に優先して借地借家法が適用されます。

①　借家契約の存続期間

借家契約の存続期間は、法律上は貸主と借主の間で自由に決めることができるという建前がとられています。ただし、実務上は「２年契約」とされることが多いようです。なお、１年未満の期間で契約した場合には、存続期間の定めがない契約とみなされます。

②　借家契約の更新

借主を保護するために借家契約は更新されやすくなっています。つまり、借家契約の存続期間が満了しても、期間終了の６か月前までに貸主から借主に更新拒絶の通知をしないと、従前の契約と同一の条件で更新したものとみなされます（法定更新）。貸主が更新を拒絶するには**正当事由**が必要です。正当事由の判断は、借主に不利にならないように、建物を使用することが必要であるといった事情を中心に考慮され、「従前の経過」や「建物の利用状況や現況」も考慮されます。

③　借家契約を主張する条件

借主が、借家契約の存在を第三者に主張するには、本来なら賃借権そのものを登記することが必要ですが、この登記は貸主の協力がないとできないので、実際にはあまり行われていません。そこで、借地借家法により、賃借権の登記をしていなくても、借主が建物の引渡しを受けて居住していれば、第三者にも借家権を主張できるというしくみがとられています。

④　定期借家権について

借地借家法では、更新のない建物賃貸借が認められています。

これを**定期借家契約**（**定期建物賃貸借契約**）といいます。定期借家契約においては、契約を結ぶ前に、貸主は、契約の更新がないことを記載した公正証書などの書面を借主に交付して、その旨を説明しなければなりません。契約前の書面の交付と説明が必要ですが、必ずしも公正証書による必要はありません。

個別の事情に合わせて特約を定めておく

契約書の中で気をつけたいのは「特約」です。賃貸借契約書の一般的なひな型には記載されていない事項についても特約で定めることができます。

①　原状回復特約とは

原状回復特約によって借主がどこまで修繕義務を負うことになるのかは、その文言の内容によって変わります。

なお、平成29年の民法改正では、通常の使用収益で生じた賃借物の損耗（通常損耗）や経年変化は原状回復義務の対象外と規定しています（621条）。そこで、通常損耗などの原状回復を借主に義務付けたいときは、上記の基準に照らして、そのことを特約で明記する必要があります。

②　小修繕特約は借主負担の場合もある

小修繕特約とは、借主が行った小修繕の費用は借主の負担になるとする特約です。たとえば、「本件建物の小修繕は借主の負担において行う」などと記載されています。ただし、このような特約がある場合でも、建物の基礎に関する部分や、屋根・壁の塗りかえといった大規模な修繕は貸主が負担することになりますので、注意する必要があります。

③　敷引特約

敷金について、借主に返還する金額をあらかじめ約束しておく特約のことを敷引特約といいます。退去時の建物の状態にかかわらず、賃貸借契約時に、前もって修繕のために一定額の費用を敷金から差し引くことを決めておけば、敷金返還の際にもめ事も避けられるという考え方からできた特約です。

借家契約の法律規制

	民　法	借地借家法
契約の存続期間	最長50年 １年未満でも可能	50年を超える契約も有効 （最長期間の制限なし） １年未満は期間の定めなしとみなす
契約満了と更新	契約期間満了で終了	更新拒絶の制限 （正当事由が必要）
第三者に主張する条件	借家権の登記	借家の引渡し （住んでいること）

27 雇用契約

派遣やパートタイム労働など、さまざまなタイプがある

労働条件を契約書に明示する

労働基準法によれば、労働契約（雇用契約）の締結に際し、賃金（計算・支払方法、締切りと支払時期、昇給に関する事項など）、労働時間（1日8時間・週40時間以内）、就業場所・就業すべき業務・就業時間、休憩時間、休日・休暇、退職などの事項について契約書に明記し、かつ十分に説明すべきであるとされています。実際には、雇入れの際に労働者に労働条件通知書が交付されることになります。

雇用契約は、継続的契約関係という性格をもつものだけに、契約の解除（解雇）については、使用者による合理性のない解雇は認められません（解雇権の濫用）。また、解雇できる場合でも、30日以上前に予告するか、30日分以上の平均賃金（予告手当）を支払わなければなりません。

労働条件は就業規則で決められていることが多い

労働者と会社が個別に雇用契約を結んで労働条件を定めるのがもっとも望ましいのですが、従業員が多い企業ともなると、労働条件を個別に定めることよりも、会社の就業規則で一律に定める場合が多いようです。就業規則とは、労働者の待遇、採用、退職、解雇など人事の取扱いや服務規定、福利厚生、その他の内容を定めたものです。常時10人以上いる会社では必ず就業規則を作成しなければなりません。

就業規則が法令や労働協約に違反する場合には、その違反する部分については、就業規則で決めている労働条件の内容が無効となります（労働契約法12、13条）。

パートや派遣労働者の雇用契約

パートタイム労働者として働く場合にも使用者との間で労働契約の締結が必要です。ただし、パートタイム労働者の場合、労働条件が正社員とは異なるため、賃金や労働時間の点で正社員とは異なる内容の労働契約が結ばれるのが通常です。パートタイマーとの雇用契約については以下の点に注意して契約を結ぶことがあります。

・採用

雇用契約書（労働条件通知書）を作成し、その中で契約がパートタイムであることを明示しておくことが望ましいといえます。一定の事項（契約期間など）については文書で明示することが求められている他、パートタイマーの労働条件全般にわたる事項について、

文書などを交付して明示しなければなりません（パートタイム・有期雇用労働法6条）。明示内容は、①契約期間、②契約更新の基準、③就業場所・従事業務、④就業時間に関する詳細、⑤賃金に関する詳細、⑥退職事項、⑦昇給・退職手当・賞与の有無などになります。

・労働契約の期間

期間を定めて雇用する場合、一定の専門業務でない限り、また、労働者が60歳以上や専門職でない限り、労働契約の期間は3年以内ということになります。期間の定めのある労働契約は、契約期間の満了により自動的に終了しますが、労働者が所定の契約期間を経過しても労働を継続し、使用者がこれに格別異議を述べないときには、契約が同一の条件をもって黙示に更新されたものと判断されます。

まずは雇用契約で更新の有無について明確にします。「更新する場合があり得る」とした契約で「更新しない」としたい場合には30日前にその意思を伝えなければなりません。

・雇止め

期間の定めのある労働契約（有期労働契約）において、契約期間の満了をもって労働契約の更新を拒否することを雇止めといいます。雇止めについては、更新による雇用継続を期待させる使用者の言動が認められたり、更新の手続きが形式的に行われていたような場合には、労働者に更新期待権が発生すると考えられ、いきなり更新を拒否することが無効とされることがあります。

明示しなければならない労働条件

書面で明示しなければならない労働条件	●労働契約の期間に関すること ●期間の定めのある労働契約を更新する場合の基準 ●就業場所、従事すべき業務に関すること ●始業・終業の時刻、所定労働時間を超える労働の有無、休憩時間、休日、休暇、交替勤務制の場合の交替について ●賃金(※)の決定、計算・支払の方法、賃金の締切、支払の時期、昇給に関すること ●退職・解雇に関すること
右に示した事項を使用者が定めている場合にだけ明示しなければならない労働条件	●退職手当の定めが適用される労働者の範囲、退職手当の決定、計算・支払の方法、退職手当の支払の時期に関すること ●臨時に支払われる賃金（退職手当を除く）、賞与・賞与に準ずる賃金、最低賃金に関すること ●労働者の負担となる食費、作業用品などに関すること ●安全、衛生に関すること　●職業訓練に関すること ●災害補償、業務外の傷病扶助に関すること ●表彰、制裁に関すること　●休職に関すること

※　退職手当、臨時に支払われる賃金、賞与等の賃金を除く

28 パートタイム・有期雇用労働

パートタイマーの保護を目的とした法律もある

パートタイム・有期雇用労働法

短時間・有期雇用労働者（短時間労働者と有期雇用労働者の総称）を雇用する事業主に対して、短時間・有期雇用労働者の適正な労働条件の確保や福利厚生の充実などの措置を講ずることを求めるため、労働基準法とは別に定められた法律が**パートタイム・有期雇用労働法**です。

同法3条1項は、短時間・有期労働者の就業の実態などを考慮して、適正な労働条件の確保、教育訓練の実施、福利厚生の充実、通常の労働者への転換の推進などの措置を、事業者に義務付けています。事業者は、これらの措置を通じて、他の正社員などとのバランスに配慮した待遇を確保し、短時間・有期労働者が、職場で能力を発揮することができるように努めなければなりません。また、短時間・有期雇用労働者の適正な労働条件の確保と雇用管理の改善に関して、パートタイム・有期雇用労働法に基づき「パートタイム・有期雇用労働指針」を厚生労働省が策定しています。

パート用就業規則を作成する

就業規則の具体的な内容については、法令や労働協約に反しない範囲内であれば、各事業所の事情に沿って自由に定めることができます。パートタイマーを対象とした就業規則（パート用就業規則）を作成する際にも、労働基準法はもちろん、労働契約法、最低賃金法、男女雇用機会均等法など、正社員に適用される法律は、原則としてパートタイマーも適用対象になります。

特にパートタイム・有期雇用労働法やパートタイム労働指針の内容をよく理解して、その内容に沿った就業規則を作ることが必要です。その他、パート用就業規則を作成する際に注意すべき点としては、以下のようなものがあります。

・対象者を明確にする

就業規則を複数作成する場合は、その就業規則を遵守すべき労働者が誰なのかを明確にしておく必要があります。

・パートタイマーの意見を聴く

パートタイマーが労働組合に加入していない場合や、その人数が少ない場合においても、パートタイマーの意見を反映する必要があります。このため、パートタイマーを対象とする就業規則を作成・変更しようとする際には、事業主は、事業所で雇用するパートタイマーの過半数を代表する人の意見を聴かなければなりません。

29 労働者派遣契約

派遣元、派遣先、派遣労働者の三者が登場する

「派遣」とはどんな働き方なのか

労働者派遣とは、派遣会社（派遣元）と雇用契約を結ぶ派遣労働者が、別の会社（派遣先）で業務の指示を受けながら働く雇用形態です。通常の雇用形態とは異なり、労働者が雇用契約を結ぶ会社と、実際の指示の下、業務を行う会社が分かれていることが大きな特徴です。

平成27年の労働者派遣法改正により、以前は届出で済んだ特定労働者派遣事業が廃止され、すべての派遣事業が許可制になりました。現在では、派遣事業の適正な運営がより厳しく求められています。

その他、賃金水準や教育訓練、福利厚生など、派遣労働者の正社員との待遇格差を改善するため、派遣会社・派遣先共に連携した配慮をすることが義務付けられています。

派遣労働者には、正規労働者と同じ条件下で業務に従事できるよう、さまざまな法律が適用されます。

たとえば、国内で働くすべての労働者に適用される労働基準法に加え、派遣ならではのルールを定めた労働者派遣法（労働者派遣事業の適正な運営の確保および派遣労働者の保護等に関する法律）、最低賃金法、育児・介護休業法、男女雇用機会均等法などです。

対象になる業務とは

労働者派遣の対象になる事業は、労働者派遣法が禁止する業務以外の、全ての業務です。労働者派遣法が、派遣を禁止する業務には、①港湾運送業務、②建設業務、③警備業務、④医師、看護師、歯科医師などの医療関連業務があります。

派遣会社との間で、期間の定めがある雇用契約を結んでいる派遣労働者については、派遣先の同一の事業所で継続して、派遣することができる期間は、最長で３年に制限されています。派遣先が、３年を超えて、同一の派遣労働者の派遣を受け入れる場合には、派遣先の企業などにおいて、労働者の過半数を代表する労働組合などの意見を聴き、労働組合などが異議を述べた場合には、派遣期間を延長する理由を説明した上で、３年を上限に派遣期間の延長が可能です。

また、派遣先の同一の部署など（同一の組織単位）に継続して派遣することができる期間についても、３年に制限されています。

30 請負契約

過程ではなく仕事の完成を求める

◎請負契約とは

請負とは、平たく言うと「他人に仕事をしてもらう」契約です。つまり、ある者（注文者）が、他人（請負人）の労務を利用して仕事を完成させ、その仕事の結果に対して報酬を与える契約です。請負は業務（仕事）を請け負うことから、業務請負と呼ばれることもあり、契約書の表題についても「業務請負契約書」とされることがあります。請負契約にあたるというためには、主に以下の要件を満たす必要があります。

①　注文者が直接指揮命令をしない

注文者（使用者）が作業従事者に対して直接指揮命令をしない、ということがあります。作業従事者の個別の作業に対して指示したいことがあっても、注文者は直接その作業従事者に対して指示することができません。請負人側の責任者の指揮命令の下で、作業従事者が注文者の意に沿った仕事をすることになります。ここが使用者から直接指揮命令を受ける「派遣」「在籍出向」と大きく違う点です。

②　請負は仕事を完成させることが目的

請負は「仕事の完成」が契約の目的であり、仕事を完成させることが請負人の義務にもなっています。ここが仕事の完成を目的としていない「委任」との違いです。

請負の場合は、請負人の管理下で作業が行われるのを原則としています。そこで、注文者から仕事を請けた場合、請負人は自社に持ち帰って仕事をします。そして、完成した物（成果物）を注文者に納品するわけです。そのため、仕事のプロセスよりも結果が重要になり、請負人は仕事を完成させるという、いわば結果責任を負うことになります。

請負契約のしくみ

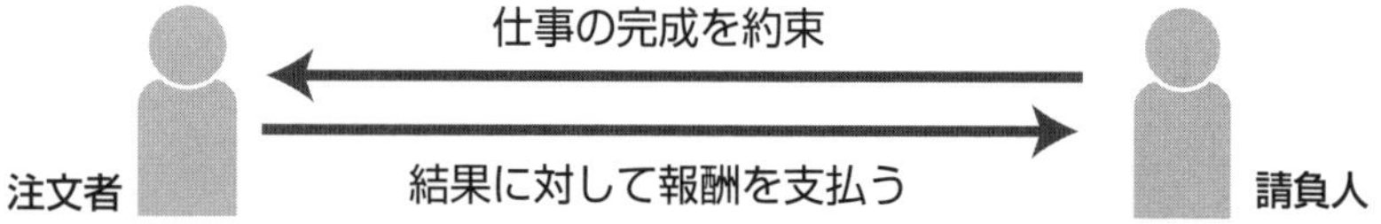

Point

・仕事の完成が目的
・請負人が目的物の契約不適合について責任を負う

31 委任契約・寄託契約

善管注意義務を負う場合が委任と寄託では異なる

実務上は有償の場合が多い

委任とは、当事者の一方が相手方に対して法律行為をなすことを委託し、相手方がこれを承諾することによって成立する契約です。弁護士への依頼や、会社と取締役との関係は、委任契約に基づくものです。委任契約には有償のものと、無償のものとがありますが、一般には委任者が受任者に対して報酬を支払うこととするものがほとんどです。ただし、有償・無償を問わず、受任者は、技術・能力に応じて、事務処理に必要な、高度な注意義務（善管注意義務）を負います。

委任者が事務処理の状況報告を求めた場合、受任者はいつでも、これに応じなければなりません。委任終了後にも、委任者に事務処理の事後報告をする義務があります。受任者が事務処理の過程で取得した権利がある場合は、委任者にその権利を移転する他、受領した金銭、その他の物品なども委任者に引き渡す必要があります。また、法律行為以外の事実行為を依頼する契約を**準委任契約**といいます。準委任契約も委任契約と同様に扱われます。

寄託契約とは

寄託契約とは、受寄者（物を預かる人）が寄託者（預ける人）のために、ある物の保管を行うのを約束することによって成立する契約です。

寄託も委任と同じように有償の場合と無償の場合があり、有償寄託では寄託報酬額を定める必要があります。

また、受寄者の保管責任も有償か無償かで異なり、有償寄託の場合、受寄者は善良な管理者の注意義務をもって受寄物を保管しなければなりませんが、無償寄託の場合は自己の財産におけるときと同一の注意義務で足ります。自己の財産におけるときと同一の注意義務とは、自分の物を保管しているのと同程度の注意義務を指します。有償・無償を問わず、善良な管理者の注意義務を負う委任とは異なります。

その他の典型契約

委任・寄託の他、特殊な契約としては、①各当事者が出資をして共同事業を営むことを約束することによって成立する組合、②一方が相手方に対し、特定の人の死亡まで定期的に金銭等を給付することを内容とする終身定期金、③当事者が互いに譲歩して、その間の争いをやめることを内容とする和解があります。

32 診療契約

請負契約・準委任契約どちらも考えられる

診療契約の法的性質とは

患者が病院に行って、医師の診察等を受ける際には、病院と患者との間に**診療契約**が結ばれるのが原則です。

診療契約の法的性質については、診療契約を請負契約であると捉える考え方があります。請負契約によって、請負人が負う債務は、仕事の完成ですので、病院は、患者の病気を治す債務を負うと考えます。このように考えると、患者の病気を治せなかった場合は、病院は債務を履行していない（債務不履行）ということになるので、それを根拠に損害賠償請求をすることが可能になります。しかし、医師が患者の病気を完治させることは不可能な場合が多く、すべての医療契約を請負契約であると考えることはできません。

次に、診療契約を準委任契約であると考える立場があります。契約などの法律行為を委託する場合は、委任契約となりますが、診療行為は法律行為ではなく、事実行為ですので、準委任契約となります。ただ、委任も準委任も法的な効力に変わりはありません。

準委任契約における受任者（病院）の債務は、事務の誠実な遂行です。つまり、この考え方からは、医師が負う債務を診療行為を誠実に遂行することと捉えることになります。この場合、たとえ医師が患者を治療できなくても、診療行為を誠実に遂行すれば、医師の債務は履行されたことになります。治療が比較的容易な診療行為を内容とする診療契約の場合には請負契約と考えることができますが、一般的な医療契約は準委任契約であるとされています。

なお、かつては診療契約における診療代の請求権については、特別に３年の短期消滅時効が規定されていました。しかし、現在では他の債権と同様、原則として５年の消滅時効にかかります。

診療契約の法的性質

	請負契約と考える立場	準委任契約と考える立場
医師の負う義務	病気･けがの完治	誠実な治療行為
完治できなかった場合の医師の責任	債務不履行	誠実に治療したのであれば責任を負わない
注意点	一部の例外を除いて完治の約束は難しい	一般的には医療行為は準委任契約であるとされる

33 福祉サービス契約

継続的な利用を前提として交わされる契約

どんなタイプの契約なのか

福祉サービスを利用するために結ぶ契約を**福祉サービス契約**といいます。福祉サービス契約は、介護支援という事実行為の提供を事業者に委託する準委任契約です。

障害者がサービスを利用する場合には障害者福祉サービス契約を結び、高齢者が福祉サービスを利用する場合には、高齢者福祉サービス契約を結んだ上で、それぞれの内容にあったサービスの提供を受けることになります。障害者福祉サービスは、本人の自立に向けた支援にも重点が置かれており、サービスの内容とサービスを提供する事業者などについて、障害者総合支援法等の法律で定められています。

一方、高齢者福祉サービスは、高齢者に残された能力を活かしながら、できる範囲で高齢者が自立した生活を送れるようにすることを目的としています。

また、高齢者の状態が悪化することのないように予防にも力が入れられています。高齢者福祉サービスについては、サービスを提供する事業者や提供されるサービスの内容について、介護保険法をはじめとする関連法令で定められており、高齢者福祉サービス契約も、この法律に基づいて締結されます。

契約書や重要事項説明書の作成

高齢者福祉サービスの提供を受ける際にはこのような福祉サービス契約を交わしますが、このときに作成される書類には、契約書と重要事項説明書、別紙類があります。契約書には、契約の目的や契約期間、ケアプラン、提供サービスの内容、要介護認定申請時の支援、サービス利用時の留意点、料金、契約の終了やサービスの中止の条件といった内容が明示されています。

重要事項説明書は、契約書で示されたものの中で、特に丁寧に説明する必要のある重要な事項についてまとめた資料です。

サービスを提供する事業者が、高齢者福祉サービス契約を利用者との間で締結する際に、必ず契約に先立って、重要事項説明書を交付して説明しなければなりません。

重要事項説明書には、事業者の概要、提供するサービスの内容、サービス利用料金、料金の支払方法、サービス利用時の注意事項、サービスの中止と契約終了、緊急時の対応、相談窓口などを掲載します。サービス利用時の手引となるサービス利用説明書をよく読むことが大切です。

34 任意後見契約

任意後見契約は公正証書で作成しなければならない

法定後見と任意後見がある

成年後見制度は、法定後見制度と任意後見制度からなります。

法定後見制度は、後見、保佐、補助の３つに分かれ、本人の精神上の障害の程度によって区別されます。法定後見の場合には、精神上の障害や認知症などによって判断能力が不十分な人のために、家庭裁判所が選任した成年後見人等が、本人の財産管理の支援、介護保険などのサービス利用契約についての判断など、福祉や生活に配慮して支援や管理を行います。

一方、任意後見とは、将来、自分の判断能力が衰えたときのために、受けたい支援の内容と、支援をする任意後見人（任意後見受任者）を決めておき、あらかじめ公正証書による契約をしておく制度です。ただし、本人と任意後見受任者の間で任意後見契約を結んだだけでは、効力は発生しません。将来、本人の判断能力が不十分になったときに、任意後見人（任意後見受任者）などが家庭裁判所に任意後見監督人選任の申立てを行うことで、任意後見が開始されることになります。

任意後見契約とは

任意後見契約は、本人と任意後見受任者との間で自由に内容を定めることができるのが原則です。任意後見人に求められていることは成年後見人等と同様に、本人の財産管理に関することと、身上監護に関することです。

任意後見人には、契約内容に従って代理権が与えられ、任意後見人の職務も、この代理権が与えられている法律行為に関連する内容となります。任意後見人は、任意後見契約で与えられた範囲内でしか本人を支援できません。

任意後見契約は本人の判断能力が十分な時に締結できますが、本人の判断能力が不十分な状態になった後では新たな契約を結ぶことができません。

任意後見人について

任意後見人が行う仕事の内容は、任意後見契約に従いますが、任意後見人に求められていることは成年後見人等と同様に、本人の財産管理に関することと、身上監護に関することです。

任意後見人には、本人との間に結んだ事柄についての代理権が与えられています。任意後見人の職務も、この代理権が与えられている法律行為に関連する内容となります。

たとえば、財産管理の面で、任意後見人に本人所有の不動産に関する法律行為の代理権が与えられている場合には、この不動産売買を行う際に必要な行為が職務内容となります。

身上監護事務も同様です。また、任意後見人に介護保険や福祉サービスの利用契約に関する代理権が与えられている場合、これに付随する諸手続きやサービス内容の確認などは任意後見人の職務となります。

任意後見人に与えられた権限については、「代理権目録」に詳細を記すことになっています。この代理権目録は２つの様式のどちらかで作成することになっています。一つはすでに用意されている項目から選択する様式で、もう一つは個別に記載する様式です。

任意後見人は、任意後見契約で与えられた範囲内でしか本人を支援できません。任意後見契約で与えられた権限の範囲が狭すぎたり代理権だけでは対応できないような場合、本人の支援を十分に行えない可能性があります。

任意後見契約の終了

任意後見契約は、任意後見契約の解除、任意後見人の解任、本人について法定後見の開始、本人または任意後見人の死亡、本人または任意後見人が破産手続開始決定を受けた場合、任意後見人が後見開始の審判を受けた場合などにより終了します。

任意後見契約では、任意後見監督人が選任される前に解除する場合と後に解除する場合とで、条件が異なります。任意後見監督人が選任される前に任意後見契約を解除する場合には、本人か任意後見受任者のどちらからでも解除することができます。

任意後見監督人選任後に解除する場合は、解除するのに正当な理由や事情がある場合に、家庭裁判所の許可を受けることで解除できます。

任意後見契約利用のポイント

	将来型	移行型	即効型
財産管理の方針・制度利用の目的	将来判断能力が低下したときになってはじめて支援を頼む	将来判断能力が低下したときはもちろん、判断能力のある現在から支援を頼む	すでに判断能力が落ちてきつつある現在からすぐに支援を頼む
任意後見契約締結時の状態	判断能力が十分にあり、自分のことは自分ですべて行える	現在、判断能力は十分にある	現在、判断能力が落ちてきているが、任意後見契約の締結を行う能力はある状態
契約締結後の動き・実際に行うこと	任意後見契約を締結するにとどまる。将来判断能力が低下したときに、任意後見監督人選任の申立を行う	任意後見契約と任意代理契約を同時に結んでおき、早速、任意代理契約に基づいて財産管理をゆだねる	任意後見契約を締結してすぐに任意後見監督人選任の申立を行い、任意後見を開始する

35 信託契約

委託者、受託者、受益者がいる

どのようなしくみになっているのか

信託とは、他人を信じて何かを託すということです。信託契約では、何かを他人に依頼する者を委託者、依頼される者を受託者、信託契約によって利益を受ける者を受益者といいます。

たとえば、高齢のＡさんとＡさんの孫のＢさんがいっしょに暮らしていたとします。ＡさんとＢさんには他に身寄りはありませんでした。

Ａさんは高齢で、いつ死んでしまうかわからないので、貯金をＣさんに預けてＢさんが成人するまでＢさんの世話をＣさんに頼むことに決めました。

このとき、ＡさんとＣさんの間で締結される契約が信託契約です。ＣさんはＡさんの依頼を受け、Ａさんの財産を使ってＢさんを養育します。この信託契約では、Ａさんが委託者、Ｃさんが受託者、Ｂさんが受益者になります。

信託のメリットとは

信託制度が持つメリットとしては、委託者自身では困難な信託財産の管理を、受託者に依頼することができるという点が挙げられます。そのため、受託者は、委託者から預かった信託財産の管理・運用を行う権限が認められます。もっとも、信託契約では一定の目的が設定されているため、受託者は信託の目的に反する行動をとることはできず、受託者自身の財産と、信託財産を全く同一に扱うことはできません。

また、信託を行うことによって委託者は、信託財産から受益者に利益を得させることが可能になります。

より具体的に信託の当事者それぞれには、以下のメリットがあります。

・委託者のメリット

①　委託者の財産を保護する

財産の信託契約を締結した場合、財産の所有権は受託者に移転します。そのため、たとえ委託者が倒産した場合でも信託契約の対象となった財産が影響を受けることがなくなります。

②　委託者が死亡などした後の財産管理も可能になる

たとえ委託者が死亡後でも、受託者と信託契約を締結することで、受益者と定めた者の生活保障のための財産管理などができます。

③　税負担を軽減することができる

通常の所有権移転登記を行う場合と比べて、信託を原因とした所有権移転登記を行った場合の方が登録免許税を低く抑えることができます。信託契約を締結した場合には、不動産取得税は課されません。

④　**委託者の意思を尊重できる**

受託者は、委託者に依頼されたとおりに財産の処分を行うので、信託契約によって委託者の意図どおりのことが実現できます。

⑤　**委託者は受益者を自由に指定することができる**

たとえば、「受益者はAとするが、Aが死亡した場合にはBを受益者にする」という形での受益者の指定が可能です。

・受託者のメリット

①　**責任の範囲を限定できる**

受託者は信託事務を行う中で契約を締結し、債務を負担することがあります。しかし、受託者は登記をすることで信託契約から生じる債務の負担額を限定することが可能です（限定責任信託）。

②　**財産の隔離**

受託者自身の財産と、信託契約に関わる財産とは分離しなければなりません。受託者がたとえ受託者の債務者から強制執行（裁判所などの執行機関によって、金銭などを請求する権利が強制的に実現されること）を受けた場合でも、信託財産は影響を受けません。

・受益者のメリット

①　**自分自身で活動をしなくても収益を確保することができる**

受託者が財産の管理や処分を行うので、受益者自身は手間をかけずに利益を手にすることができます。

②　**受益権を譲渡できる**

信託契約によって受益者は信託財産から生じた利益を受け取る権利（受益権）をもっていますので、その権利を他人に譲渡できるようになります。

信託のしくみ

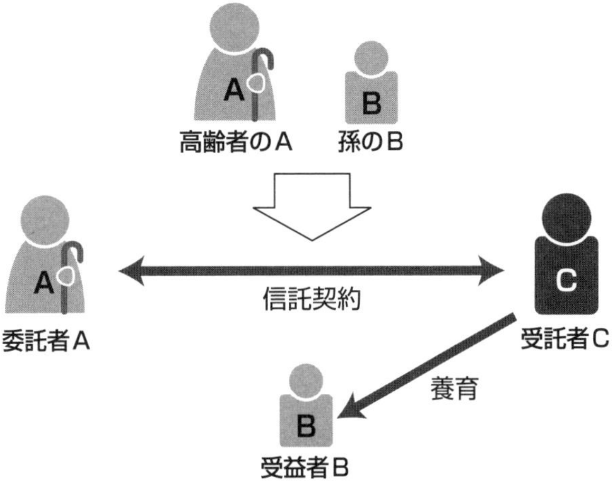

36 業務委託契約

業務委託から事業譲渡までさまざまである

業務委託契約とは何か

業務委託契約とは、働く側が企業に「雇用される」という雇用契約の性質を持つものではなく、「業務の委託を受ける」という契約です。

ただし、一口に業務委託契約といっても、委託された業務を完成させて報酬を受ける民法上の請負契約と、委託された事務の処理を誠実に行って相応の報酬を受ける民法上の委任契約があります。企業の行う契約では、これらのいずれかを指している場合だけでなく、混同されている場合があるので、注意が必要です。

業務委託契約は、企業が不採算部門の見直し、経費節減などを進めて、業務効率を高めるために利用されています。たとえばA社からの委託を受けて、B社がA社ブランドの商品を製造する契約（OEM契約）が増えています。その他、自社商品の販売の委託、自社製品の修理・サポートの委託、コンサルタント契約まで多岐にわたっています。基本事項を定めた「業務委託契約書」があれば、どんな業務委託契約にも対応できます。

業務委託契約では、企業からその業務やサービスの内容を委託されて仕事を遂行します。その際には、業務委託契約書に規定された業務内容と条件（報酬・期限など）に沿って、委託された業務を遂行します。契約は企業と個別に結ぶことになるので、委託される業務の内容と条件については、個々の企業（または個人）との間で明確な意思統一を図る必要があります。

業務委託契約のしくみ

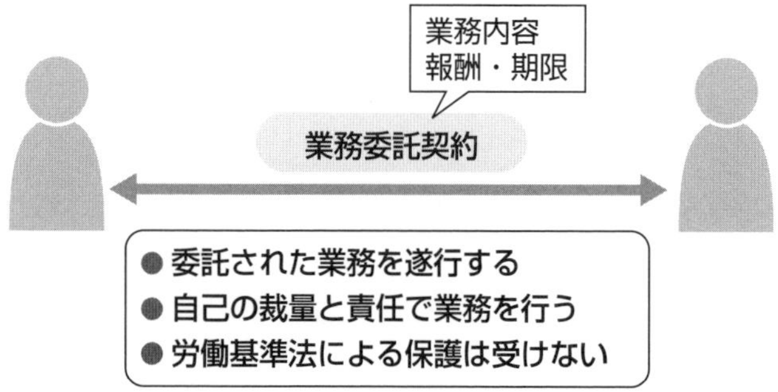

37 事業譲渡・株式譲渡契約

会社も株主も経営状況に応じて適切な判断が必要になる

企業同士で契約を結ぶ場合

企業は、事業を進める上でさまざまな経営判断を求められます。ときには、企業同士の合併、事業譲渡、株式譲渡、業務提携などの契約を結ぶ必要も出てきます。これらを行う背景には、事業の拡張や競争力の強化、コスト削減、資本の確保などが考えられます。

事業譲渡（営業譲渡）とは、一定の事業目的を達成するために組織された店舗や事務機器などの設備、従業員などの全部または一部を他の企業に譲り渡すことです。

株式譲渡とは、株式を他の企業や個人に譲り渡すことです。株式を譲り受けた人は、株式の割合に応じて、その株式を発行した会社に対してさまざまな権利を取得します。なお、契約は当事者同士の合意に基づいて成立しますが、合併など会社自体の運営に影響するような契約は、民法による規定だけでなく、会社法などで規定された手続きに基づかなければなりません。

事業譲渡がなされると、譲渡会社は譲渡の限度に応じて、法律上当然に競業避止義務を負います。たとえば、A社が健康食品販売業に関する一切の財産を事業譲渡すると、A社は一定期間、一定範囲において健康食品販売業を営むことができなくなります。

事業譲渡契約は、会社の基礎に重大な影響をもつ行為であり、慎重になされる必要があるため、一般的に事業譲渡契約書の作成に至る前に、譲渡対象の特定、譲渡対価、譲渡時期、譲渡会社の従業員の処遇などの基本的な合意が形成された段階で、合意内容を確認するために覚書を交わします。

事業譲渡のしくみ

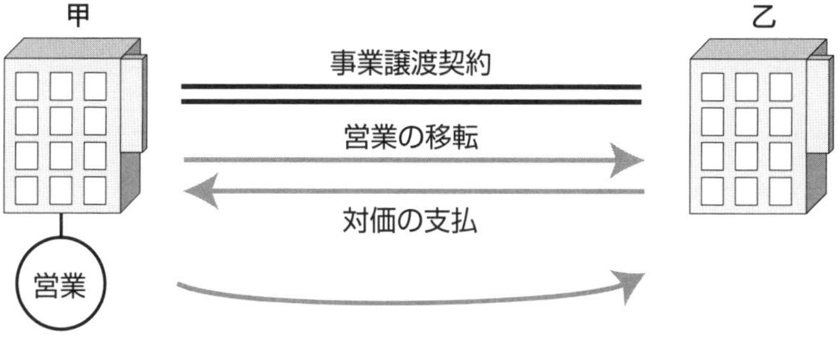

38 秘密保持契約

企業秘密は死守する

秘密保持契約とは

「営業秘密」の保護には不正競争防止法があります。しかし、不正競争防止法が保護するのは、要件を満たした「営業秘密」だけです。しかし、管理態様など、法律が求める条件は厳しく、保護が及ばない可能性もあります。

そこで、秘密を保護する手段として有効なのが**秘密保持契約**です。秘密保持契約は、企業が秘密情報を開示した場合に、その情報を外部に漏らさないことを約束させる契約です。企業の秘密保持は、おもに勤務する従業員との関係と、業務委託などで他社に自社の業務を委託する場合に問題となります。秘密保持契約に違反した者は損害賠償などの責任を負うことになります。

秘密保持契約は、労働者が企業と雇用契約を締結するときに誓約書などの書類を提出する、ある企業がソフトウェア開発をする際に、発注側と受注するシステム開発業者の間で締結するなどの場合に締結されます。

秘密保持規定との関係

秘密の保護について、別途、秘密保持契約を締結するのではなく、企業間で結ばれる各種の契約の条項のひとつに秘密保持に関する条項が設けられる場合があります。これを秘密保持規定といいます。一般に、秘密保持契約の方が、秘密保持について詳細な規定が設けられていることが多いといえます。そのため、秘密保持契約の中に、秘密保持規定と競合するおそれがある事項については、秘密保持契約が優先的に適用されると記載しておくとよいでしょう。

秘密保持契約の必要性

不正競争防止法だけでは企業の秘密を完全に守ることはできない

▼ そこで

従業員と秘密保持契約を結ぶ

▼ 特に

対象となる秘密について、双方が理解することが大切

39 知的財産権関連の契約

取得した権利を契約で他人に使用させることができる

◎知的財産権を守る契約の種類

人間の精神活動、知的な活動から生まれるアイディアなどで、財産的価値があるものを知的財産といいます。知的財産権は、特許権、実用新案権、意匠権、商標権、著作権、育成者権、商号、営業秘密などに分けることができます。特許を取得するためには、特許庁など管轄する公的機関に対する申請が必要ですが、取得した権利は他人に譲渡したり、使用させることが可能です。ここではおもな知的財産権をめぐる契約について見ていきましょう。

① 特許権の通常実施権設定契約

特許権者は、その発明を自ら業として実施する他、これを第三者に実施させることもできます。実施権には、通常実施権と専用実施権とがあります。専用実施権を許諾したときは、他の第三者に通常実施権を許諾することができなくなることはもちろん、特許権者自身も特許権を利用できなくなります。これに対し、通常実施権の場合には、特許権者は、その設定後も自ら使用することも、他の第三者に実施権を設定することもできます。一般には通常実施権が多いようです。

② ソフトウエア契約

著作権法上、プログラムとは「電子計算機を機能させて一の結果を得ることができるようにこれに対する指令を組み合わせたものとして表現したもの」です。著作権法はコンピュータなどを動作させるプログラムも著作物として認めています。プログラムの著作権を有する者は、ソフトウエア契約を結ぶことで、第三者に対してプログラムの利用を許諾することができます。許諾を得た第三者は、ソフトウエア契約に定められた利用方法や条件の範囲内で、プログラムを利用することができます。しかし、定められた範囲を超える利用（無断複製など）は著作権侵害となります。

③ 商標権譲渡契約

商標とは、商品の取引やサービスにおいて製造業者・販売業者らが、自社の提供する商品やサービスと他社のものとを識別するために、商品やサービスについて使用する標識です。その商標が示す背後の企業信用と結びついており、財産的価値を有しているわけです。商標法は、商標を登録した者に商標権として、独占的に登録商標の使用を認め、その価値を保護することを図っています。また、商標権に基づき、他人に対して登録商標を使用させたり、移転・譲渡することができます。

40 示談契約

示談書内容でトラブルもあるので注意する

示談契約とは

示談とは、民事上の争いをしている当事者が、裁判外において、話し合いにより、原則として、当事者間の譲り合いでその紛争を解決することです。もっとも、当事者の一方が全面的に譲歩して紛争を解決する場合もあり、この場合も「示談」と呼ぶことがあります。

示談契約は、当事者間の争いを最終的に解決するための契約ですから、今後再び争いが起こらないようにすることが重要です。示談契約は民法上の和解契約と基本的には同じであると言われています。

示談契約が利用される場合

示談契約が結ばれる場合はさまざまですが、民法上の不法行為にまつわるものが多いようです。

典型的な例は、交通事故の際に加害者と被害者の間で行われる損害賠償についての示談です。その他にも婚姻・離婚、子供の事故、ペット事故、傷害事件などで示談契約は結ばれます。

また、建物の賃貸借や借金をめぐるトラブルを解決する手段として示談が行われることもあります。

示談書を作成する際の注意点

示談がまとまった場合には、**示談書**を作成します。示談書の形式については、法律で決められているわけではありません。

しかし、後日のトラブルを避けるために、示談の内容の他に、示談が成立した日、当事者の住所・氏名を示談書に記載し、押印をしておくようにしましょう。示談書では、それがどの事故についてのものなのかを特定する必要があります。示談の原因となる事故発生の時刻、場所、態様、その場合の状況などをできる限り特定して記載します。

示談が成立すれば、同じ事故について再び争えないのが原則です。そのため、示談書を作成する場合には、事実関係を正確に把握し、後日、示談書の内容に疑義が生じないように慎重に行うようにしましょう。なお、交通事故の後遺症の場合のように、示談成立当時には予想しえなかった損害については、示談契約の効力は及ばないので、再び損害賠償の請求ができるというケースもあります。

示談書に基づいて金銭を受け取る場合、示談書に署名すると同時に金銭を支払ってもらうのがベストです。

第３章

契約をめぐるその他の問題

1 契約トラブルの対処法

強制的に履行させられる

解除・損害賠償・強制履行

契約は守られなければなりませんが、ときに相手方が契約を守らないことがあります。相手方が契約違反をした場合に行える手段には、①契約解除、②損害賠償、③強制履行の３つがあります。強制履行はさらにⓐ直接強制、ⓑ代替執行、ⓒ間接強制に分けられます。

① 契約解除（債務者が債務を履行しなかった場合）

原則として履行の催告から相当の期間を経ても債務を履行しない場合に、契約の解除をすることができます。

② 損害賠償

債務者が債務を履行しない場合に、それに際して生じた損害を請求できます。

③ 強制履行

裁判所の手続きを経て債権を強制的に実現することです。

ⓐ 直接強制

たとえば、売買契約において、売主が商品の引渡しを行わない場合、買主は、その強制履行を裁判所に請求することができます。具体的には、民事執行法が、強制執行として、この手続きについて規定しています。

売主が商品の引渡しを行わない場合の強制執行は、執行官が売主から、商品を取り上げて買主に引き渡す方法によって行われます。ただし、直接強制は、商品の引渡しのような与える債務についてのみ用いることができます。

ⓑ 代替執行

代替執行とは、なす債務（特定の行為を行うことを内容とする債務）うち、他人が代わりに行える代替的給付について、債務の履行が行われない場合には、第三者に代わりに履行をさせ、その費用を債務者に請求するものです。

債務者が費用を支払わない場合は、その財産を差し押さえて費用に充てるように裁判所が命令することが可能です。

ⓒ 間接強制

債務を履行するまでの間、裁判所が債務者に対して一定の金銭の支払義務を課すことによって債務者を心理的に圧迫し、間接的に債権の内容を実現させようとするものです（民事執行法172条）。間接強制は、なす債務のうち、他人が代わりに行えない不代替的給付や、ある行為をしないということが給付の内容となっている不作為給付の不履行について行うことができるのを原則としています。ただし、動産の引渡債務などについても間接強制の方法をとることができる場合があります（民事執行法173条１項）。

2 債権・債務とは

特定の人に対して特定の行為を請求できる権利

◎債権と債務はどんなものなのか

債権とは、特定の人（債権者）が特定の人（債務者）に特定の行為（給付）を請求できる権利です。たとえば、自動車の売買契約において、買主は、売主に自動車を引き渡すよう請求でき、売主は、買主に代金を支払うよう請求できます。このように、買主が売主に、売主が買主に請求できる内容が債権にあたります。反対に、請求された際、給付をしなければならない義務のことを**債務**といいます。

◎特定物債権・種類債権とは何か

特定物債権とは、物の個性に着目して給付の目的物（特定物）とした債権のことであり、**種類債権**（不特定物債権）とは、物の個性に着目せず、その種類だけを示して給付の目的物（種類物）とした債権のことです。たとえば、中古品、美術品、土地などは物に個性がありますから、特定物にあたります。一方、ビール１ダースといったものは、種類のみで指定され個性がないため、種類物にあたります。

種類債権は、債務者が物の給付をするのに必要な行為を完了したときや、債権者の同意を得て給付すべき物を指定したときに特定し、以後、特定物となります。種類物が特定物になると、債務者には善管注意義務が発生します。なぜなら特定物になると、取り替えがきかなくなるからです。

また、種類債権の一種として、一定の範囲にある種類の物を給付の目的とする制限種類債権もあります。

特定物債権と種類物債権

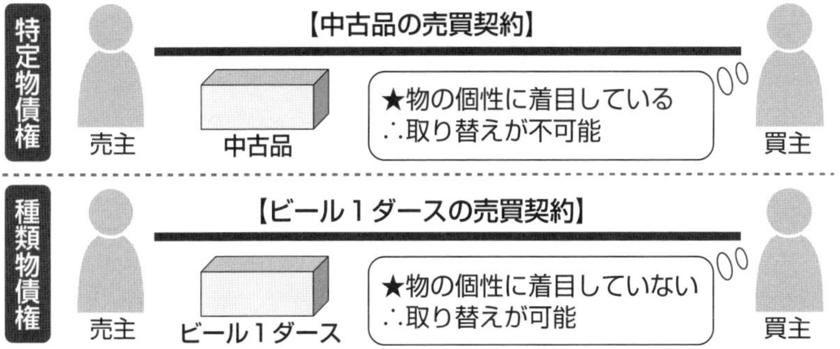

3 債務不履行に基づく損害賠償

履行遅滞・履行不能・不完全履行に分けられる

債務不履行になる場合

契約本来の趣旨に沿った内容が給付されない場合を、**債務不履行**といいます。従来から条文上明らかであったわけではありませんが、債務不履行の態様は、履行遅滞、履行不能、不完全履行という3つに分類して理解されてきました。

① **履行遅滞**

約束の期日が来ても、履行されない場合が履行遅滞です。

改正前民法は、ⓐ確定期限がある場合は、その期限が来たとき、ⓑ不確定期限がある場合は、その期限の到来を知ったとき、ⓒ期限の定めがない場合は、債権者から請求を受けたとき、と定めていました。

平成29年の民法改正では、ⓐⓒはそのままですが、ⓑの不確定期限がある場合は、債務者が「その期限の到来した後に履行の請求を受けた時又はその期限の到来したことを知った時のいずれか早い時」が履行期になると定められています（412条2項）。

② **履行不能**

履行ができなくなった場合が履行不能です。民法では「債務の履行が契約その他の債務の発生原因及び取引上の社会通念に照らして不能である」場合を履行不能というと定義しています。たとえば不動産の二重譲渡のケースで、買主の一方が不動産の所有権移転登記を済ませた場合には、他方の買主に対する引渡債務は履行不能になります。

履行不能は、履行期が来なくても起こり得ます。さらに、履行不能の場合に債権者は履行請求ができないことや、契約締結時に債務が実現不可能な場合（原始的不能）も損害賠償請求ができる余地があることが規定されています。

また、履行不能の場合には、履行請求の代わりに損害賠償を行うことがあり、このような損害賠償は塡補賠償といわれています。

③ **不完全履行**

一応、履行されるにはされたのですが、どこか足りない部分があるという場合が不完全履行です。これは、履行遅滞と履行不能以外で「債務の本旨に従った履行をしない」（完全履行でない）場合がすべて含まれます。給付された目的物が不完全な場合は、それを完全なものにできるのであれば、債権者としてはまず、債務者に「追完」（履行を追加して完全履行とすること）を請求すればよいでしょう。追完が不能であれば、損害賠償を請求するか、契約解除をするしかありません。

◯損害賠償の範囲はどこまでか

債務不履行によって債権者に損害が生じた場合に債務者が負う賠償の範囲は、債務不履行によって通常生じる損害（**通常損害**）と、特別の事情によって生じた損害（**特別損害**）の２つに分けられます。

たとえば、売買の目的物の引渡しが遅れたときに、「遅れなければその物を利用して利益を得られたのに、その利益を得られなかった」という損害は通常損害です。一方、「引渡しが遅れたために、債権者（買主）が目的物の代わりに高いものを借りなければならなかった」という損害は特別損害です。

当事者が予測できないような異例の損害についてまで債務者が責任を負わなければならないとするのは、債務者にとって酷ですから、債務者の負う損害賠償の範囲は、通常損害に限られるのが原則です（416条１項）。

ただ、当事者が「特別な事情」を予見していた場合、または予見すべきであった（予見することができた）場合には、債権者は、特別の事情から生じた損害についても、債務者に対して賠償を請求できます。

たとえば、1000万円の建物の売買契約を結んだ買主が、売主から購入した後に、第三者に対して1500万円で売却する予定であったとします。しかし、売主の不注意で引き渡す前に建物を焼失させた場合、売主は債務不履行責任を負い、買主に対して損害賠償責任を負担します。この場合、賠償を請求できる損害額に関して、1000万円は通常損害として認められると考えられます。一方で、転売の利益である500万円は特別損害であると考えられ、損害賠償の範囲に含まれるか否かは、当事者（特に売主）が、取引の実情等から、転売の可能性について予見すべきであるといえるか否かで決まります。

債務不履行の種類

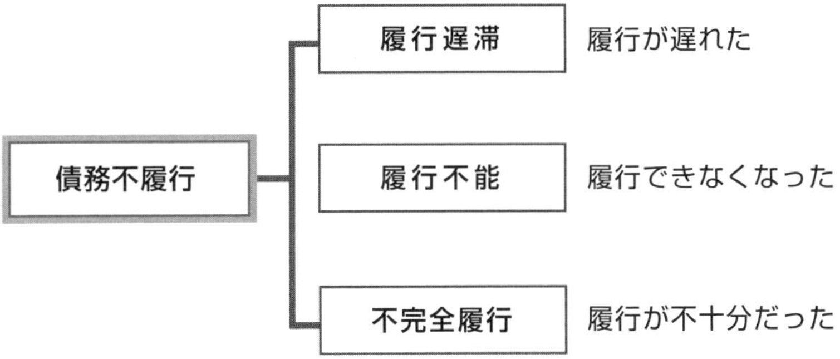

4 損害の分類

通常損害について賠償するのが原則である

積極的損害・消極的損害とは

債務者が賠償しなければならない「損害」とは、債務不履行がなかったと仮定した場合の利益と、債務不履行がなされている現在の利益との「差額」のことです。

たとえば、売主が目的物を引き渡してくれれば、それを転売して100万円の利益を得ることができたはずだといえる場合には、得られなかった100万円の利益が損害となります。このように、得られるはずの利益が得られなかったこと（逸失利益）による損害のことを**消極的損害**といいます。

他方、売主が目的物を引き渡してくれなかったために、代わりの物を購入しなければならなかった、というように積極的な損失を伴う損害のことを**積極的損害**といいます。

履行利益・信頼利益とは

債務者が賠償する損害の範囲について、特に前述の特別損害に関連して、「履行利益」と「信頼利益」の区別が問題とされることがあります。

履行利益とは、契約が履行されていれば得られたであろう利益です。たとえば、物を転売することができたら得られたであろう利益は履行利益にあたります。債務不履行に基づく損害賠償責任における損害の範囲は、基本的には履行利益になると考えられています。

一方、**信頼利益**とは、契約を有効であると信じたことによる利益です。たとえば、不動産の売買契約が有効と信じていた場合の不動産の調査費用などは信頼利益に該当します。

損害賠償の範囲

通常損害 …債務不履行があれば通常生じる損害

← 当事者の予見や予見可能性は不要

特別損害 …特別の事情によって生じた損害

← 特別の事情について当事者が予見し、または予見すべきであったこと（予見可能性）が必要

5 損害賠償上のルール①

公平に損害をてん補するためのルールが定められている

一定のルールがある

損害賠償をする上で、民法には以下のようなルールがあります。

① 金銭賠償の原則（民法417条）

損害は金銭で賠償するのが原則であるとされています。つまり、生じた損害を金銭に評価して賠償することになるわけです。

② 過失相殺（民法418条）

債務不履行について、債権者側にも落ち度（過失）があり、損害の発生や拡大の一因になった場合には、ときには、裁判所は、賠償責任それ自体を否定することもあります。

民法は過失相殺について、「債務の不履行又はこれによる損害の発生若しくは拡大に関して債権者に過失があったとき」に認められると規定しています（418条）。

③ 代償請求権（民法422条の２）

平成29年の民法改正では、債務の履行が不能となったのと同一の原因により、債務者がその債務の目的物の代償である権利や利益を取得したときは、債権者は、その受けた損害の額の限度で、債務者に対し、当該権利の移転や当該利益の償還を請求できると規定しています。たとえば、建物の賃貸借契約において、建物が焼失した場合、賃借人が火災保険金を受け取っていた場合、賃貸人は、建物の返還を求めることはできませんが、火災保険金相当額の支払いを求めることができます。

④ 金銭債務の特則（民法419条）

金銭は流通性が高く、価値そのものを体現するものであるため、金銭債務の不履行については、債権者は損害を証明する必要はなく、債務者は自然災害などの不可抗力であっても債務不履行責任を負わなければなりません。

過失相殺の計算

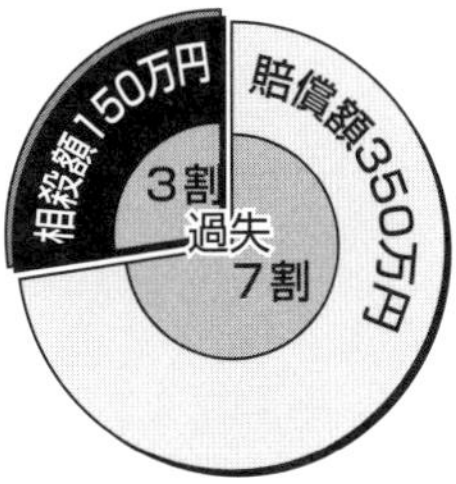

●全体額が500万円
●被害者の過失３割（150万円）

加害者の賠償金額
500万円－150万円＝350万円

6 損害賠償上のルール②

トラブルに巻き込まれないために知っておきたいこと

賠償額の予定について

損害の発生や損害額の証明の手続を省略するため、当事者は債務不履行について損害賠償の額を予定することができます。このように、最初から損害賠償の額を定めておくことを**賠償額の予定**といいます。

改正前民法では、賠償額の予定がある場合、裁判所は賠償額の増減を行うことができないと規定していました。しかし、当事者間の定めが公序良俗に反するような場合には賠償額の調整が行われていたため、平成29年の民法改正では、裁判所による賠償額の増減禁止に関する規定を削除しています。

賠償額の予定を行っておけば損害額の面倒な算出をしなくてすみますが、注意したいことは、賠償額の予定をしてしまうと、実際の損害額があらかじめ予定された額より上でも、予定した金額しか請求ができません。逆にいえば、損害額が予定額以下であっても、予定した金額を請求できます。

賠償額は無制限に高い金額を予定できるわけではありません。度を越えた高額の場合は民法90条によって「暴利行為」とみなされ、無効になることがあります。

さらに、労働基準法、宅地建物取引業法、消費者契約法などの法律では損害賠償の予定について別途規定が置かれています。

賠償による代位（民法422条）

債権者が債権の目的物や権利の価額について賠償を受け、債権者がさらに目的物や権利の回復を受けることができるとすると、債権者は二重に利得することになり、不公平な結果が生じます。

そこで、債権者の損害が賠償によりてん補されたとき、債務者は、目的物や権利について債権者に代位します。つまり、債権の目的物や権利について債務者に移転するという契約などがなくても、当然に目的物などの移転が認められます。たとえば、借りていた自転車を壊したときに、損害を賠償すると、その壊れた自転車は借主のものになるという例が挙げられます。

損害賠償の範囲を明確にする

相手が債務を履行しない場合、損害賠償を求めることができます。しかし、債務不履行だからといってすべての損害について賠償請求ができるわけではありません。

たとえば、家賃が支払われないからといって借主がその取立てに行く途中で交通事故に遭って死亡した場合、この損害まで相手に請求することができないのは明らかです。なぜならば、債務者が債務不履行に陥ったという事実が原因で発生した損害すべてを賠償しなければならないとすると、損害は際限なく広がる可能性があるためです。そこで、損害について、その範囲を区切るための基準が必要になります。

この点について、判例は相当因果関係説を採用しています。つまり、債務不履行により発生した損害については、原則として賠償範囲に含めるという基本原則は維持しながらも、因果関係を認めるのに「ふさわしいか」という法的な判断を行うことによって、損害を一定の範囲に限定しようとする考え方をいいます。そのため、前述のように、一見すると、債務不履行によって発生した損害のように見える場合であっても、債務者に賠償責任を負わせることが非常識といえる場合には、損害の範囲から除かれることになります。そして相当因果関係説では、このような解釈の根拠を、民法416条1項の「通常生じる範囲内での損害」という表現に求めています。

損害賠償の範囲の定め

契約を交わす時点で違約金と共に損害賠償の範囲を定めると、後々のトラブルを防ぐことができます。たとえば、間接損害、特別損害、そして逸失利益についても賠償するのかどうかを明確にしたり、債務者に過失がない場合には賠償義務を負わないことを明記したりしておくのもよい方法です。

また、予見できる特別損害が発生するような場合は、この賠償義務を負わないという条項を契約書に加えておくのもよいでしょう。

賠償額の予定

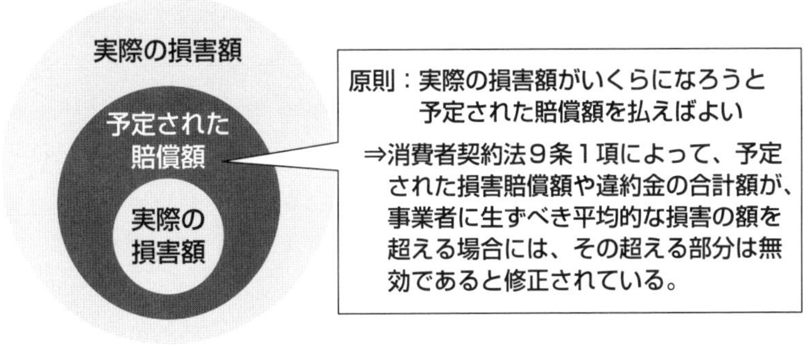

7 同時履行の抗弁権

相手方の一方的な請求は拒否することができる

同時履行の抗弁権とは何か

双務契約の当事者の一方が、相手方が債務の履行を提供するまで、自己の債務の履行を拒むことができる権利が**同時履行の抗弁権**です（533条）。

たとえば、売買契約の履行期に、買主が代金を提供しないで「○○を引き渡せ」と主張してきたとき、売主は「代金を支払わなければ、○○は引き渡さない」と主張（抗弁）して、相手方の一方的な権利行使を阻止することができます。裁判で同時履行の抗弁権が主張されたとき、裁判所は、給付と引換えの履行を命じる判決（引換給付判決）を出します。

主張できる具体的な場合

同時履行の抗弁権が認められる場合としては、解除による原状回復義務（546条）、負担付贈与（553条）、売主や請負人の契約不適合に基づく損害賠償義務（533条かっこ書）、終身定期金契約の元本返還義務（692条）があります。その他、無効・取消による原状回復義務、弁済と受取証書の交付も、同時履行の関係が認められます。

一般的には、①同じ双務契約から生じた両債務が存在し、②履行期が到来している場合において、③相手方が自己の債務を履行またはその提供をしないで履行請求してきたときに、同時履行の抗弁権が成立します。これに対し、双務契約上の債務であっても、一方の債務が先に履行しなければならないものであるときは、同時履行の抗弁権は成立しません。たとえば、対価が後払いとされている賃料債務（614条）、労働者の報酬（624条）、請負人の報酬（632条、仕事完成が先履行）、受任者の報酬（648条２項）、受寄者の報酬（665条）などがそうです。

留置権との違い

同時履行の抗弁権と似た権利に**留置権**があります。留置権とは、①物に関して生じた債権をもつ者が、②不法行為によらず、③その他人の者を占有しており、④債権が弁済期にあるときに成立します。たとえば、物を修理したときの修理代や商品の売買代金が支払われない場合に、「支払いがない限り、物は渡しません」といって物を留置（自分の手元に置いておく）して、間接的に支払いを強制できます。

留置権は誰に対しても主張することができますが、同時履行の抗弁権は、原則として、契約の相手方にしか主張できません。

8 契約の解除

契約が履行されない場合の助け舟

解除とは

民法では、契約の相手方（債務者）が債務を履行しない場合、一定の要件の下で、契約を**解除**（法定解除）することを認めています。原則として、相手が債務を履行せず、債務を履行するように催告をしたがそれでも履行しない場合に契約解除をする、という意思表示を行うことができます。

法定解除権の発生する一般的な原因は、相手方の債務不履行です。履行遅滞の場合には、相当の期間を定めて履行を催告することが必要ですが（541条）、履行不能の場合は、催告は不要とされています（542条1項1号）。

民法では、契約解除が認められるためには、ⓐ債務の履行がないこと、ⓑ債権者から債務者に債務の履行を催告することが必要です。

解除の効果

解除により契約ははじめからなかったことになります。もし一方の当事者がすでに履行していたら、元に戻す必要があります。引き渡されていた品物は売主に返され、支払われていた代金は買主に返されなければなりません。これを**原状回復義務**といいます。

ただし、民法545条により、解除をしても第三者の権利を害することはできないとされています。判例・通説によると民法545条で保護される第三者とは、「解除された契約から生じていた法律関係を基礎として、解除までに新たな権利を取得した者」をいうとされています。

解除における第三者

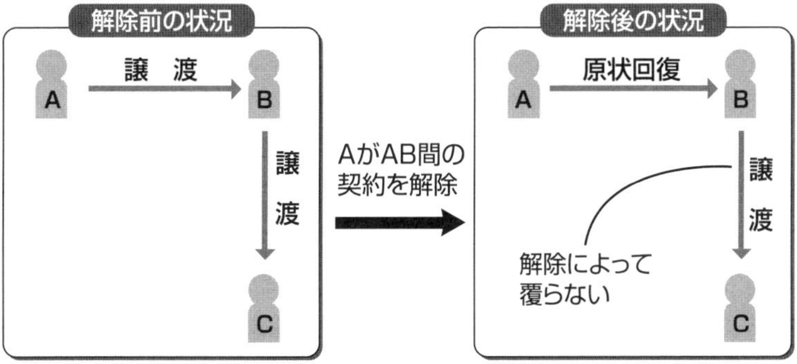

9 売主の契約不適合責任①

両債務の価値アンバランスを調整する制度である

◎売主の契約不適合責任が登場した背景

有償契約・双務契約の代表である売買契約では、売主は対価である代金を得ているので、目的物が代金に見合う価値をもっていることについて、買主に対して責任を持たなければなりません。そうしなければ、売買代金と商品のバランス（等価性）が崩れてしまうからです。

改正前の民法では、この等価性を保つ制度として、**瑕疵担保責任**という特定物に関する売主の責任を規定し、特定物については債務不履行責任とは別に、瑕疵担保責任を認めるという二元的な構造を採用していました。しかし、現実社会で起こる契約内容に関する売主の責任問題は、特定物のみに生じるものではなく、特定物と不特定物といった目的物の種類によって責任を異にする合理性はなく、むしろ契約内容に基づいた適切な給付が行われたかという観点から、売主の責任を一元的に構成するほうが適切だと認識されるようになりました。

たとえば、「微細な粉じんを含めたあらゆる粉じんを除去する」という目的で、高性能の空気清浄器を購入する売買契約を考えてみましょう。この空気清浄器のフィルターに若干の不具合があるため、一般的な空気清浄器と同等の性能は持っているが、買主が要求する高性能の物ではなく微細な粉じんは除去できないとします。とはいえ、売主は一般的な空気清浄器として、通常使用する上では支障がない物を引き渡しています。

この場合、改正前の民法では、空気清浄機として一般的に使用するには支障がない場合、買主が売買契約の締結に至った目的として、あらゆる粉じんの除去ができる高性能な空気清浄器を望んでいたとしても、一般的な空気清浄器の引渡しという意味では、売主としての義務を果たしたと評価されます。しかし、買主の目的に沿うような空気清浄機の引渡しを行ったのかといえば、そのように言うことは難しいものと思われます。

そこで、平成29年の民法改正では、改正前民法における瑕疵担保責任を含む売主の担保責任に関係する規定を削除し、瑕疵という考え方を用いず、**契約不適合責任**という考え方を導入して、目的物が種類・品質・数量・権利に関して契約の内容に適合しない場合における買主の請求権を定める形で、売主の責任に関する制度を整えました。

10 売主の契約不適合責任②

契約不適合責任は特約で排除することも可能

契約不適合責任に基づく救済手段

民法は、契約不適合責任として、以下の救済手段を用意しています。

① 追完請求権（562条）

買主は、引き渡された目的物がて契約の内容に適合しない場合、売主に対して、ⓐ目的物の修補、ⓑ代替物の引渡し、ⓒ不足している分に関する追加の引渡しを請求することができます。

② 代金減額請求権（563条）

買主は、ⓐ相当な期間を定めて上記の追完を催告しているにもかかわらず、売主によって適切な追完が行われない場合、ⓑそもそも履行の追完が不可能である場合、ⓒ売主が履行の追完を拒絶する意思を明確に表示した場合などには、追完が行われないことによる不適合の程度に応じて、売主に対して売買代金の減額を請求することができます。

③ 損害賠償請求および契約解除権（564条）

買主は、一般の債務不履行に関する規定にのっとって売主に対して損害賠償請求をすることや、契約の解除をすることができます。

追完方法について

平成29年の民法改正では、買主に対して追完請求権を認めていますが、買主が請求したとおりに対応しなくてもよい場合があります。売主は「買主に不相当な負担を課するものでないときは、買主が請求した方法と異なる方法による履行の追完をすることができる」と規定しているからです（562条1項ただし書）。前ページの事例で、買主が別の空気清浄器を持ってくるよう指示した場合であっても、買主に大きな負担を与えない限り、売主は、代替品の給付ではなく、給付済みの空気清浄機の修理をすることによって、追完に応じることも許されます。

期間制限について

契約不適合責任に基づいて履行の追完請求、代金減額請求、損害賠償請求、契約の解除をする場合には、買主がその不適合を知った時から1年以内に、不適合であることを、売主に対して「通知」しなければならないと規定しています。つまり、「知った時から1年」というのは権利（前述した①～③の救済手段）を保存するための期間にすぎず、売主に通知を行うことにより、その時点から各権利について、一般の債権の消滅時効期間内において権利を行使することができます。

11 契約終了後の効果

契約が終了しても、債務から解放されないこともある

◯契約が終了後に義務が残る場合

契約には、以下のように、終了しても後々債務が残るケースがあります。

① 部品の供給義務

パソコンなどを新しく購入し、これを数年使用しているうちに、故障が生じて新たな部品を必要とする場合があります。このとき、「製品の販売後、最低でも○年間はその製品の部品を生産し続ける」という条項が明記されていなかったとしても、信義則上、メーカーは製品を修理するための部品を一定期間生産しなければなりません。これが部品の供給義務です。

② 秘密保持義務

ある企業の社員が転職や退職をした場合、在職中に得た企業の情報や秘密事項などを第三者に漏らしてはいけないことになっています。この場合、企業との雇用関係はすでに終了していますが、契約は生きています。

③ 競業避止義務

ある企業を転職や退職した後、その業務と競合関係にある職場に直ちに就職することができないと定めることです。株式会社の取締役や執行役、持分会社（合名会社、合資会社、合同会社）の業務執行社員は競業避止義務を負います。また、営業所の主任者として選任されている支配人（マネージャーなど）や、代理店・特約店と呼ばれることもある商法上の代理商も競業避止義務を負います。

④ 原状回復義務

民法は、契約の当事者は、契約の解除に伴い、契約がなかったのと同じ状態に戻す義務を負うと規定しています。これを原状回復義務といいます。受け取った金銭や目的物を相手方に返還しなければなりません。特に、賃貸借契約終了時における目的物の原状回復義務について、目的物に生じた損傷が用法に関する義務を守った上で、使用・収益したことにより、賃借物が損傷・消耗した場合や、年数の経過による変化以外の場合に、賃借人に原状回復義務を課しています。つまり、損傷などが賃借人の帰責事由（落ち度）により生じたものでない場合には、原状回復義務を負う必要はありません。

これは、マンションの賃貸借契約などでよく適用されます。たとえば、マンションに住んでいた間に行った変更（畳敷きをフローリングに変えるなど）や損傷（窓ガラスを割ったり、壁紙を著しく破損した場合など）を、賃借人は原状つまり契約時の状態に戻して賃貸人に返却しなければなりません。

12 契約外の責任

被害者に生じた損害を加害者に賠償させる制度である

不法行為制度とは

契約関係にある者は、お互いの合意に基づき、それぞれ債権をもち、債務を負担します。しかし、不法行為は、当事者の意思に関係なく債権債務を発生させるものです。典型的なのは自分のミスで交通事故を起こし、他人にケガを負わせてしまったときなどです。ただし、契約関係にある場合にも不法行為が成立することがあります。たとえば、家屋の賃貸借契約などで、貸借人がわざと家屋を壊したような場合です。ただ、この場合、債務不履行も発生しているといえます。

不法行為が成立するためには、以下の要件が必要です。

① 違法性

他人の権利が侵害されていることです。

② 故意または過失

故意とは、被害の発生を知っていてわざとすること、過失とは、被害の発生を予想できて、避けられたはずなのに、不注意で怠ったことです。

③ 因果関係

加害者の故意・過失行為によって違法な結果（違法性）が発生したという原因・結果の関係のあることが必要です。

④ 損害の発生

①～③の要件が備わると、それで不法行為は一応成立しますが、加害者が賠償責任を負うためには、さらに、「損害の発生」が必要になります。

⑤ 責任能力

故意・過失の前提として、加害者には、不法行為の責任を負う能力（責任能力）、つまり、自分の行為がどんな結果をもたらすかを見極める能力が備わっていなければなりません。未成年者のうち責任能力をもたない者（民法712条）と、精神上の障害などにより判断能力を欠く状態にある者（民法713条）が責任無能力者です。責任無能力者が不法行為をしたときは、責任無能力者は責任を負いませんが、監督義務者が責任を負います（民法714条）。

損害賠償請求権が発生する

不法行為が成立すると、被害者は、治療費や所有物の損傷（**財産的損害**）、不法行為によって受けた悲しみなどの精神的な苦痛（**慰謝料**）について、加害者に損害賠償を請求することができます（民法709条）。賠償は金銭で行うのが原則です（民法722条1項・417条）。損害の範囲などについては、原則として、債務不履行に基づく損害賠償請求と同様に扱われます。

13 時効の完成と完成猶予

一定期間の経過で権利関係が確定する

時効とは何か

時効は、一定の事実状態が継続する場合に、それが真実の権利関係と一致するかどうかを問わないで、そのまま権利関係として認めようとする制度です。時効には、一定の期間経過することで権利を取得する**取得時効**と権利が消滅する**消滅時効**があります。取得時効とは、ある人が一定期間ある物などを支配し続けたという事実状態を尊重して、その人にその財産権の取得を認める制度です。これに対して、債権回収にあたって特に注意が必要なのが、消滅時効ということができます。

たとえば、お金を貸した相手が行方不明となり、返済の催促もできず、来月で10年が過ぎようとしたところ、その相手方から「会って話をしたい」とだけ書かれたメールが送られてきました。この場合、お金を貸した債権について時効は完成するのでしょうか。

債権者が裁判を起こしたり、債務者が債務を承認するなど時効が止まるための措置がとられない限り、法定の時効期間を経過すると「お金を返せ」とは言えなくなります（消滅時効）。長期間権利を行使しない債権者は、法律上保護に値しないという趣旨から設けられた制度です。そのため、時効の進行を阻止するには、裁判を起こしたり、債務者に債務を承認させるなど、権利行使の意思を示す必要があります。

前述の事例のように、債権者と債務者が会って債務者と借金の額や支払方法などについて話し合うのであれば、債権者がその権利を行使しているといえるでしょう。

協議の合意による時効の完成猶予

前述の事例のように、債権者と債務者とが実際に会い、債権の返済方法等に関して話し合いが持たれた場合において、改正後の民法は、当事者が権利について協議をする旨を合意して、この合意に基づき協議を行っている一定の期間は、時効の完成が猶予されるという規定を設けています。ただし、権利について協議をする旨の合意は必ず書面で残す必要があります。電磁的記録も書面とみなされることから、電子メールで合意した場合にも時効の完成が猶予されます。

また、時効の完成が猶予される一定の期間は、①協議の合意があったときから１年、②１年に満たない期間を定めた場合はその期間、③当事者の一方が協議の打ち切りを通知したときは通知の時から６か月、のいずれかを経過するまでの間とされています。

協議が調わないときは、再度、協議の合意をして期間を延長することも可能ですが、完成猶予の期間はトータルで５年以内でなければなりません。

時効の更新・時効の完成猶予

従来、時効の進行を妨げる制度は、時効の中断と停止と呼ばれていました。時効の中断とは、債権者が債務者に対し一定の行為を行えば、それまでの時効期間をリセットし、新たにゼロから時効期間を再スタートさせる制度です。これに対し、**時効の停止**とは、債権者の権利行使を困難とする状況が発生した場合に、時効の完成を一定期間猶予する制度のことをいいます。

いずれも時効の完成に関わる重要な制度でありながらも、一時的に止めることを意味する「中断」が時効期間のリセットを指したり、動いているものを止めることを意味する「停止」が猶予を指すなど、用語がわかりにくく、一般的な言語感覚から解釈すると時効完成の時期を誤ってしまうことになりかねませんでした。

そこで改正後の民法は、一般的な用語の使用法に合わせて、時効の中断・停止をそれぞれ、**時効の更新**、**時効の完成猶予**という制度に改めています。なお、時効の更新や完成猶予の効力は、更新事由や完成猶予事由が生じた当事者とその承継人の間でのみ生じます（相対的効力）。

おもな更新事由と完成猶予事由

ケース	完成猶予事由	更新事由
①裁判上の請求 ②支払督促 ③調停 ④破産手続参加	原則として①～④の事由が終了するまでの間は時効が完成しない	確定判決などで権利が確定した時に、①～④の事由の終了時から新たに時効が進行する
⑤強制執行 ⑥担保権の実行 ⑦担保権の実行としての競売	原則として⑤～⑦の事由が終了するまでの間は時効が完成しない	原則として⑤～⑦の事由の終了時から新たに時効が進行する
⑧仮差押 ⑨仮処分	⑧⑨の事由の終了時から６か月間は時効が完成しない	
⑩履行の催告	⑩の時から６か月間は時効が完成しない（完成猶予期間中の再度の催告は完成猶予の効力を有しない）	
⑪権利の承認		⑪の時から新たに時効が進行する

14 債権の消滅時効

時効期間が原則として一本化されている

消滅時効の存在意義

消滅時効の存在意義については、おもに以下の３点が挙げられています。

１点目は、一定の事実状態を保護して、権利関係を早期に確定して法律関係の安定をめざすことです。たとえば、金銭消費貸借契約において、借主が借り受けた金銭を用意しているにもかかわらず、一向に債権者が取立てに現れない場合、いつまでも借主は金銭消費貸借契約に拘束されることになり、法律関係が確定しないという不安定な状況に置かれます。そのため、一定期間の経過により、法律関係が確定するよう、消滅時効が認められています。

２点目は、証拠保全の困難さが挙げられます。科学技術が進展していなかった時分においては、長い期間にわたって権利関係を証明するための証拠を保全することが困難でした。そのため、長期間経過後の証明責任から、おもに債務者を解放する目的で、消滅時効が存在すると説明されています。

３点目として、「権利の上に眠る者は保護しない」という法格言が根拠であると説明されることもあります。

時効期間

従来は、個人間で借りたお金の時効は民法の規定により10年の消滅時効にかかるのに対して、金融機関から商人が借りたお金の時効は５年と、同じ金銭の貸し借りであっても、当事者が個人か商人かによって時効期間が異なっていました。商事債権に関しては、特別法である商法の規定により時効期間を５年に短縮していたためです（商事消滅時効）。

しかし、個人間の貸し借りであっても、貸付けに際しては返済日を約束するのが通常であるのだから、契約当時、貸主は、当然に権利行使できる時点を知っているはずです。にもかかわらず時効期間を10年とするのは長すぎるとの批判がありました。商事消滅時効についても、たとえば、信用金庫は商人にあたらず、借主も商人でない場合は、民法の原則通り信用金庫を貸主とする貸付金の時効期間を10年と取り扱う判例があるなど、適用範囲が不透明との指摘もありました。

さらに、飲み屋のツケやレンタルビデオのレンタル料は１年、学習塾の授業料は２年、病院の診療代は３年といったように、職業別に発生する債権を細分化し、原則としての時効期間よりも短い「短期消滅時効」が設けられていました。しかし、同じようにお金を払えという権利であるのに、職業や業種によって時効期間に違いを設けることに合理的根拠はなく、職業差別にもつながりかねませんでした。

そこで、改正後の民法では、短期消滅時効の規定および商事消滅時効の規定を削除し、時効期間を一本化する新たなルールが設けられています。

具体的には、債権の消滅時効について、従来の一般原則である「権利を行使できる時から10年」が経過したときに加え、「権利を行使できることを知った時から５年」が経過した場合も時効によって消滅すると規定しています。つまり、「権利を行使できる時」という客観的起算点だけでなく、「権利を行使できると知った時」という主観的起算点からの時効期間を設けることで、法律関係の早期安定化をめざしているわけです。

具体例で考えてみましょう。2010年にＡがＢから「医者になったら返す」との約束で200万円を借り、2012年にＡが医師国家試験に合格したもの、ＢがＡの合格を知ったのが2015年であった場合、貸金債権の消滅時効はいつ完成するのでしょうか。この場合、権利を行使できる時から10年の期間が経過しなければ時効は完成せず、原則として2022年にならなければ消滅時効は完成しません。しかし、客観的な時効期間に加え、権利を行使できることを知った時から５年間という主観的な時効期間が設けられているため、前述の事例では2020年には時効が完成することになります。

◎損害賠償請求権の時効期間

改正後の民法では、債権は原則５年で消滅時効にかかることになりますが、いくつかの例外も規定されています。その中で重要な点は、生命や身体を侵害する損害賠償請求権の時効期間について、損害及び加害者を知った時から５年間、または権利を行使できる時から20年間と比較的長期の時効期間が定められたことです。

消滅時効期間

消滅時効に関する法改正

→ ❶ 各種短期消滅時効期間、商事消滅時効に関する規定の削除

→ 時効期間の一本化

→ ❷ 主観的起算点の追加

→ 「権利を行使できる時から１０年」【客観的起算点】
「権利を行使できることを知った時から５年」【主観的起算点】

Column

ノークレームノーリターンの意味

ノークレームノーリターンの表示（特約）とは、ネットオークションなどで、対象の商品が中古品であることなどを理由に、商品に関するクレームを一切受け付けず、返品もできないことを条件に、落札者が入札した場合には、その特約を受け入れたことを意味すると考えられる特約のことです。ノークレームノーリターン特約は、通常の売買契約において、売主が負担する契約不適合責任を免除する内容の特約であると考えられています。契約不適合責任とは、商品に、ネット上の説明書きや写真などでは判別できない傷や汚れなどがあり、その傷などのために買主が売買契約を結んだ目的が達成できないときに、売主が損害賠償を義務を負ったり、買主の契約解除に応じなければならないなどの責任をいいます。当事者が合意の上で、契約不適合責任を免除する内容のノークレームノーリターン特約をつけて契約を結ぶことは、法律上許されていると考えられています。ネットオークションにおいてノークレームノーリターン特約が付されており、これに承諾して落札者が入札を行った場合は、仮に目的物に何らかの欠陥があったとしても、原則として、契約不適合責任を追及できません。

ただし、出品者自身が説明書きや写真では判別できない傷や汚れがあること、または、その物が他人の物であること、あるいは数量が不足していることなど（これらすべて目的物に欠陥がある場合にあたります）について、知っていながらもあえて落札者に告げなかったような事情がある場合には、他に特約が付けられていても、買主である落札者は、契約不適合責任に基づく解除や損害賠償請求などができるものと考えられています。

また、出品者が契約締結段階で、落札者を錯誤に陥れたり、詐欺にあたる行為を行った場合には、落札者から錯誤や詐欺に基づく契約の取消を主張される可能性もあります。

第４章

契約書の記載事項と作成法

1 契約書のはたらき

契約の証拠となるだけでなく、多くのメリットがある

なぜ契約書を作成するのか

契約とは、契約書を交わすものと考えている人もいるかもしれませんが、契約書を交わすことが、契約の成立要件ではありません。契約を結ぶことを口頭（言葉）によって合意さえすれば、それだけで契約の成立となります。

しかし、建物工事請負契約や保証契約など一部のケースでは、法律で契約書の作成が義務付けられている場合があります。その他にも、特に高い買い物をする場合、口約束だけではお互いの記憶も曖昧となり、トラブルの元となります。これらを避けるためにも**契約書**が存在するのです。

契約書の目的は、ある物事についての取り決めが、「法的」な約束事であることを明確にすることです。つまり、契約を締結する際には、一定の実現するべき目的があるはずです。しっかりと作成された契約書であれば、契約書の体系や各条項をみることで、その契約で達成するべき目的を確認することができます。したがって、契約書を作成する場合には、常に契約書の目的を意識して、目的に合わせた条項をしっかり盛り込むことが重要です。

さらに、契約後のお互いの行動を定め、その結果しだいでは双方に法的に強制力を負わせる証明にもなります。

まず、契約書に必要なのは契約成立日を明確にすることです。

次に、契約内容の詳細を間違いなく記載しておくことも必要です。特に、日付と契約の目的物（売買する商品名など）は重要なので、間違いのないように確認することが大切です。

その他、契約する際に、収入印紙などの経費が必要になる場合がありますが、これらの経費の負担をどちらが負うのかについて定めておく必要があります。また、契約が履行されなかった場合の責任の所在、損害が発生した場合の賠償額（違約金）、契約を解除する条件を定めておくことも重要です。

このように、契約書によって双方の義務や権利、責任をはっきりとさせておくことでトラブルを回避できます。

業務の効率化が図れる

契約書は業務を効率的に進めるマニュアルとしても機能します。

契約書には、契約者双方が受けるべき「権利」と果たすべき「義務」、そしてトラブルが起こった場合の処理などが明確に、漏らさず書かれていることが理想です。ですから、よい契約書を作ろうとすれば、自然に、業務上の

手続きすべてを明確に記載したマニュアルができ上がることになります。

品物の売買契約を例にとると、売る側には代金を請求するという「権利」があり、納期を守って指定の場所へ商品を納入する、不良品の交換やアフターサービスをする、といった「義務」があります。

また、買う側には指定の場所で指定の期日に品物を受け取り、不良品の交換やアフターサービスを受ける「権利」があり、料金を支払い、検査をする「義務」があります。

契約書に売る側の「義務」を明確に記載すれば、その企業のサービス内容が明確になります。また、受発注の方法、納入、請求、検査、支払いなどのプロセスを明確に規定した契約書にすることで、売り手と買い手双方が、契約書に従えばスムーズに取引を完了できるという状況になります。これが、契約書が取引のマニュアルになっている、という理想的な状況です。最小限のやりとりで取引が完了するため、業務の効率化につながります。

◎企業としての信頼度の向上

何かあった時にきっちり契約書を作成する企業というのは取引関係からの信頼度を向上させます。

きちんとした契約書が用意されているかどうか、というのは、その企業が信頼できる企業かどうかを測るひとつのバロメーターとなります。たとえば納入時の送料や、支払時の振込手数料はどちらが負担するのかという一見ささいなことでも、明確に契約書で規定されていなければ相手に不信感を与える原因になるのです。

契約書の提示を要求された時に、契約書がないというのは論外です。要求されてからあわてて契約書作成にとりかかり、相手を待たせれば、「今まで契約書なしで取引していたいいかげんな企業」という印象を与えてしまいます。契約書があらかじめ用意されており、内容も双方の利益となるようきちんと考えられたものだといえる場合に、信頼するに足る取引先であると判断されます。

契約書を作成する意味

契約をした証拠となる	トラブル防止、裁判での強力な証拠となる
契約遵守	契約書に記載されることにより、口約束のような曖昧さが排除され、契約を遵守する意識が高まる
ルールの明確化	契約書を作ることにより、契約に沿った事業運営をすることが要求される

2 契約と契約書の関係

優れた契約書は契約交渉のよい材料となり、トラブルも防止できる

契約書作成はビジネスの常識

ビジネスの現場で、事業者同士が契約を結ぶ場合、口頭での契約ということはまずありません。契約条件を明記した契約書を作成して契約を結びます。

契約書の作成は当事者の一方が担当し、他方がそれに同意するという形で契約を締結するのが一般的です。

契約交渉において相手方より力関係や交渉力が劣っている場合でも、終盤に逆転できるチャンスがひとつあります。それは、契約書の作成を担当する、ということです。契約書を作成する側は、交渉に基づいて自由に契約条件を書くことができるので、主導的な立場になります。このような場合は契約書を作成する段階で立場を逆転できることもあります。

また、あらゆる手を尽くしても、明らかに不利な条件になってしまった場合には、「その相手と契約を結ばない」という最終手段もあります。

契約書に記載すること

契約書には一般的に「表題」「前文」「本文」「後文」「作成年月日」を記載します。この中で、「本文」は「一般条件（一般条項と呼ぶこともあります)」と「主要条件（主要条項と呼ぶこともあります)」に大きく分けられます。**一般条件**とは契約期間、秘密保持義務など、たいていの契約で定めておく項目のことを指します。**主要条件**は、その契約の特徴的な契約条件です。たとえば、自動車の売買契約では、自動車の型式や値段などを記載し、業務の請負契約であれば、仕様や納入方法を具体的に記載します。

ビジネスにおける契約書ではこの「主要条件」を最も注意深く書くべきです。なぜなら、「主要条件」はそのまま「サービスの説明書」となるからです。ここで言う「サービス」は、品物や金銭のやりとりなども含みます。取引先は、契約書の「主要条件」を読んで、「サービス」について理解しようとします。ですから、「主要条件」には、サービス内容をわかりやすく、漏らさず記載することが大切です。相手が支払う対価や、許容しなければならないリスクも、うやむやにせずはっきり記載しなければなりません。

競合する他社に勝ち、ビジネスの相手として選ばれるためには、「差別化」を図る必要があります。契約書の「主要条件」には、自社が他社と差別化している部分を盛り込むとよいでしょう。

主要条件の重要性

契約の当事者の間には、さまざまな利害の対立があることが普通です。品物の売買契約のように単純な例であっても、売り手側はコストの安い品物を高く、保証なしで販売できれば有利であり、買い手側はコストのかかった品物を安く、手厚い保証つきで購入できれば有利であるなどの利害対立が存在します。

契約書の「主要条件」を決定することは、利害を双方に振り分ける作業ともいえます。企業の業務提携やライセンス契約といった複雑な契約では、さらにさまざまな点で利害の対立が起こるので、「主要条件」を決定する交渉には時間がかかることが多いのです。

また、交渉で合意したことを契約文章にする作業も、微妙に合意内容と違ったり、解釈に幅ができるような表現にならないよう、時間をかけて慎重に行われます。

「主要条件」の中にあいまいな表現を残したまま契約を結んだ場合、契約当事者はそれぞれの側に有利な解釈を主張することになります。双方が譲らず、裁判に持ち込むことになれば、互いにお金や労力を費やさなければなりません。「主要条件」を実際起こり得るさまざまなケースに即して、具体的で詳細な規定にしておくことは、このような事態を防ぐためにも大切です。

不公正な取引の禁止

契約交渉では、立場が強い側が有利な条件での契約を勝ち取ることがあります。しかし「強い立場の濫用」といえるような、一方的に利益を追求した契約条件の場合、独占禁止法違反となるケースがあるので注意が必要です。独占禁止法の適用事例、ガイドラインなどは、公正取引委員会のホームページ（http://www.jftc.go.jp/）で参照可能です。契約条件を決定する際は、独占禁止法違反にあたらないことを必ず確認しましょう。

契約書のスタイル

表　題	契約書のタイトル （商品売買契約書、継続的取引契約書など）
前　文	契約当事者、契約概要
本　文	主要条件、一般条件
後　文	作成した契約書数、所持する当事者の情報
日　付	契約書作成日
署名押印	当事者の署名と押印

3 契約書がない場合の対処法

証拠になりそうなものを集める

立証が難しくなる

契約をめぐりトラブルが発生した場合、契約書を精査して事実関係を整理できればよいのですが、契約書がない場合にトラブルが生じると、契約の存在を証明できるものがないので、立証はとても難しくなります。この場合、契約の存在そのものについての立証や合意について、第三者が確認できる物的証拠をそろえなければなりません。

証拠になりそうなもの

メモ、納品書、請求書、業務日報などは、自社で作成できるために、証拠能力はあまり高くはありませんが、他の証拠と合わせることによって、契約の存在の証拠となり得ます。相手方の物であれば、筆跡から有力な証拠になる場合もあります。

電子メールは、内容しだいで有力な証拠となる場合がありますが、偽造も簡単にできるので、注意が必要です。

発注内容のFAXや、契約書の一種として認められている注文書なども、内容によっては契約の証拠になります。注文書とは、品名、数量、納期、支払期日など個別の注文の条件が記載された書類です。継続的な商取引では、具体的な品物の種類、数量、単価、納期などについては、注文書及び注文請書や個別の契約書などで、そのつど規定されることになります。注文書を作るポイントは、①宛て先を正しく書く、②商品名や数量など目的物を特定する、③代金（総額・単価）・支払方法などを明記する、④納入場所、納入方法なども詳細に書く、⑤必ず控えをとっておく、ことです。直筆のFAXや注文書は、より証拠能力が高まります。

売掛台帳などの会計帳簿には、取引の履歴が詳細に記載されているので、発注の証拠になります。ただし、相手方からの開示が必要になります。会議の内容を記載した議事録にも証拠能力が認められます。受領書は、相手方が商品を受け取った証拠として、検査済証は、相手方が検査を完了した証拠であるので、高い証拠能力を持ちます。

以上のように、契約においては、後から生じるであろうトラブルに備えて、契約の成立を立証できる物的証拠をそろえておくことが必要です。裁判においては、契約の存在自体を客観的に立証できなければ、契約そのものの存在を否定される可能性も出てきます。そのため、リスク、コスト、両面から見ても、契約書という存在が重要になってきます。

4 契約書を書く際の注意点

契約書の内容の矛盾はトラブルのもと

◎矛盾しないようにする

契約書は、調印する双方の担当者だけではなく、多くの関係者が閲覧するものです。契約当事者双方の代表権者から一般従業員、場合によっては、コンサルタントや弁護士も目を通すことになります。

したがって、契約書は誰が見ても同じ解釈ができるように記載する必要があります。複数の解釈がなされる可能性がある用語を使う場合には、契約書上での解釈について定義条項で定義づけしておくようにしましょう。

特に、契約書は論理的に矛盾がないようにしなければなりません。矛盾があると、当事者がそれぞれ都合のよいように解釈したような場合には、トラブルの原因となります。特に多くの条項がある契約書では、条項同士に矛盾がないようにしっかりチェックするべきです。

◎契約書は早めに準備しておく

契約書は手書きでも、パソコンを使って作成した物でも法的には有効ですが、読みやすさ、修正のしやすさなどを考慮すると、現代ではパソコンのソフトを使用するほうが便利でしょう。

契約書は早めに準備しておくに越したことはありません。細かい条項については、交渉が進んでいくに連れて、修正を重ねていくにせよ、フォーマットレベルのものは交渉に入る前から着手しおくと、焦らずにすみます。あらかじめ、大量に同一の契約書を印刷しおくという手法もありますが、修正箇所が見つかったときには、大量の修正が必要になる危険もあります。

◎契約書における表現方法

契約書の内容が矛盾していると思われる一因として、契約書の表現内容に問題があるケースがあります。そこで、契約書を作成する際には、表現方法などについて、以下の点に注意する必要があります。

まず、文章は複雑にならないように、平易な表現を心がけ、一文が長くならないように注意して、誰が読んでも同じように解釈できるような表現にしなければなりません。

また、民法などの基本原則と異なる内容の契約を締結する場合には、その内容が明確になるように表現しなければなりません。それ以外の表現方法については、他の法令などの言葉の用法に従っておくとよいでしょう。

5 前文・後文・目的・定義

トラブル時には、本文同様、重要な部分になるので作成は慎重に

前文の書き方

「前文」は契約の当事者、契約のあらましを述べる部分です。

「本文」で契約の細かい項目を挙げていくので、その前置きとして、誰と誰が、どういう事情で、どのような契約を結ぶのかを簡潔に示します。普通は、「株式会社○○（以下、「甲」という）と山田太郎（以下、「乙」という）」のように、当事者を「甲、乙」のような略語で置き換えて表記します。このようにすることで、会社名や名前を何度も記述する手間が省け、契約書面が煩雑にならずにすみます。

当事者が大手企業の特定の部署の場合は、会社名だけでなく、部署名まで明記しておく必要があります。たとえば、「○○株式会社　山田太郎」のように、当事者が会社であるとも、個人であるともとれる曖昧な表記は避けなければなりません。法人と契約する場合は、必ず、氏名の前に「代表取締役」などの役職名を入れます。

前文は基本的には簡単な内容でかまいませんが、たとえば、交通事故の示談書や、企業間トラブル解決の和解書など、契約前に起こった事柄をふまえて、契約を結ぶ場合は事情が異なります。その際は、「前文」で、契約を結ぶに至った前提事項や経緯を明確にしておく必要があります。

目的の書き方

契約締結の目的について述べる条項です。前文で契約の目的まで記載されることもありますが、入れることで前文が長くなってしまう場合は、本文の第１条で目的を明確にしておくのが一般的です。たとえば、「第１条 甲はその所有する標記物件（以下「本物件」という）を、居住を目的として乙に賃貸し、乙はこれを賃借することを約する」というような具合です。

「目的条項」で、目的に加えて、契約当事者の権利と義務を簡潔に記載することもありますし、「信義誠実条項」を入れる場合もあります。たとえば、「共存共栄と相互の繁栄を図る」「信義に則り、誠意に本契約を履行する」などといった表現が、それにあたり、日本の契約書にはよく見られますが、あまり法的拘束力はありません。慣行程度のものと考えてよいでしょう。

前文・目的条項は、本文ほど法的には重要ではありませんが、もし、契約後にトラブルが起きて裁判になり、当事者間で契約書の解釈の違いが出た場合は、目的条項にまで及んで検討することがあります。
　しかし、たとえば、ソフトウエア使用権利など、「知的財産」については状況が異なる場合もあります。この分野については、慎重な対応がとられるようになってきていますが、保護する法律など、整備が追いついていないため、目的条項であっても重要な内容を含んでいる場合があります。

定義の書き方

「定義条項」とは、人によって解釈の違いが出てしまいそうな用語を定義づけておく項目です。裁判になったとき、法律用語などのように意味がはっきり決まっているものはよいのですが、人によって解釈が異なる用語はきちんとその内容を示しておく必要があります。この作業を怠ると、用語の解釈で不利な立場になってしまうケースもあるからです。
　業界用語は特に要注意です。契約を結ぶ当事者同士は共通認識だとしても、トラブルが発生した際に契約書に目を通すのは、弁護士や裁判官です。業界に明るくない第三者でも用語の内容を誤認しないよう、規定しておくことが大切です。
　また、誰もが慣習的に使っている用語についても、人によって解釈が異なることは少なくありません。細心の注意を払っておきましょう。
　用語の定義づけをする際は、民法など法律の条文の定義を参考にして、客観的で信憑性のある規定を作成しなければなりません。たとえば、「及び」「並びに」という接続詞について、日常用語ではいずれも複数の語句を結びつける接続詞として用いられます。しかし、法律用語においては、「及び」が小さい固まりの語句同士を結び付けるのに使用されるのに対して、「並びに」はより大きな固まりの語句を結び付けられるのに使用され、使用場面が異なりますので、注意が必要です。

後文の書き方

　後文は契約書の締めにあたり、契約が締結されたこと、契約書の保有者、契約締結の日付を記載します。「本契約を証するため本書２通を作成し、甲、乙署名押印の上、各々その１通を保有する」など、ごく簡単に述べ、契約者の署名欄の上に、日付を記入しておくのが一般的です。契約書は契約を結んだ証拠となりますので、当事者の数だけ作成し、サインをして、それぞれが所有しておくというのが、一般的なルールです。そのため、契約書が全部で何部存在し、誰が何部持っているかの情報の明記が必要になるわけです。
　また、契約が結ばれた日（通常は署名・押印をした日付）は、時効の起算点や、契約期間を換算する際に、非常に重要になりますので、部数同様に必ず記載します。

6 契約書の署名と実印

大事な契約書には実印を押す

サインによって契約が成立する

契約書の最後には、氏名・名称、住所を書くだけではなく、ハンコを押すことで当事者の意思表示を明確にします。また、氏名や名称を書く場合には、署名と記名の２種類があります。署名とは、当事者自らが氏名・名称を書くことです。当事者が自筆することにより筆跡が残るため、署名した当事者が契約をしたという証拠がはっきりと残ります。

記名とは、当事者の直筆ではなく、ゴム印やワープロの印字や、第三者によって氏名・名称が記載されることです。記名は当事者の筆跡が残らず、署名に比べると証拠という点で劣ります。

書面の作成について法律が特に署名を要求する場合、通常は署名に代えて記名・押印でもよいとされます。

ハンコの押印も大きく分けて、実印と認印の２種類があります。**実印**とは、法人の場合は法務局、個人の場合は市区町村に登録してある印鑑のことです。認印とは、実印以外の三文判のことをいいます。認印は、誰でも、どこでも手に入れることができるため、証拠という点において、実印に比べるとはっきりと劣ります。法的な証拠能力という点から重要な契約になるほど、認印ではなく、実印による押印によって、意思表示を行うべきでしょう。

また、契約書の最後に余白がある場合には、「以下余白」を記載するか、最後の部分に止め印をすることが大切です。これは、後に余白の部分に文章を書き加えられることがないよう、防止する意味があります。

署名する際に気をつけること

契約書にサインをして、契約を締結できるのは、基本的には、当事者が個人であれば本人、法人の場合であれば代表取締役など代表権限がある者のみです。

個人との契約の場合は、「個人名」を記入してもらい押印します。法人との契約の場合には、「会社名」「役職名」「氏名」を記入してもらい押印します。個人事業者の場合は「屋号」と「氏名」と押印をしてもらいます。

会社名や役職を記入することで、消費者との契約ではなく法人と結んだ契約であることがわかります。個人事業者の場合も、必ず屋号を入れます。そうでないと、個人と結んだ契約ととられるおそれがあります。また、屋号だけだと当事者が特定できなくなりますので、必ず名前も明記します。

このように、個人（個人事業主以外）

と法人や個人事業主とで、署名に関する異なるルールを設けているのは、契約を結んだ相手が個人であるのか、法人や個人事業主であるのかによって、適用される法律が異なってくるためです。

また、法的には署名のみでも契約は成立するものとされていますが、同時に押印もしてもらうほうがよいでしょう。その際は、個人であれば役所に、法人であれば法務局に登録している実印を押してもらいます。署名だけでも筆跡鑑定で本人かどうかを特定することはできますが、何かのトラブルの際に、偽造しにくい実印を押してあるほうが確実な証拠になるというわけです。

代理人によって契約する場合

契約は、本人だけでなく、代理人を使って行うこともできます。代理人によって契約を締結するためには、まずその代理人が本人を代理する権限（代理権）をもっていなければなりません。代理人には本人から委任を受けた場合（任意代理）と法律で定められた場合（法定代理）があります。

任意代理の場合、代理権は本人が代理人に対して与えます。そして与えられた代理権の範囲内で代理人が本人を代理して法律行為をすると、その効果（効力）はすべて本人に帰属します。

代理権をもたない者が、勝手に本人を代理して法律行為をしたとしても、その効果は本人には帰属しません。そのため、契約の相手方は、本人に対して契約の履行を求めることはできません。代理人によって契約締結をする場合、①本人の住所・氏名、②代理人の住所、③代理人の肩書きを記載し、代理人が署名または記名をして押印をします。

契約書には、本人名も記載するほうが確実です。本来、契約の締結に際して委任状の添付は法律上要求されるものではありませんが、代理人と称する相手が真実の代理権限をもっているかどうかを確認するため、委任状の添付を要求しておきましょう。また、委任状の中の本人の押印については、実印の押印を要求し、かつ印鑑証明書の添付を受ける必要があります。

署名押印と記名押印の違い

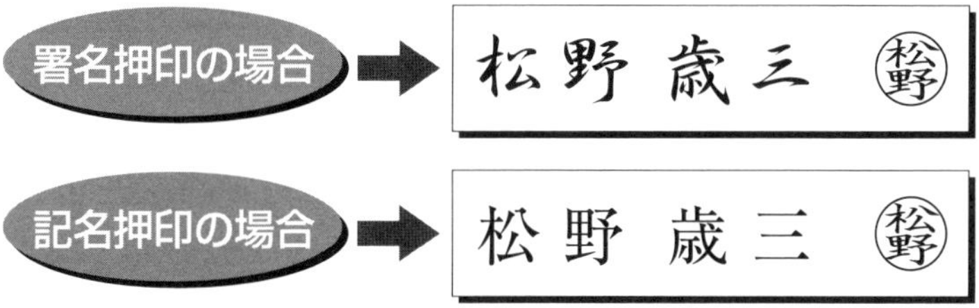

7 押印の仕方

契約書を作成する上で必要な知識

契印・割印の押し方を知っておく

ビジネスにおける契約書は、たいてい複数枚にわたります。この場合、無断での差替えや改ざんを防ぐため、すべてのページで、隣のページとまたがるように押印します。これを**契印**といいます。

契印の押し方としては、まず①各葉のつなぎ目に契印を施すやり方があります。複数枚をホッチキスで止め、各葉のつなぎ目にまたがるように、契約当事者全員の印で押印します。契印は各頁をつなぐ役目をし、各頁が一体であることを示します。複数枚の契約書に書類としての一体性を持たせることにより、契約書の信頼度を向上させることに目的があります。

他に、②契約書の１か所に契印を施すだけで足りるやり方もあります。複数枚をホッチキスで止めた後、背を別紙でつつんでのりづけします。そして、のりづけの境目に契印を施します。

これで、のりづけされた全体についての契印を施したことになります。特に頁数が多い場合には、①の方法よりも②の方法が簡単です。

また、契約書に別書類を添付する場合、**割印**を施すことによって、それらの添付書類が契約書と一体をなすものだということを示すことができます。割印では、契約書を図（次ページ）のように重ねて全当事者の印で押印をします。なお、割印は署名者の署名押印に使った印を用いなければなりません。

割印の押し方

契約書に別書類を添付する場合、割印を施すことによって、それらの添付書類が契約書と一体をなすものだということを示すことができます。割印では、契約書を次ページのように重ねて全当事者の印で押印をします。割印が押されることによる効果として、それぞれの文書について、改ざんされたり、不正にコピーされることを防ぐ効果が挙げられます。たとえば、契約書の原本とコピーが１部ずつある場合に、割印が押されます。なお、割印は、必ずしも署名者の署名押印に使った印でなくてもよいとされています。

その他の押印の種類

契約書についての押印には契印、割印の他に以下のものがあります。

① **訂正印**

契約書上の文字を訂正する場合に、訂正部分の余白に訂正の内容を記載して各当事者の印鑑で押印します。ただ、金額を訂正印で訂正するのは好ましくありません。なお、契約書を訂正するときは、まず訂正する文字に二本線を引きます。そして、縦書きの場合はその右に、横書きの場合はその上に正しい文字を書き加えます。

② 捨 印

文字の訂正に備えて、契約書上欄余白部分にあらかじめ当事者が押印しておくものです。文字の訂正用として使われる建前になっていますが、捨印は契約書の偽造に濫用されるおそれが多分にありますから、原則として使用しないほうが無難です。面倒でも、訂正箇所ごとに訂正印を押すようにしましょう。

③ 消 印

消印とは、契約書に貼付された印紙と契約書面とにまたがってなされる押印のことです。

契約書が印紙税法上の課税文書である場合、当事者は納税のため契約書に所定額の収入印紙を貼付して、消印をする必要があります。ただし、契約書で用いた印以外の印章を使用することも可能です。また、「消印」とは呼ばれていますが、実際には署名によって、消印を行うことも認められています。ただし、氏名や屋号などを記載しなければなりません。

契約印の押し方

①契印と割印

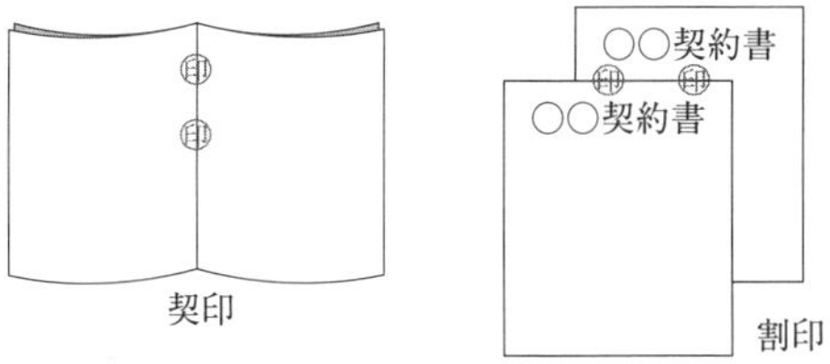

②捨印

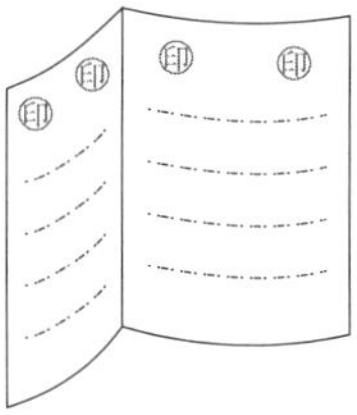

③訂正印

誤った文字の上に二本線を引き、上部に正しい文字を記入する場合

誤った文字の上に二本線を引き、上部に正しい文字を記入する。そして欄外に「削除2字」「加入1字」と記載する場合

訂正した文字をカッコでくくり、これに押印する場合

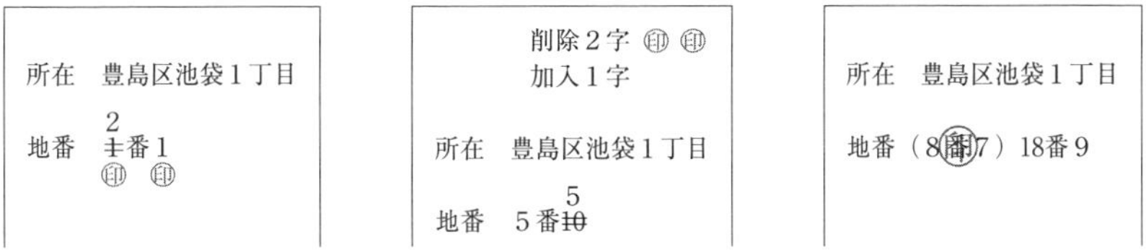

8 印鑑証明

文書の作成者と本人の同一性を証明してくれる

●印鑑証明書の添付

印鑑証明とは、押印した印鑑の印影が真正なものであることを証明するための書類です。個人の印影を証明する書類を特に**印鑑登録証明書**と呼ぶ場合もあります。

個人の印鑑証明書に記載されている事項としては、①登録した印影・登録番号、②登録年月日、③登録者の住所、④登録者の氏名、⑤登録者の生年月日、⑤登録者の性別が記載されています。これに対して、法人の印鑑証明書に記載されているおもな事項は、①法人の名称、②法人の主たる事務所の所在地、③法人の代表者の氏名、④法人の代表者の生年月日などです。

たとえば、登記申請の際に添付情報として、登記義務者の印鑑証明書が必要な場合があります。

個人の場合は、市区町村に届け出ている印鑑（実印）、法人の代表者の場合は登記所に届け出ている印鑑（会社の届出印）について印鑑証明書を添付します。反対に、個人の場合には、印鑑証明書は、登録されている印鑑に対して発行される書類であるため、実印の登録を得ておかなければ、発行が認められません。また、印鑑の登録の際に、登録カードを受け取ることができます。そのため、実際に印鑑証明書の発行を希望する場合には、印鑑登録カードと共に申請することが求められます。

これに対して、法人の場合には、法人を設立する際に行った登記において、既に印鑑の登録を行っているため、印鑑証明書の発行の際に、印鑑の登録が問題になることはありません。

たとえば、所有権移転登記の申請では、登記義務者の印鑑証明書を添付します。また、所有権以外の権利の登記申請に関して、事前通知制度を利用する場合も登記義務者の印鑑証明書を添付します。商人や会社代表者の印鑑証明書の発行は登記所が行うのに対し、個人の印鑑登録、印鑑証明書の発行は市区町村長が行います。

●印鑑証明の交付について

印鑑証明は、公正証書にする場合、委任状を作成する場合、その他不動産登記、会社設立など、重要な取引の際に、文書の作成者が本人に間違いないことを証明するために必要です。個人は市区町村、法人の場合には登記所（法務局）で交付されます。取引上の有効期間が3か月となっていますので、注意が必要です。

9 訂正の仕方

さまざまなケースを想定して、慎重に対応する

不備が生じやすい箇所

訂正箇所はミスが起きやすいところなので注意が必要です。

訂正の仕方ですが、まず、訂正箇所に二重線を引きます。次に、横書きの場合は上に、縦書きの場合は右横に訂正後の内容を記載します。続けて、「削除○文字」「加入○文字」と訂正したときに、削除・加入した文字数を記入します。最後に、当事者全員の訂正印を訂正箇所に押します。

改ざんされないように、数字は「一、二、三」ではなく、「壱、弐、参」を使います。また、「○文字削除」のように数字を先に持ってくると文字数をつけ加えやすいので避けるようにしましょう。訂正印は欄外に押しても法的には有効ですが、他の箇所を訂正することが可能になりますので、訂正箇所に押しておくのが確実です。

このように契約書を手書きで訂正するのは気を使う作業です。訂正が生じた場合は、取消線を引いたり、訂正印を押すことでなく、可能であれば、契約書を作り直してしまうほうがよいでしょう。そのほうが見栄えがよく、間違いも起きにくいといえます。

また、契約書の誤字・脱字にも注意が必要です。ときには契約内容が変わってきてしまう可能性もありますので、最後に文章全体を通して音読し、校正を行いましょう。

ページ数が多くなると、どうしても単純な入力ミス等が発生するものです。作成した契約書について複数の目で確認することも有効な手段です。そして、署名の欄も重要な箇所ですので、不備のないようにしましょう。

改ざんを防ぐ方法

	よい例		悪い例	
漢数字を使う	壱、弐、参		一、二、三	
数字を先に持ってこない	削除○文字	加入○文字	○文字削除	○文字加入
訂正印の位置	訂正箇所		欄　外	

↓

もっともよい方法は、契約書を訂正するのではなく、作り直すこと

10 条文・当事者の表示の仕方

契約書では当事者は「甲」「乙」と表す

条文の表示の仕方について

条文を論理的に、そして客観的にわかりやすく伝えるために、「条＞項＞号」という階層表現で、契約内容を記載します。

まず条文の見出しである「第○条（○○○）」を書きます。（○○○）は、誰が読んでも、契約についての、何の事項なのかを理解できるように書きます。次に「条」の中身をわかりやすく記載するための「項」を書きます。「項」は第１項、第２項と、各項に分けて書きます。そしてさらに「項」の中身をわかりやすく記載するために「項」ごとに、第一号、第二号と「号」を書きます。

「項」「号」共に、誰が読んでもわかりやすく、「条」に関連した事項を簡潔にまとめ、すっきりさせる必要があります。

横書きの契約書の場合、「条」・「項」は算用数字を使い、「号」は漢数字を使います。縦書きの契約書の場合は、「条」「項」は漢数字、「号」は○書き（①②など）を使います。また、金額の数字は、漢字を使い、改ざんを予防する場合もあります。「項」の第１項の「１」という数字は省略することができます。

契約の条項には、主語を必ず明記するようにします。「○○株式会社」のように、具体的な正式名称を用いるのはもちろんですが、「当事者」「相手方」「開示者」など、立場で表現する場合もあります。また、「甲」「乙」のように、略語を使用して表現する場合もありますが、その場合、甲と乙が誰なのかを混同しないようにする必要があります。

契約は相手が存在して成り立つものです。対象となる相手方の表現も、「○○株式会社」のような正式名称や、「甲」「乙」のような略語を使用して表現します。

「○○は甲に」「○○は乙に」という表現を使う場合、「に」という助詞は幅広い意味を持っているため、「○○は甲に対し」「○○は乙に対し」のような表現を使うことが望ましいといえます。

また、契約における当事者が三者以上になる場合は、必ず相手が誰なのかをはっきり明記することが大切です。

条文では、誰が何をどうするのかということを、はっきりと具体的に明記する必要があります。また、「～される」などの受身の文章ではなく、「～する」などの能動態の文章で書くことが重要です。

11 契約書の表題と内容

トラブルを避けるため内容を反映させる

表題と内容は一致させるべきか

契約書の表題には、法的な拘束力がほとんどありません。契約書において、重要かつ法的拘束力を持つのは、当事者の権利や義務を具体的に規定した本文であるからです。契約書は、表題によって効果が左右されるわけではありません。

しかし、だからといって、まったく契約に関係のない表題をつけるのは、ビジネス上のマナーとして望ましくはありません。特に、法的トラブルになった場合、裁判官に与える印象が悪くなることもあります。

また、表題が契約内容とかけ離れていることにより、当事者間の意識の違いが生まれ、契約書としての効力を発揮できない可能性もあります。したがって、契約書の表題は、契約内容を反映した、わかりやすいものにする必要があります。

もし、特定の表題が思いつかないようなビジネス内容の場合は、単に「契約書」という表題でもかまわないでしょう。「契約書」と記載しておけば、当事者が法律上の効果が発生することを目的に締結していることを、当事者以外の人にも示すことができます。当事者間の契約内容に関する書類であることが、誰の目にも明らかな表題にすることが重要です。

間違えやすい表題の例

よく間違えやすい表題の例として、「代理店契約」と「販売店契約」があります。この2つは一見すると同じ契約のように思われがちですが、実際はまったく違った内容の契約になります。

代理店契約とは、商品の供給者から委託を受けて商品を販売する契約で、商品在庫を抱えるリスクがない代わりに、販売手数料のみの利益となる契約のことです。

これに対して、代理店契約と区別が必要なのは販売店契約です。販売店契約は商品の供給者から商品を仕入れ、販売する契約で、仕入価格と販売価格の差額が、すべて利益になる代わりに、商品在庫を抱えるというリスクを背負う契約です。

代理店契約と販売店契約は、法律による定義がないため、代理店契約と表題に書いてあるのに内容は販売店契約になっている場合や、逆に販売店契約と表題に書いてあるのに内容は代理店契約になっていることもあるため、契約内容をよく確認する必要があります。

12 一般条項・委託条項

一般条項だからと軽く考えてはいけない

一般条項は多くの場合にいれる

契約書には、**一般条項**を記載します。一般条項（一般条件と呼ぶこともあります）とは、一般的なビジネスの契約において、必ず規定されている条項のことで、契約の種類にかかわらず、必ず取り決めておかなければなりません。

たとえば一般条項には、支払条件、契約期間、契約解除、期限の利益損失、不可抗力、秘密保持義務、損害賠償、準拠法、個人情報取扱、などがあります。

このように、一般条項は、ビジネス上の契約だけでなく、一般的な契約においてもほとんど規定されている条項です。しかし、条項の種類が一般的であるからといって、内容を検討しないまま規定することのないようにする必要があります。契約内容によっては、一般条項の内容も異なる場合が多いので、一般条項だからと軽く考えるのではなく、当事者間での交渉過程において、慎重に決定する必要があります。一般条項についても、それぞれリスクを背負う必要があるので、慎重に検討し、契約書を作成することが重要です。

第三者への委託条項とは

第三者への委託とは、元々の契約において、ある業務の処理を委託する内容の契約である場合に、受託者が、その業務について、さらに別の第三者に、その業務の処理を委託することをいいます。

第三者委託が認められる場合、受託者は、必ずしも自身で業務を処理する必要はありませんので、取り扱うことができる業務の幅が広がるというメリットがあります。しかし、その反面、本来であれば、契約の当事者しか知らない情報について、第三者も知ることになりますので、情報漏えいのリスクが高まることには注意が必要です。そのため、契約の種類によっては、第三者への委託が認められるべきではないケースがあります。たとえば、顧問契約やコンサルタント契約などは、その業務を第三者に委託されてしまうと、契約を結んだ意味がなくなってしまいます。

このような契約の履行を、特定の個人や団体にのみに限定させたい場合は、第三者への委託はできないことを、契約書に加えておく必要があります。業務を一部的に委託可能とする場合でも、委託してもよい範囲は明確に記し、委託する第三者が負う義務についても明記しておきましょう。

13 合意管轄条項

紛争が起こった場合に備えておく

管轄裁判所を決めておく条項

管轄裁判所とは、紛争が起こった場合に、訴えを提起することができる裁判所のことです。管轄裁判所は、民事訴訟法によってあらかじめ決められており、通常、被告の所在地や、債務の履行が行われる場所を管轄する裁判所が、管轄裁判所となります。

しかし、第一審の管轄裁判所に限っては、契約の際に当事者間の合意の上、指定しておくことができます。このように、当事者の合意によって発生する管轄のことを**合意管轄**といいます。原告と被告が合意により訴訟を争う裁判所を決めた場合には、その裁判所に管轄が生じます。

通常の民事訴訟は、原則として相手方の住所地を管轄する裁判所に訴えなければなりません。しかし、取引の相手方が遠隔地の場合には、多額のコストがかかって不便なことも多くあるため、特に企業間の取引や消費者を相手方とする取引では、都合のよい裁判所を契約書の**合意管轄条項**で定めておくのが通常です。

契約書に、合意管轄に関する事項を記載することで、民事訴訟法で決められた管轄以外の裁判所でも裁判を行うことができるようになります。

「専属的」という記載

契約書に合意管轄条項を記載する際には、必ず「専属的」という言葉を含め「専属的合意管轄裁判所」と書くようにします。

専属的合意管轄裁判所とは、第一審の裁判の提起が認められるのは、そこの管轄裁判所のみということです。逆に「専属的」という文字が入っていないと、契約時に合意した管轄裁判所だけでなく、民事訴訟法で認められている裁判所でも裁判が可能（非専属的合意管轄）とみなされてしまい、合意管轄を指定する意味が失われてしまうことになるからです。

管轄条項が重要になるケース

特に海外など、遠方にいる相手と契約を結ぶ際には、この管轄裁判所がどこであるのかは、とても重要な問題になります。

もし裁判となった場合に、そこに行くためだけに、時間と費用の面で大きなコストが発生することになるからです。合意管轄裁判所はできるだけこちら側に近い裁判所を指定しておくようにします。

14 主要条件を記載する上での注意点

契約書で最も重要な部分

トラブルを防止できるようにする

取引などで使われる契約書では**主要条件**に最も注意を払う必要があります。主要条件は、契約書独自の契約条件であり、契約の種類により異なりますので、一概に定義することは困難です。しかし、契約においては、当事者間で、権利と義務に関する取り決めがなされるのが通常ですので、基本的には当事者の権利・義務のうち、その契約において特に重要な事項が、主要条件ということができます。主要条件は**主要条項**と呼ぶこともあります。

主要条件をいい加減に書いて、あいまいな部分が残ってしまうと、アピール力のない契約書になるばかりか、最悪の場合、トラブルになることがあります。

契約の当事者の間には、さまざまな利害の対立があることが普通です。品物の売買契約のように単純な例であっても、売り手側はコストの安い品物を高く、保証なしで販売できれば有利であり、買い手側はコストのかかった品物を安く、手厚い保証つきで購入できれば有利である、といった利害の対立が存在します。

契約書の「主要条件」を決定することは、利害を双方に振り分ける作業ともいえます。

企業の業務提携やライセンス契約といった複雑な契約では、さらにさまざまな点で利害の対立が起こるので、「主要条件」を決定する交渉には時間がかかることが多いのです。

また、交渉で合意したことを契約文章にする作業も、微妙に合意内容と違ったり、解釈に幅ができるような表現にならないよう、時間をかけて慎重に行われます。

主要条件のポイント

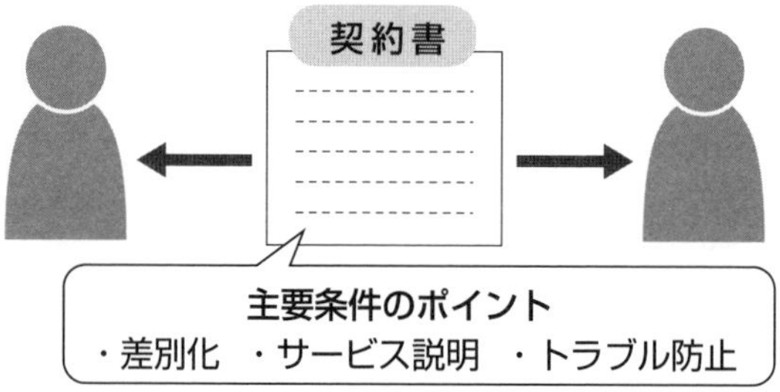

15 債務履行の期日・条件

当事者の合意で条件や期間を設ける

履行期日について

履行期日とは、債務者がその債務を履行しなければいけない日時のことです。「10日までにAは商品を発送することになっている。商品到着後、30日までにBは代金を支払う契約になっている」ような場合、A・B両者共に債務者となり、それぞれに果たさなければならない義務が生じています。Aの債務履行期日は10日となり、Bの債務履行期日は30日となります。

なお、履行期日にあたる日が休日・祝日である場合があります。この場合、民法の原則に従うと、履行期日は、その翌日が履行期日になります。そこで履行期日について、休日や祝日にあたるときに、その前日を指定する場合には、契約書に明記しておきましょう。

債務の履行場所

たとえば、売買契約の中の「債務の履行地」とは、代金支払や商品引渡しをする場所を指します。当事者が契約書の中で債務の履行地を決めておくこともできます。

契約を結ぶ上で債務の履行地についての記載は必須条件ではありませんが(記載がなければ民法の規定に従います)、スムーズな受渡し、支払いができるよう、契約書に記しておいたほうがよいでしょう。

契約で明記する

債務の履行地だけでなく、その履行の方法などについても、契約条項の中に明確に組み入れておいたほうが、履行の際のトラブルが少なくなります。法の解釈にはさまざまあり、債権者と債務者の立場の違いなどによって、債務の履行の場所や方法、期日（時間）や条件などが変わってくるからです。トラブルや争いを起こさないようにするためには、契約当事者双方が合意を明確にしておくとよいでしょう。

履行条項

（物件の引渡方法）本物件の引渡は、令和○○年○月○日限り、乙の本店所在地においてなすものとする。引渡しは、現実に行うこととする。

16 目的物・対価・不可抗力条項

重要な４大ポイントをおさえておく

具体的に記載すべき事項

契約する上で最も重要な事柄が、①目的物、②業務内容、③対価、④支払方法の記載です。

特に、売買契約や賃貸借契約については、①目的物がはっきりとしていなければ契約としては成立しません。次に、②業務内容ですが、これは主に労務における委託契約（請負や委任）に必要な事柄です。どのような業務をするのか、どのような仕事の完成を請け負うか、またはどのような内容の事務を依頼するのかを明記しておかなければ、契約の意味はありません。③対価は、これら売買、賃貸や業務などに代わる対価を指します。

これについては、後述するように、細かい注意事項があります。そして、これらの対価を現金で支払うのか、振込にするのか、または手形で支払うのかという④支払方法も明記しておかなければなりません。

以上の４つは、契約書においては非常に重要なポイントです。しっかりと確認しておきましょう。

対価について

対価については、契約した対価の他に、重要な取り決めをしておかなければなりません。たとえば、契約した対価に税金は含まれているのかどうか、送料や材料費など諸費用はすべて含まれるのか、または別途請求となるのかどうかについても双方で話し合う必要があります。また、対価に利息を発生させる場合は、法定利率（200ページ）以外の利率を採用するのであれば、契約の中で取り決めておかなければなりません。

不可抗力とはどんな規定なのか

不可抗力条項とは、不可抗力によって債務不履行の状態に陥った場合は、その債務の履行責任を受けない（免責）という規定です。不可抗力とは、天災や地震、テロなど、債務者の過失によらずに起こった、やむを得ない事情のことをいいます。

不可抗力の場合は、金銭債務を除いて債務不履行の責任を負うことはありませんが、何をもって不可抗力というのかで争われることがあります。不可抗力の解釈に関する争いを避けるため、不可抗力となる事例について、具体的なものを列挙して契約書に記載しておくとよいでしょう。

17 危険負担条項

契約締結後の履行不能についての危険の負担を明確にする

危険負担

たとえば、中古車の販売の局面を考えてみましょう。売買契約を４月１日に締結して、買主への自動車の引渡しを４月30日と定めていたとします。その後、４月10日に発生した自然災害で中古自動車が大破した場合、売買契約における両当事者の債務はどのように扱われるのでしょうか。中古自動車は大破しているので、履行不能に陥っています。しかし、大破の原因は自然災害ですので、債務者である売主には債務不履行責任は生じません。

契約が結ばれると当事者への拘束力を持つのが原則です。しかし、売買などの双務契約で、契約成立後に債務者に責任を問えない事情で給付が不能になった場合、その危険をどちらの当事者が背負い込むかという問題が**危険負担**です。

危険負担の問題の前提として、不能になった給付は何かを確認し、その給付を中心にして見たときに、その給付をなすべき立場にあった当事者が債務者、その給付を要求する立場にあった当事者が債権者、ということを確認する必要があります。

危険負担に関する民法の規定

民法は、「当事者双方の責めに帰することができない事由によって債務を履行することができなくなったときは、債権者は、反対給付の履行を拒むことができる」（536条１項）と規定して、目的物が特定物かどうかを問わず、両当事者に責任がない事情によって履行不能になった場合、両当事者が自身の債務の履行義務から解放されます。

もっとも、危険負担に関する民法の規定では、「反対給付の履行を拒むことができる」として、履行拒絶権という形で記載していることには留意が必要です。つまり、債務自体は残っていることを意味するため、債務自体を消滅させたい場合は、契約解除をすることになります。制度の上では、目的物が滅失または損傷した場合において、買主が拒否しなければ、売主は代金の支払いを受けることも可能です。

また、履行不能に基づく契約の解除についても、債務者の落ち度（帰責事由）が要件になっておらず、前述の中古車の事例の買主は、自らに落ち度がないので（自然災害）、履行拒絶権として代金の支払いを拒むことができる上、売買契約を解除して、代金支払債務を消滅させることも可能です。

18 手付条項

授受される金銭の内容や有効期限について明記する

手付とは

売買契約の際、当事者の一方から渡す金銭のことを**手付**といいます。これは、売買契約が締結したときに支払うもので、その金額は売主と買主の間で決定することができます（ただし不動産売買の場合、売主が宅地建物取引業者で、買主が業者でない場合には売買代金の20％超を手付金として受領することはできません）。この手付には、証約手付、解約手付、違約手付の３種類があります。

これらの手付にはさまざまな意味合いが含まれており、それぞれの手付には、おもに以下の意味があります。

証約手付は、売買契約が成立した際に支払う手付で、この支払いによって「売買が成立した」という証拠になるものです。

解約手付は、債務不履行がなくても契約の解除を可能にするために支払う手付です。これは売主・買主双方にとって可能で、相手が債務の履行に着手する前であれば解約が可能です。買主の場合は、支払った手付金を放棄すること（返却不要とすること）で解約が可能となり、売主の場合は、買主が支払った手付金の倍額を支払うことで解約が可能になります。

違約手付とは、債務不履行があった場合に使われる手付です。契約違反があった場合の保証金といえます。これは、手付金を支払った側が債務不履行をした場合、手付金の支払いを受けている相手側がこの手付金を没収することができます。

逆に手付金を受け取っている側が債務不履行をした場合には、手付金を支払った側はその手付金の返還と、その手付金と同額の損害賠償を請求することができます（手付金の倍額を請求することができます）。

手付をめぐる問題

手付金にはさまざまな性質がありますがそれぞれをよく理解し、手付金がいつまで有効なのか、理解しておく必要があります。たとえば「解約手付」は契約の相手が債務の履行に着手する前までしか有効ではありません。

また「違約手付」は契約の相手に債務不履行があった場合にしか請求できません。契約書の債務履行の場所や期日など、重要な事項については不明瞭な点がないようにしておく必要があります。明らかに当事者の一方だけが不利益を被るような契約条項は無効となるおそれがあります。

19 期限の利益喪失条項

金銭消費貸借契約に関わる期限の利益

期限の利益とは

期限の利益とは、おもに金銭消費貸借契約書に関わる条項です。これは、約束の期限が来るまでは、債務者に支払いの猶予が与えられるという条項です。つまり、ローンなどで債務者側がお金を滞りなく返済できている間は、債権者側は、返済期限前に債務者に全額返還を請求しないという約束です。このため、債務者側は契約期間終了までは支払いの猶予という利益が与えられています。そして、債権者側も、その猶予を債務者に与えている代わりに、債務者から利息として利益を受けるのが一般的です。

期限の利益喪失条項とは

場合によっては、その支払期日を待てないような緊急事態が起こることがあります。たとえば、支払期限前に、債務者側が、支払いができなくなったという状況です。

このような緊急事態では、契約どおりに支払期日まで待っていると期限までには貸したはずの金銭がすべて消失してしまう可能性があります。それを防ぐために「期限の利益の喪失」についての特約（**期限の利益喪失条項**）が記されます。これは、緊急事態が発生した場合、債権者が債務者の期限の利益を喪失させ、すぐに金銭を支払うように請求できるための規定です。つまり、債務者が期限どおりに支払いを行わなければ、債権者により残金が一括請求されます。

ただし、民法137条においては、債権者は債務者の「極めて限定的な状況」でなければ期限の利益を喪失させることができません。具体的には、①債務者が破産手続開始の決定を受けたとき、②債務者が担保を滅失させ、損傷させ、あるいは減少させたとき、③債務者が担保を提供義務を負う場合において、これを提供しないときに限定されています。このため、その他の事由により期限の利益を喪失させたい場合には、当事者の合意により、契約書に特約として期限の利益が喪失する条件を追加しておく必要があります。

たとえば、「1回でも支払いを怠った場合」という条件をつけた場合は、債務者がそのような状況に陥った時に、期限の利益を喪失することになり、直ちに債務者側は未払金を全額支払わなければならなくなるのです。

このようなことから、金銭の貸し借りについての契約を結ぶ際には、この特約にも十分に注意する必要があります。

20 秘密保持条項

契約書面に明記しておくことが大切

秘密保持条項とは

秘密保持条項とは、契約の履行をする上で知り得た重要な企業情報を、第三者に開示したり、漏らすことを禁止する規定です。重要な企業情報とは、外部に知られた場合に被害が及ぶ可能性のある情報のことで、おもに経営ノウハウや、製造技術などの知的財産情報などが挙げられます。特に企業間の契約では、このような秘密情報の開示を伴う契約を行うことが頻繁に起こります。そのため、情報を悪用されることを避けるためには、情報の秘密を保持する義務を相手側に課し、認められていない者には開示を行ってはいけないという、秘密保持条項を設ける必要があります。また、契約書で当事者以外の第三者にまで秘密情報の開示が認められている場合には、その第三者に対しても、契約を履行する上で知り得た秘密情報の保持義務を負わせましょう。

秘密保持条項を設ける際の注意点

秘密保持条項に違反があった場合は、損害賠償請求をすることになりますが、民法では、損害賠償は金銭での賠償しか認められないとされています。そのため、さらなる損失の拡大を防ぐために、損害賠償請求だけでなく、差止請求も規定しておきます。

また、契約の履行が終了した後は、基本的にその秘密保持の義務も同時に終了することになります。履行終了後にも、情報の漏えいを避けたい場合は、契約の履行後も、重要情報の秘密保持義務が課せられることを規定しておく必要があります。

秘密保持条項の記載の仕方

（秘密保持義務）

甲が、職務の遂行上知り得た乙の経営内容、内部事項、秘密情報、その他業務に関する一切の情報は、これを漏えいしてはならない。

2　前項の秘密保持義務は、甲の転職又は退社後も、同様とする。

3　甲が、前2項の規定に違反した場合、甲は、それにより乙が被った損害を賠償しなければならない。

21 納入・検査についての条項

納入や検査についての条項も記載しておく

◎納入・検査のトラブル

納入が遅れたり、納入先の受け入れがうまくいかなかったり、注文していない商品が誤って納品されたりと、物品の売買契約では「納入」に関する部分でトラブルが起きやすくなります。

遅延・欠品・誤納など、売主側のミスが多いのですが、受領拒否や誤注文など、買主によるものもあります。これらが生じた時は、損害賠償や出荷停止などの処置をとることができるように、契約書に対応を明記しておきます。

納入についてのトラブルを回避するためには、注文書や領収書と共に、受領書の受渡しを必ず行うことが有効です。金銭が動く領収書と違い、受領の確認書は怠りがちですので、必ず行うように習慣づけることが大切です。

また、納入に関するトラブルと同様に、「検査」に関するトラブルも多く発生します。不良品が市場に出回ってしまうと、大変な損害になりますので、検査については、検査基準と検査方法を明確に提示しておくことが必要です。また、契約の相手が検査をする場合は、「検査期間」も忘れずに規定しておきましょう。

このように、トラブルの起きやすい「納入」と「検査」ですが、契約書では「検収」という用語でひとくくりで表されてしまうことがありますので要注意です。

検査条項のサンプル

(納品及び検査)

第○条　乙は、物品を納品するときは、甲がやむを得ない理由があると認めた場合を除き、一括して納入しなければならない。

2　乙は、物品を納入するときは、納品書１通を甲に提出し、甲の指定する業者の検査を受けるものとする。検査に要する費用及び検査のために変質、変形、消耗又はき損したものを原状に復する費用は、すべて乙の負担とする。

3　前項の検査の結果、不合格の物品があるときは、乙は、遅滞なくこれを引き取り、速やかに代品を納入しなければならない。

4　甲は、支障のない限り、物品の納入があってから７日以内に検査を完了するものとする。

22 クレーム処理についての条項

訴訟に発展する場合も想定する

クレームなどへの取り決め

ビジネスにお客様からのクレームはつきものです。契約の段階でも、顧客や第三者からのクレームに対して、誰が対応するか、また、その費用はどちらが負担するかの取り決めをしておかなければなりません。

一般的には、製品についてのクレームは、売主であるメーカー、販売やサービスについてのクレームは買主である小売店というのが妥当ですが、曖昧であったり、責任の所在がはっきりしないケースも発生します。その場合、どのようにするのかについても具体的に決めておく必要があります。もちろん、相手側にクレーム対応をしてもらうことで、面倒な交渉は避けられますが、誤った対応で商品や会社のブランド価値を下げてしまう可能性や、製品開発や改善のヒントを逃してしまうことがありますので、一概に相手にまかせてしまうのがよいともいえないのが現状です。

クレーム対応にかかる費用の負担については、訴訟に発展し、損害賠償請求まで話が及んだときのことも念頭に入れておいたほうがよいでしょう。考え得るクレームや訴訟の内容を検討した上で、契約時には責任や費用の分担を決めておくのが賢明です。

また、今日では、著作権、特許権、意匠権、商標権などを含む「知的財産権」に関するクレームも増えています。

契約当事者が顧客や第三者に対して、権利を侵害する場合だけでなく、反対に、第三者に契約当事者が権利を侵害される場合も起こり得るので、どのケースのときに誰が対応するか、可能な限り細かく設定しておくほうがよいでしょう。

クレーム対応についての規定例

（クレーム対応）

第○条　販売された商品に関して消費者との間に生じる苦情、クレーム又は紛争については、甲が対応する。

2　クレームの内容を熟慮した結果、製品の内容に問題があることが判明した場合には、甲は、乙に対し製品の交換、補修を請求できる。交換、補修にかかる一切の費用は乙が負担する。

23 完全条項

この契約こそがお互いの合意であることを明確にする条項

完全条項とは

契約書を作成する際に、その契約書が完全であることを定めている条項です。**完全合意条項**とも呼ばれています。

この場合の「完全」とは、契約当事者が完全に合意しているという意味です。つまり、契約締結前に行われたどのような約束も、口頭であれ暗黙の了解であれ、契約書に書かれていない内容はその効力を認めないということです。つまり、この契約書の記載事項のみが完全な合意であり、契約書に記載されていない内容や、契約が締結されるまでに交わされた合意や約束は、すべて無効とする規定を指します。

たとえば、「第○条（完全合意）本契約は、本契約で取り扱われた事項に関する当事者間の完全かつ唯一の合意を構成するものであり、書面であろうと口頭であろうと、当事者間に存在するすべての従前の合意は効力を失うものとする」などと規定することになります。

また、契約締結後においても契約の修正は書面によらなければなりません。

法律上、契約は当事者の合意によって定まります。契約締結の際には、必ずしも正式な契約書を作成する必要はなく、口約束や覚書などでもその効力を生ずるとされています。

しかし、正式に契約書を発行して契約内容の特定化をしていないと、トラブルになり、損失を被る可能性も大きくなります。

完全合意条項を規定することで、契約の内容は特定化されます。そのため、書面によらずに成立した契約や、契約締結前に交わされた合意や口約束などをとり出して起こされるトラブルを、事前に防ぐことができるようになります。

完全合意条項を置くということは、逆に契約書に記載されていないことは、新たに当事者間で合意がない限りは認められないということになります。契約締結時には、考えられるあらゆるトラブルを想定して、漏れがないかどうかについてチェックする必要があります。

なぜならば、本来は、両当事者が合意に至って、契約書を作成したにもかかわらず、後になってトラブルになるケースは意外にも多いためです。特に、トラブルになったケースで、一方の当事者が、問題になっているトラブルは契約書が想定していたケースとは異なると主張する場合があります。完全条項を置くことによって、この種のトラブルの予防につながります。

24 取引基本契約書

反復または継続する場合の土台となる契約条件を規定する

ビジネスでは取引が継続する

取引基本契約書は、反復または継続する取引のルールを規定する契約書です。「売買取引基本契約書」というように、契約の目的と合わせて呼ばれる場合もあります。取引基本契約書には、注文書と注文請書をやりとりする方法など、取引の反復や継続によって繰り返される業務プロセスを規定します。具体的な品物の種類、数量、単価、納期などに関する主要条件は、注文書および注文請書、または個別の契約書などにより、そのつど規定されることになります。取引基本契約書と個別の契約書、注文書・注文請書などがセットになって１つの契約条件を表すというイメージになります。

また、所有権はどちらに属するか、リスクはどちらが負うかなど、あいまいな点をなくし、具体的かつ詳細に規定します。

取引基本契約書と注文書および注文請書（または個別の契約書）に異なる規定が置かれている場合、どちらが優先されるのか、といった優劣も、取引基本契約書によって定めておくことができます。トラブル防止のため、盛り込むことを忘れてはいけません。

契約期間においての注意点

契約において、契約期間は特に重視される項目です。契約しようとする内容に、いつからいつまでの期間効力を持たせるのかを明記しないと、契約自体成立しない場合があります。

契約には、①取引の「単発契約」と、②継続的取引の「継続契約」の２種類があります。

基本的に、単発契約の場合は、契約期間ではなく、契約終了日（契約履行日）が重視されます。一方、賃貸借契約や労働契約、フランチャイズ契約などの長期にわたる継続契約については、契約期間が重視されます。さらに、継続契約の場合は、自動更新とするのか否かも確認する必要があります。

自動更新は契約者の申し出がない限り契約は終了しませんが、そうでない場合は、契約期間が終われば契約が終了するため、期間の設定には十分に気をつけることが大切です。

その他、契約期間については、いつ契約が履行されるのかも重要な事項です。特に金銭消費貸借契約の場合は、「○月○日までに○万円を一括で支払う」と契約書に記すことで、契約の履行日が明確になります。

25 念書や覚書

契約書と同等の効力があるものとして扱われる

念書や覚書も契約書である

法律の建前から言えば、債務の履行は債権者の住所または営業所で行うのが原則ですが、そうはいっても、待っているばかりでは債権回収はおぼつきません。回収が困難であればあるほど、債務者のところへ足を運んで、こちらの主張を伝え、債務者と直談判することが必要になってきます。

何度足を運んでもらちのあかない債務者であっても、訪ねていったら、少なくとも債務確認のための念書だけは書いてもらうようにしましょう。

なお、念書や覚書とは、後日、証拠として用いるために、念のため作成される文書のことをいいます。

後日、言った言わないといったトラブルが起こることを避けるためです。

念書のサンプル

念　　書

弊社、株式会社山本産業は、次の事項を約束します。

一、貴社より発注いただいておりました令和○年○○月○○日付の物品売買契約書に基づくご注文の品は、先月○月○日が納期でしたが、弊社の在庫数の不足から今月○月○日まで延期しなければならないことになりました。つきましては、万一再び納品が遅れた場合には、契約書第○条に基づく損害賠償の請求を受けても何ら異議を申しません。

後日のため、念書を差し入れます。

令和○年○月○日
株式会社元山商会
代表取締役　元山三郎　殿

住所　東京都○○区○○1-1-2
氏名　株式会社山本産業
代表取締役　山本一郎　㊞

26 注文書・注文請書・見積書・請求書

必ず控えをとっておく

注文書と注文請書でセット

商取引は、通常、注文書、注文請書、見積書のやりとりだけで成立します。契約は、当事者の一方が「申込」をして、相手が「承諾」すると成立します。「申込」を証明するのが**注文書**で、「承諾」を証明するのが**注文請書**です。

注文書を作るポイントは、①宛て先を正しく書く、②商品名や数量など目的物を特定する、③代金（総額・単価）・支払方法などを明記する、④納入場所、納入方法なども詳細に書く、⑤必ず控えをとっておく、ことです。

注文書だけでは、相手が承諾したのかどうかがわからないので、注文請書が必要になります。

注文書の中に、「○日以内に異議ある旨を通知しない場合には、承諾したものとみなす」などの条項を盛り込み、注文請書の作成を省こうとする注文書も見られます。注文請書は、実質的に契約の成立を証明する機能を持つため、印紙の貼付が必要になります。しかし、注文書については印紙の貼付が不要であるため、このような条項が用いられるケースが多いといえます。ただし商法では、承諾の通知は支障のない限り早く（遅滞なく）通知することが要求されています。そのため、注文書において「○日以内」に承諾を要求することは、商法の規定内容を修正する条項であることに留意が必要です。

注文書や注文請書は、どんな形式のものでもかまいません。商品名と代金を記載したFAX文書でもよいのです。

見積書と請求書について

商品（あるいは機械・工事など）の単価、数量、納期などの取引条件を記載して、受注者が注文者に対して契約締結前に交付する書面を**見積書**といいます。見積書は、単に取引条件を示したものにすぎません。見積書を受けて注文者が注文し、それを受注者が承諾すると、通常は契約が成立します。

一方、取引上生じた債権や商品の引渡しを請求したことを証明する文書を**請求書**といいます。請求書は、たとえば、債権を回収しないまま何年もたってしまい、請求しないで放っておいたために時効になってしまうのを防ぎたい場合（時効の完成猶予）や、相手がきちんと債務を履行しないため、損害が生じて、特約条項の損害金の発生の有無を確定するような場合に効果を持ちます。

27 印紙

印紙はほとんどの契約書で必要になる

印紙とは

「印紙」は、課税対象となっている文書に貼って、国に対して税金や手数料を支払うものです。したがって、どのような文書が課税の対象になるかは、印紙税法別表第1で示されています。

印紙税の納税義務者

印紙税は、文書にかかる税金で、契約書などの文書に収入印紙を貼付することにより印紙税を納めていることになります。ただし、すべての文書に印紙税がかかるわけではありません。

たとえば、課税文書の代表例として領収書が挙げられますが、通常、買い物をして領収書をもらっても収入印紙が貼ってあることはあまりないはずです。これは一定金額まで印紙税を免除する非課税限度額があるからです。

印紙は国へ税金や手数料を支払ったことを証明する手段です。印紙が貼付されていなくても契約自体は有効です。ただ、印紙税法上は脱税として扱われてしまいます。印紙税が発生するのはおもに以下の文書を作成した場合です。

① 1万円以上の不動産の売買契約書・金銭消費貸借契約書など

② 10万円以上の約束手形または為替手形

③ 5万円以上の売上代金の領収書や有価証券の受取書など

それぞれ契約書などの記載金額や領収金額によって印紙税額が決まっています。

印紙税の課税対象となる文書に所定の収入印紙を貼らなかった場合には、その課税文書の作成者に対し、ペナルティとしてその貼るべき印紙税額の3倍相当額の過怠税という税金が課されます。

収入印紙には、貼付した箇所と紙との境目に消印をします。これを怠った場合にも、印紙税額相当の過怠税が課されます。一方、印紙税の必要のない文書に誤って印紙を貼ってしまった場合や印紙税の額を超える印紙を貼ってしまったというような場合は還付が受けられます。還付を受けるには、必要事項を「印紙税過誤納確認申請書」に記入して、納税地の税務署に提出しなければなりません。

印紙税の納税の方法は、原則として、課税の対象となっている文書に印紙を貼るだけです。ただし、印紙には消印が必要になります。

28 領収書の書き方
ルールをしっかり押さえて書く

領収書とは

領収書は、金銭を支払う側から見れば、自分が支払ったことの証明ができ、受け取る側から見れば、自分が受け取ったことを証明できる書類です。金銭を支払った人から「領収書を発行してほしい」と言われた場合には、それに応じなければなりません(民法486条)。

また、「領収書」という名称の書類だけではなく、取引明細書、受領書等の書面でも債務の弁済を受けたことが明確に記されていれば領収書としての法的な意味を持ちます。この他、領収書には経理事務や税金申告の書類としての働きもあります。つまり、経費処理などの申告の正しさを税務署へ証明するための証拠書類となります。

なお、領収書などの証憑書類や帳簿は7～10年間の保存が義務付けられています。

領収書に最低限記載すべき事項としては、金額、日付、発行者(入金を受けた者)の氏名・住所、押印、支払者の宛名、領収した根拠(商品名、サービス名)などがあります。

領収書の金額の記載方法

法律に規定はありませんが、金額を容易に書き換えることができないように記載の際には注意が必要です。

具体的には、次のようにするとよいでしょう。

・「一」「二」「三」「十」については、「壱」「弐」「参」「拾」という漢数字(大字)を用いる。
・金額の頭部分に「金」又は「¥」を用い、最後に「円」「也」や「※」「－」など用いる。
・三桁ごとにコンマで区切る。

但書の記載には意味がある

領収書の但書は、何に対する支払いなのかを明確にする意味があります。たとえば経費として処理したときに、但書に商品名が書かれていれば、その商品を購入したということが明確になりますので、経理の管理の効率化にもつながり、税務調査が入ったときでも安心です。

借金の返済の場合に、「元本の返済なのか」「利息の支払いなのか」「何回目の支払いなのか」などを明確に記載しておけば、後々問題になった場合に、重要な証拠になります。

このように但書を明確にしておけば、流用されたり悪用される危険もなくなります。

領収書発行の手順

売上代金を受け取った際には、領収書を発行し、相手に渡します。受け取った金額が５万円以上の場合は、印紙税という税金が課されるため、収入印紙を貼る必要があります。

通常、１枚の領収書は２枚重ねになっていて、１枚目に数字などを記入すると２枚目に写るようになっています。１枚を相手に渡し、もう１枚を自社で保管します。

また、領収書用紙は綴りになっており、会社は１枚目の領収書用紙から順に番号をつけて管理します。したがって、書き損じがあったとしても、勝手に破り捨ててはいけません。その場合は、×印などをつけて次の領収書用紙に記入します。

消費税がかかる取引について

たとえば、受領金額が税抜きで48,000円だとします。この場合、消費税10％の税込みだと52,800円となり、この金額を受領金額として記載すると印紙の貼付が必要なようにも思われます。

しかし、消費税額等が明らかとなる場合には、その消費税額等は印紙税の記載金額に含めないことになっています。つまり、次のように記載することで印紙を貼る必要はなくなります。

「52,800円 但 うち消費税額等4,800円」

この場合、領収書の記載金額は48,000円として扱われることになります。税抜金額が５万円未満となるような場合には印紙代の節約にもなりますので、印紙を貼らなくてもすむように、消費税額を分けて記載するようにしましょう。

領収書サンプル（収入印紙の貼付が必要な場合）

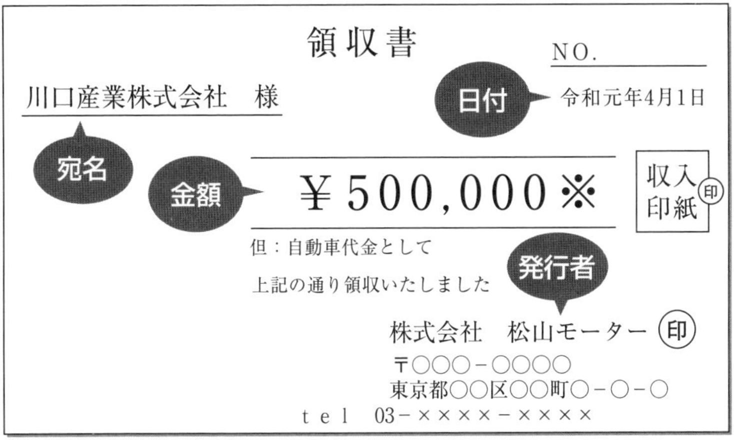

29 公正証書

金銭消費貸借や賃貸借契約でよく活用される

公正証書には強い証拠力がある

公正証書とは、公証人という特殊の資格者が、当事者の申立に基づいて作成する文書で、一般の文書よりも強い法的な効力が認められています。

公正証書には、強い証拠力があり、記載された日付には、その日に作られたという公証力（確定日付）が認められます。

公正証書を利用するメリット

公正証書が利用される最大の理由は、公正証書に与えられる執行力です。債権回収をはじめとする法的な紛争では、さまざまな手を尽くしても功を奏さないときには、最終的に訴訟となり、判決を受けて、これに基づいて債務者の財産に対して強制執行を行いますが、強制執行を行うためには、その根拠となる**債務名義**が必要です。

債務名義には、判決の他に、調停証書や和解調書、仮執行宣言付支払督促などがありますが、公正証書も一定の要件を備えれば、債務名義となります。ですから、裁判を経ずして公正証書に基づき強制執行を行うことが可能になります。

ただし、どんな契約書でも公正証書にすれば債務名義となり得るわけではありません。これには以下のような2つの条件が必要です。1つは、請求内容が、一定額の金銭の支払いであるか、有価証券や米や麦などの代替物の給付を目的とすることです。もう1つは、債務者が「債務を履行しない場合には強制執行を受けても文句は言わない」という記載がなされていることです。この記載を、執行受諾文言あるいは**執行認諾約款**といいます。

執行認諾約款は、一般には「債務を履行しないときには直ちに強制執行を受けても異議のないことを認諾します」というように書かれます。この記載があれば、公正証書に記載された一定額の金銭の支払いなどについて、裁判を経なくても強制執行を申し立てることができるわけです。

公正証書の作成手続

公正証書を作成するには、当事者本人であることを確認してもらうため、実印と3か月以内に発行された印鑑証明書など本人確認できるものを最寄りの公証人役場に持参します。公正証書を作成するには、公証役場へ行きます。

債権者と債務者がいっしょに公証役場へ出向き、公証人に公正証書を作成することをお願いします（これを嘱託といいます)。事前の相談や連絡は当事者の一方だけでもできますが、契約書を公正証書にする場合には、当事者双方が出向く必要があります。

ただし、本人ではなく代理人に行ってもらうことは可能です。会社など法人の場合、持参すべき書類は、代表資格を証明する商業登記事項証明書または資格証明書、届出代表者印、印鑑証明書（発行日から３か月以内のもの）などです。

当事者本人がこれらを持参して公証人役場に出頭し、公証人に公正証書の作成を依頼します。契約当事者の間では、公正証書にしてもらう文書の内容をあらかじめ決めておきます。

公正証書の内容について

公正証書の正本には、①全文、②正本であることの記載、③交付請求者の氏名、④作成年月日・場所が記載されます（公証人法48条）。公正証書の正本に記載されている全文は、さらに２つのパートから成り立っています。

１つ目のパートに具体的な内容（これを本旨といいます）が記載されています。具体的な内容とは、公証人が嘱託人や嘱託人の代理人から聞き取ってそれを録取した契約、事実関係に関する部分のことです。この本旨は、嘱託人が公正証書に記載してもらいたい事項として伝えた内容を、実際に公証人が聞き取って記載したものです。

もう１つのパートには、公正証書に記載された内容そのものについてではなく、公正証書を作成する際の形式についての記載です。この記載を**本旨外記載事項**といいます。嘱託人の住所、氏名、年齢、公正証書を作成した年月日、公正証書を作成した場所といった事項が本旨外記載事項にあたります。

公正証書の作成方法

申請前に公正証書の作成について当事者の合意が必要

↓

申請書類を再チェック

・公正証書にしたい文面
・法人の場合は代表者の資格証明書・商業登記事項証明書など
・個人の場合は印鑑証明書と印鑑など

↓

最寄りの公証役場へ行く

↓

公証人が文書を作成

Column

強制執行で契約書の内容を実行する

契約で定めた債務の履行をしない債務者に対して、粘り強く交渉をしたり、訴訟を起こして、首尾良く債務者と交渉が成立したり、勝訴して判決を得たとしても、それだけで債権の回収が実現できるかというと、そうではないのです。そこで定められている内容を具体的に実現するには、債権者は、最終的には強制執行という手段をとらなければならないことになっています。

強制執行は、任意に義務が履行されない場合に、国家権力によって強制を加えて、履行があったのと同じ状態を作り出す手続です。強制執行が開始されるためには、原則として債務名義や執行文等の書類が必要です。債務名義は簡単に言うと強制執行を許可する文書であり、執行文とは債務名義の執行力を証明する文書です。強制執行をするには、裁判所に申し立てなければなりません。強制執行手続に関与する裁判所を、特に執行裁判所と呼んでいます。

執行裁判所となるのは、原則として地方裁判所です。具体的にどこの地方裁判所に申立てをするかは、執行の対象となる財産によって異なります。対象となる財産には、不動産、動産、債権などがあります。債権者は同じ債権の回収を図るために、不動産執行・動産執行・債権執行のどの申立てをすることもできます。

■ 強制執行の流れ

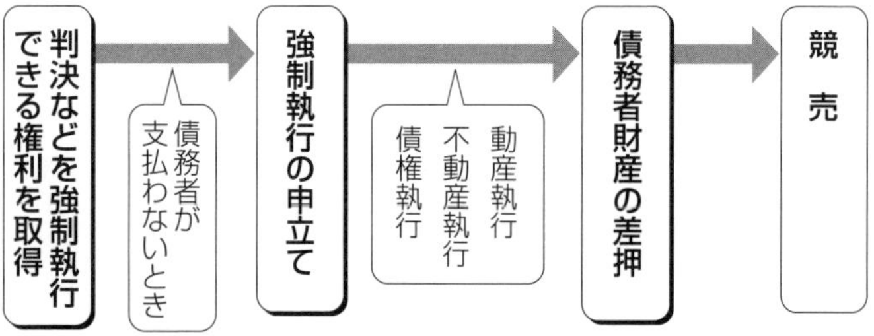

第５章

消費者契約法のしくみ

1 消費者契約法の概要

消費者の立場と権利を守る法律

どんな場合に必要なのか

一般的な契約について規定している代表的な法律として「民法」があります。民法では、契約自由の原則が採用されているため、原則として、誰との間でどんな内容や方式で契約しても自由です（521条・522条２項）。

しかし、事業者と消費者が結ぶ契約について見てみると、現代においては、豊富な知識や巧みな交渉術をもつ事業者と、それをもたない消費者との間に、商品知識や情報収集に対する能力に圧倒的な差ができています。そのため、民法だけでは消費者を十分に保護することができないというのが実情です。

このように、消費者と事業者との間に情報量や経験、交渉力などといった面で、圧倒的な格差が認められるため、消費者契約法による保護や救済が必要になりました。

現代社会において経済や社会のしくみは複雑化し、事業者はこれまでの経験や知識、情報や交渉術といった強力な武器を豊富に持つようになりました。事業者は、これらの武器を駆使して消費者に契約を求めてきます。何の知識もなく、準備もできていない消費者側には、契約の内容をすべて理解し、自分の権利を守るための対抗策を講じることが非常に難しい状況です。

そこで、消費者と事業者との間で結ぶ消費者契約に**消費者契約法**の適用を及ぼし、消費者を保護することで、事業者とある程度対等な立場にすることが求められるようになったのです。

消費者契約法では、消費者が行う契約が対象となります。特に、消費者契約法では、「消費者」「事業者」「消費者契約」が重要なキーワードとなります。

「消費者」とは

消費者契約法において、保護の対象となるのは「消費者」です。消費者とは、普通の個人（一般人）のことですが、事業としてまたは事業のために契約の当事者になる者は含まれません。つまり、公務員、会社員、学生、専業主婦（主夫）といった立場の個人は、その多くが消費者にあたりますが、公法人、株式会社、一般法人、公益法人などの法人は、消費者にあたりません。

また、飲食店やサービス業などを営んでいる個人事業主は、事業運営のためにさまざまな契約を行っていますが、同時に一人の生活者でもあります。個人事業主を消費者契約法上の消費者から一切除外してしまうと、その生活に支障をきたすおそれがあります。そこで、個人事業主は、契約の状況に応じて、消費者契約法上の消費者になったり、消費者から除外されたりします。

「事業者」とは

消費者契約法で「事業者」として扱われるのは法人です。具体的には、国・都道府県・市町村といった公法人の他、株式会社、一般法人、公益法人、宗教法人、NPO法人などの法律に基づき設立される法人が挙げられます。

また、法人としての資格（法人格）を持たないまでも、集団で何らかの継続した事業を行っている団体は「事業者」として扱われます。さらに、飲食店、販売店、家庭教師、弁護士事務所、司法書士事務所などを営む個人事業主も、契約の状況に応じて「事業者」として扱われます（消費者契約法2条2項）。

「消費者契約」とは

消費者と事業者との間で締結される契約は、すべて「消費者契約」となるのが原則です（消費者契約法2条3項）。ただ、当事者が消費者かどうか、事業者かどうかがあいまいな場合には、同様の内容の契約であっても、個々のケースによって、消費者契約法の適用対象となるかどうかの判断が違ってくることがあります。

たとえば、不当な勧誘によって結ばれた消費者契約は取り消すことができますし、契約条項で消費者を不当に不利に扱っていたとしても、そのような条項は無効とされます。

消費者契約法が必要とされる理由

消費者契約法がすべての消費者と事業者の間の契約に適用されるわけではありません。たとえば、労働契約には消費者契約法が適用されません（消費者契約法48条）。労働契約には労働者保護を目的とする労働基準法などが適用されるからです。

消費者契約法が必要とされる理由

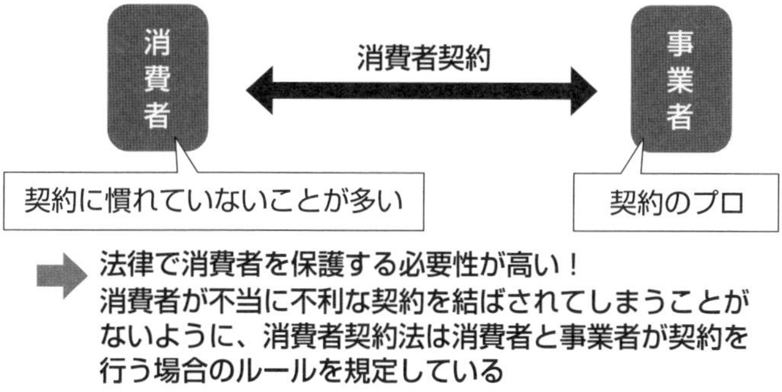

2 事業者の情報提供・説明義務

消費者契約法上は努力義務規定しかない

適切な勧誘行為かどうか

事業者が契約の目的となる商品・役務・権利等について情報提供や説明を行う際、中途半端な情報提供や説明しか行わない、難解な専門用語を多用する、あるかどうかもわからない利点ばかりを教えて不利益な点は教えない、といった行為をすると、消費者は、内容を正しく理解しないまま契約を締結することになりかねません。この場合、後で消費者側に何らかの損害が発生した時に、「消費者の情報収集力や経験のなさという弱みにつけこんで、事業者が一方的に利益を得ようとした」と指摘され、消費者から契約の取消を迫られることがあります。そのような状況に陥らないため、事業者としては、持っている情報や知識を適切に消費者に提供する必要があります。

具体的には、事業者は、消費者契約の条項を定める際には、その内容が消費者にとって明確で平易なものになるように配慮する必要があります。また、消費者契約の締結の勧誘をする場合には、契約内容に関する必要な情報を提供するように努めなければなりません。一方で、消費者側も、契約を結ぶ場合には、事業者から提供された情報を活用し、契約内容を理解するよう求められます（消費者契約法３条）。

ただ、一般的に求められているのは努力や配慮であって、これらを怠った事業者に対して、直ちに損害賠償責任が発生したり、罰則が科されたりするわけではありません。また、事業者が情報を提供しなかったからといって、消費者が当然に契約を取り消すことができるとは限りません。

契約の締結にあたって求められる事業者と消費者の努力

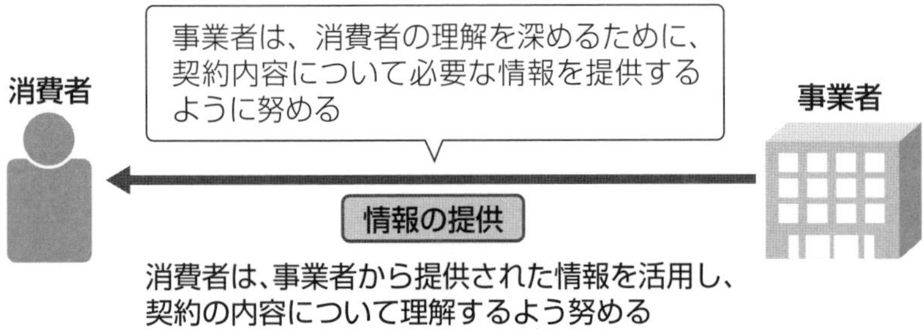

3 消費者取消権①

消費者契約そのものがなかったことになる

消費者取消権とは何か

消費者取消権とは、消費者と事業者の間で締結された契約を、消費者側から取り消すことができる権利です。

一方、特定商取引法では、訪問販売や電話勧誘販売など一定の販売方法により商品・役務・特定権利（187ページ図）が販売された場合に、クーリング・オフ（申込の撤回または契約の解除）を認めています。ただし、クーリング・オフができる期間は、書面交付から原則８日以内と短く設定されています。このように、他の法律では救済が難しい消費者であっても行使できるのが消費者取消権です（消費者契約法４条）。

消費者取消権が認められるケース

内　容	具体例
重要事項について事実と異なることを告げ、消費者を誤認させること	普通の仏像を「これは特別な仏像」とウソをつき、高価な価格で売りつける場合
物品、権利、役務その他の契約の目的となるものに関し、将来におけるその価額、将来において当該消費者が受けとるべき金額その他の将来における変動が不確実な事項につき断定的判断を提供して、消費者を誤認させること	「この株は必ず値上がりします」と不確定な将来の株価変動に対し断言する場合
消費者にある重要事項または当該重要事項に関連する事項について消費者の利益となることを告げ、かつ、重要事項について故意・重過失により消費者の不利益となる事実を告げなかったこと	先物取引で「大幅に利益が出ます」とだけ顧客に伝え、「商品の値下がりで大きく損をすることもある」ことをわざと言わなかった場合
事業者に対し、消費者が、その住居またはその業務を行っている場所から退去すべき意思を示したにもかかわらず、それらの場所から退去しないこと	セールスマンが「商品を買うまで帰らない」と家に居座る場合
業者が契約の締結について勧誘をしている場所から消費者が退去する意思を示したにもかかわらず、その場所から消費者を退去させないこと	店に鍵をかけ、「帰りたい」と言っている顧客が商品を購入するまで店から出さない場合
契約の目的となるものの分量等が消費者にとっての通常の分量等を著しく超えるものであることを知っていたにもかかわらず、事業者が契約を勧誘したこと	一人暮らしの高齢者に敷布団や掛け布団を何十枚も売りつける場合

※「重要事項」とは、消費者が消費者契約を締結するかどうかについての判断に通常影響を及ぼしている内容のこと。たとえば、消費者契約の目的となるものの質、用途、対価などがある。

4 消費者取消権②

代金の返還を要求できる

取消権を行使するとどうなる

消費者取消権が行使されると、取り消された消費者契約は初めから無効であったとみなされます。その結果、消費者契約の申込またはその承諾の意思表示も、初めからなかったものとして扱われます。このとき、当事者双方は、消費者契約の申込や承諾の意思表示によって生じた効果について、元に戻す義務が生じます（原状回復義務）。具体的には、以下の行為が必要です。

① 消費者がすでに支払った商品代金等の金銭があれば、事業者はその商品代金等の金銭を消費者に返還する。

② 消費者がすでに受け取った商品等の物があれば、消費者はその商品等の物を事業者に返還する。

返還する際に問題となるのが、商品等を消費者が使用・飲食していた場合です。たとえば、サプリメントの売買契約を取り消した場合、消費者は、食べた分を金銭に換算して全部の返還義務を負うのが民法の原則です。しかし、これでは消費者の責任が重くなるため、消費者取消権による原状回復義務の範囲は、消費者が取消原因を知らなければ（善意）、「消費者契約によって現に利益を受けている限度」（現存利益）としました（消費者契約法６条の２）。以前は、改正前民法703条の「利益の存する限度において、これを返還する義務を負う」（現存利益）が適用されると解釈されていました。

しかし、平成29年の民法改正で、契約取消の際の原状回復義務の範囲が原則全部返還に変わったことに伴い、消費者保護のために消費者契約法６条の２が定められた点に注意が必要です。したがって善意の消費者は、手元のサプリメントだけを返還すれば足ります。

消費者取消権の効果

消費者取消権の行使

→ 消費者に対する代金の返還

→ ・事業者に対する商品等の返還
・一部消費した場合、給付を受けた時に取消ができるのを知らなかったときは、現在残っている分だけを返せばよい

5 不利益事実の不告知

不利益事実の不告知が契約締結を決定づけたかどうかが問題になる

重要事項の判断

事業者と消費者が契約を結ぶ場合、事業者の側は、消費者にとって都合のよいことは大々的に伝えてきますが、反対に消費者にとって不利益になる事実を伝えてこないことがあります。これが**不利益事実の不告知**と呼ばれるものです。

不利益事実の不告知による消費者取消権は、告知しなかった事実がどんな小さな不利益であっても認められるかというと、そうではありません。消費者取消権が行使できるのは、重要事項または重要事項に関連する事項について消費者の利益になることのみを説明し、反対に不利益となる重要事項を故意（わざと）もしくは重過失（落ち度が大きい）により説明しなかったため、消費者が不利益な事実が存在しないものと誤信して契約をした場合です。

そこで、事業者が消費者に告知しなかった不利益な事実があったとしても、それが重要事項に該当しない場合や、事業者が告知しなくても消費者が通常であれば不利益な事実の存在を認知できたであろうといえる場合には、消費者取消権は生じないことになります。

消費者取消権が問題となる場面で「重要事項」とされるのは、契約内容（原材料、大きさ、重量、用途など）または契約条件（価格、支払方法、提供手順など）に関する事項の中で、契約するかどうかという消費者の意思決定を左右するような契約の目的となる事項です。

取消権が認められない場合

不利益事実の不告知の状況にあっても、消費者取消権が認められない場合があります。それは、事業者が重要事項にあたる不利益な事実を告げようとしたにもかかわらず、消費者がその告知を拒否した場合です（消費者契約法４条２項ただし書）。

たとえば、不動産業者が「契約の際に重要事項を説明したいので、時間をとってほしい」と申し入れたが、消費者が「多忙なので省略してくれてよい」「聞いてもわからないので説明はいらない」などと言って断った、というような場合がこれにあたります。

ただ、事業者の方から、「専門的な用語が多いので、説明を断る人も多いですよ」などと消費者が説明を断るように誘導して契約させた場合には、消費者が自ら告知を拒否したとはいえないので、不利益事実の不告知の状況にある限り、契約を取り消すことが可能です。

6 事業者の不退去・退去妨害

消費者の困惑を招く強引な勧誘による契約は取り消すことができる

不退去・退去妨害とは

消費者の住居や職場に、契約締結の勧誘のために訪れた事業者が、消費者の意に反して帰らない（退去しない）ことを**不退去**といいます。脅迫的な言動で商品を売りつける（押し売り）他、言葉づかいや態度は丁寧でも、事業者が居座る場合は、不退去にあたります。

一方、事業者が契約締結の勧誘を行っている場所から、消費者が帰りたいとの意思表示をしているにもかかわらず、さまざまな理由をつける、扉をふさぐ、大勢で取り囲むなどして帰さないことを**退去妨害**といいます。いわゆるキャッチ商法で雑居ビルなどに誘い込み、長時間勧誘を続けることなどがあてはまります。事業者が勧誘を行う場所は、営業所などの室内だけとは限りません。路上や車の中など、どのような場所でも該当します。

なお、消費者の拘束時間は不退去の成否に関係ありません。勧誘の場において不退去や退去妨害などの行為があった場合は、時間の長短に関係なく消費者取消権は発生するということになります。

不退去や退去妨害などのような強引な勧誘を受けると、消費者はその場を離れたい一心で、契約の内容をよく理解しないまま契約を締結する（申込または承諾の意思表示をする）ことがあります。このような消費者心理につけこんだ商法が次々と考え出され、解約をめぐるトラブルが多発しました。そのため、不退去や退去妨害により消費者が困惑した結果として、消費者契約が結ばれた場合には、その契約を取り消すことを認めたのです。

困惑とは

消費者取消権の行使が認められるためには、事業者の不退去や退去妨害によって消費者が「困惑」した事実が必要です。**困惑**とは、消費者が消費者契約について正常な判断を下せないような精神状態に陥っていることを指します。たとえば、自宅の玄関先で「一つだけでも買ってもらわなければ会社に帰れない」と言って居座られたとき、「必要のない商品だが、とにかく出かける時間も迫っているし、仕方ないから一つだけでも買おう」というように、本来は必要のない商品であるにもかかわらず、事業者の不退去という行為によって困惑させられ、「購入する」という判断をしたという因果関係が認められれば、消費者取消権が発生します。

7 取消と第三者の関係

善意の第三者には対抗できない可能性が高い

消費者契約法による取消とは

消費者契約を取り消したとき、契約の目的物に関係しているのが契約の当事者だけであれば、目的物を元の状態に戻すことは比較的簡単にでき、仮に元の状態に戻せなくても、その争いによって他人に直接被害を与えることはあまりありません。商品購入やサービス提供に関する契約は、取り消されることによって初めから無効であった(なかった)とみなされます(民法121条)。この場合、契約によって発生した状態を元に戻す必要があります(原状回復義務)。

しかし、取消の意思表示がなされる前に、その目的物が無関係の第三者の手元に渡っていた場合、目的物を元の状態に戻そうとすると、その第三者に何らかの被害が生じることになります。たとえば、①Aが所有する絵画を、画商Bに売却するという売買契約を締結し、絵画は画商Bに、対価はAに渡った、②後日、Bが詐欺・強迫・不実告知などの行為を行っていたことが判明し、Aが契約取消を行った、③Aは絵画の返却を求めたが、画商BはAから取消の意思表示を受ける前に、顧客のCに当該絵画を転売していた、というケースが挙げられます。

消費者取消権の行使についても同様です。事情を知らず、かつ知らないことにつき過失がなく取引に関わってきた第三者は、消費者契約が取り消されると被害を受けることがあるので、消費者はこのような第三者に対抗できないとしています。

取消と第三者

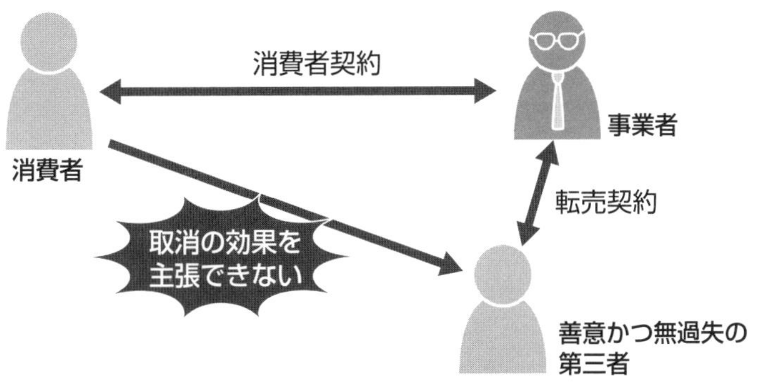

8 代理・媒介行為と取消権

媒介者、代理人の行為は当事者の行為として扱われる

媒介者がいる場合

契約によっては、当事者以外の第三者が契約に関わる行為を担う場合もあります。契約に当事者以外の人が介在する場合には、当事者である消費者本人の保護がなされなければ、消費者保護が骨抜きにされてしまうおそれがあるため注意が必要です。

その1つの形式として、消費者に商品やサービスなどを販売する際、事業者（委託者）が別の事業者（受託者）に**媒介**（両方の間に入って仲立ちすること）を委託することが挙げられます。

受託者は、広告や勧誘などの営業活動、商品やサービスなどの説明、消費者との契約締結事務などを行います。後述の代理との違いは、代理は契約の締結を代理人が行うのに対して、あくまで相手方と契約を締結するのが、受託者ではなく委託者である点です。

たとえば、分譲マンションの売主が、モデルルーム運営や契約時の重要事項説明といった販売に関する事務全般を、宅地建物取引を専門とする不動産会社に委託する場合、損害保険会社が保険商品の販売に関する事務を代理店に委託する場合、携帯電話会社が電話機販売や通信契約に関する事務を家電量販店等に委託する場合があてはまります。

代理人との契約

本人以外の代理人が契約の当事者になるケースもあります。このような契約形態を代理といいます。代理とは、本人に代わって第三者（代理人）が契約の締結を行うことです。代理人が本人のためにすることを示してした意思表示は、本人に直接その効力を生じます（民法99条1項）。

たとえば代理人が本人に代わって不動産を購入する契約を締結した場合、その不動産の所有権は本人が持つことになるわけです。

消費者契約法の規定

実際の取引でも、消費者の契約の締結やその勧誘を行うのが事業者本人ではなく、その受託者（仲介者）や代理人であることが多いため、このような場合にも、消費者は消費者取消権を行使できます（消費者契約法5条）。

つまり、事業者から媒介の委託を受けた者が、契約の勧誘をする際に、重要事項についてウソの内容を伝えたり、重要事項を故意に伝えなかったりした結果、消費者の代理人が誤認して本人のために契約を締結した場合にも、消費者は消費者取消権を行使できます。

9 取消権の行使期間

消費者契約法は民法より行使期間が短い

消費者契約法の取消権の行使期間

何らかの原因で契約の取消権が生じた場合、取消権者が「その契約を取り消す」という意思表示をすることで、契約の取消権を行使することができます。権利を行使できる期間（行使期間）については消滅時効という制度があり、取消権に関する原則のルールを定めている民法では、①追認ができる時から５年間行使しないとき、②行為（契約）をした時から20年を経過したとき、のうちどちらか一方にあてはまると取消権が消滅すると定めています（民法126条）。

また、一定の不当な勧誘行為が行われた場合に消費者が行使できる消費者取消権についても行使期間に制限があります。具体的には、消費者取消権は追認ができる時から１年間行わないときに消滅します。追認ができる時とは、消費者取消権を行使できる事由（不実の告知など）があることを知った時という意味です。また、取消ができる消費者契約締結の時から５年を経過したときも消滅します。

事業者としては、消費者取消権にかかわらず、消費者との契約内容に関する書類などの記録を保存しておくことが大切ですが、消費者取消権への備えという観点からも、適切な記録の管理が求められます。

なお、民法の規定に比べると、消費者取消権の行使期間はかなり短く設定されています。しかし、消費者取消権が行使期間を経過して時効消滅しても、民法が規定する詐欺・強迫・錯誤による取消であれば、民法が規定する行使期間を経過していない限り、依然として行使することが可能です。

消費者取消権の行使期間

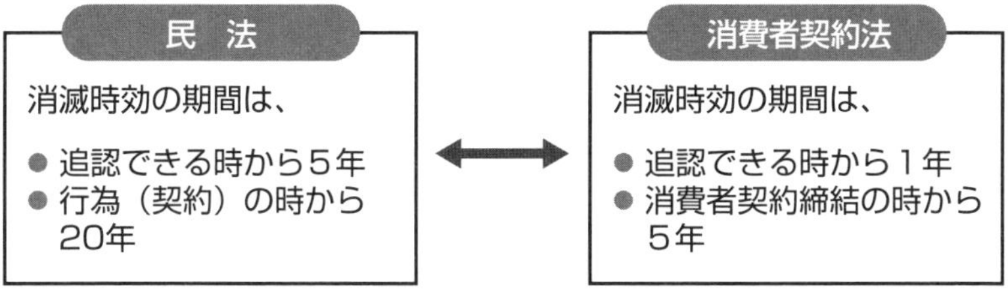

10 債務不履行の全責任免除特約

消費者契約法では事業者の債務不履行責任の全部の免除を認めない

●債務不履行責任を免除する契約

契約において、①履行時期にきている債務が履行されない（履行遅滞）、②何らかの問題により、債務の履行が不可能になった場合（履行不能）、③履行は一応されたが、一部が不完全である場合（不完全履行）という事態が生じることもあります。このような場合、消費者は事業者に対して債務不履行（契約で定めた約束事を守らないこと）を理由に損害賠償請求ができます。

しかし、事業者としては、後から問題が発覚した際、責任を負うことを避けるため、契約書の中に「事業者の損害賠償責任を免除する条項」を置くことがあります。たとえば「事業者が債務不履行に基づく損害賠償責任の全部を負わない」「事業者に故意・重過失があっても、債務不履行に基づく損害賠償責任の一部を負わない」「引き渡した目的物に不適合が見つかっても、事業者は責任を負わない」などの条項が挙げられます。

消費者契約の場合、事業者と消費者との間には情報の質や量、交渉能力といった面で大きな格差があります。契約の条文を読むことになれていない消費者は、契約の時点では「契約書の内容に同意する」という意思表示をしていたとしても、実際には特約の存在に気づいていないことがよくあります。

●特約の無効

このような債務不履行責任の全部を免除する規定が事業者側にのみ有利なものであることは一見しただけでもわかりますが、契約に不慣れだったり、契約するかしないかという選択肢しかない消費者には、その条文を受け入れるしか方法がないということもあります。

それにもかかわらず、「契約自由の原則」を採用している民法などの法律では、いったん契約を締結している以上、当事者同士がその内容に納得しているものとして扱われてしまい、消費者に対する保護が十分とはいえない状況でした。そこで、消費者契約法は消費者を保護するために特約が無効になる場合を定めています。

具体的には、消費者と事業者との消費者契約が締結される際、上記のような条項を置いたとしても、そのような条項は無効になります。その結果、事業者は、特約の条項にかかわらず、民法やその他の法律に基づいて債務不履行責任を負うことになります。

11 債務不履行一部免責特約

故意または重大な過失があったかどうかが問題となる

責任の一部を免責する特約

消費者契約において、事業者の債務不履行により消費者に生じた損害を賠償する責任の全部を免除する条項を置いたとしてもそのような条項は無効です。

それでは、「目的物が事業者の責任ですべて使用不能になった場合のみ責任を負う」など、全部ではなく事業者の責任の一部だけを免除する条項（一部免責条項）を消費者と事業者の間で定めた場合、そのような条項は有効なのでしょうか。

消費者契約法による修正

債務不履行の一部免責条項については、債務不履行の全責任を免除する場合（全部免責条項）とは異なり、その存在自体は否定されていません。ただ、事業者およびその代表者またはその使用する者に故意（どのような結果を招くのかを理解していること）または重過失（不注意の程度が著しいこと）がある場合にまで、事業者の債務不履行責任の一部免除を認めている場合には、その条項を無効とします。

一部免責条項が無効になるという点は、全部免責条項と同じですが、全部免責条項が無条件で無効になるのに対し、一部免責条項は債務不履行の原因が当該事業者の代表者またはその使用する者の故意または重過失によるものだけに限定されている、という点に違いがあります。

また、全部免責条項と違い、一部免責条項は、事業者が責任の一端を負うことを認めるものなので、一部免責条項が有効であっても、消費者は免除された部分以外の賠償を受けることはできます。

債務不履行責任の一部免除規定の例

第○条　事業者が民法第415条の規定に基づいて損害賠償の責任を負担する場合、20万円を負担額の上限とする。ただし、当該事業者に故意又は重過失がある場合には生じた損害の全部について賠償する責任を負う。

↑

事業者に故意・重過失がある場合には一部免除は認められない

12 不法行為による損害賠償の全部の免責

免責条項の有無にかかわらず民法の規定の範囲内で責任を追及できる

不法行為責任を免責する特約

消費者契約において、契約の締結や履行そのものには問題がなくても、履行中に事業者側の不法行為によって消費者が損害を受けるということもあります。たとえば、ゴルフ場で３か月間レッスンプロの実技指導を受けるという講座を受講中、レッスンプロが振ったクラブにあたり、腕を骨折したという場合があります。また、エステの60回施術コースを契約したが、施術が体に合わず、中途解約しようとしたところ、罵詈雑言を浴びせられる、四六時中電話で脅されるなどして精神的な苦痛を受けた、という場合が考えられます。

このような場合、事業者の行為を不法行為として損害賠償を請求できると思われますが、中には契約書に「いかなる事由においても当社は一切損害賠償責任を負いません」という特約があることを理由に、賠償責任を回避しようとする事業者もいます。このような問題に対し、消費者契約法はどのように対応しているのでしょうか。

不法行為免責の制限

消費者契約法は、債務の履行の際に、事業者の不法行為により消費者に生じた損害について、その賠償責任の全部を免除する条項を置いたとしても、無効になると規定しています。

つまり、たとえ契約書の中に「いかなる事由においても当社は一切損害賠償責任を負いません」「従業員の行為による損害については、当社は一切責任を負いません」などの特約があったとしても、事業者が不法行為をしたのであれば、損害賠償責任を免れることはできないことになります。不法行為責任は、不法行為を行った者自身に対して責任追及する場合の他に、その者の使用者に対して責任追及する使用者責任があります（民法715条）。不法行為責任の全部を免除するような条項を置いたとしても、そのような条項は消費者契約法により無効となるので、使用者責任の全部を免除する条項についても同様に無効となります。

ただ、契約の条項が無効とされることと、実際に損害賠償を受けることができるかどうかは別の問題です。たとえば損害を生じさせた行為が実際には事業者には責任がなく、不法行為の要件を満たさない行為であった場合には、そもそも事業者に責任があるとはいえないので、消費者は損害賠償を受けられない可能性が高いといえます。

13 不法行為による損害賠償の一部免責

故意または重大な過失があったかどうかが問題となる

責任の一部を免責する特約

消費者と事業者の間では、不法行為による損害賠償責任の全部ではなく、一部を免除する約束をすることがあります。

たとえば、エステのサービスを受ける契約を解約しようとしたところ、連日脅迫（強迫）され、精神的な苦痛により2か月間働けなくなり、総額40万円近い損失を被ったとします。しかし、当初の契約で「事業者の責任により生じた損害を賠償する場合、10万円を上限とする」という特約を定めていた場合、10万円しか賠償金を支払ってもらえないのでしょうか。

無効とされるケース

不法行為による損害賠償責任の一部を免除するような条項については、当該事業者に故意または重過失がある場合にまで、不法行為責任の一部免除を認める条項であれば、その条項は無効になります。

つまり、責任の全部を免除する条項の場合と違い、事業者やその従業員に故意または重過失がない場合に不法行為によって生じた損害の一部を免除するという規定は有効です。したがって、「事業者の故意・重過失による不法行為を除き、損害賠償責任の限度は30万円とする」などのように、故意・重過失の場合に責任を負うことを明確にしていれば、一部免除を規定していても有効となります。

逆に、責任の一部免除の条項が無効となった場合には、不法行為責任や、使用者責任に基づいて生じた全範囲の損害賠償責任が生じることになります。

不法行為責任の一部免除規定の例

第○条　事業者が民法第３編第５章の規定により不法行為に基づく損害賠償の責任を負担する場合、30万円を負担額の上限とする。ただし、当該事業者に故意又は重過失がある場合には生じた損害の全部について賠償する責任を負う。

↑

事業者に故意・重過失がある場合には一部免除は認められない

14 契約不適合責任の免責特約①

全部の責任を免除する条項は無効となる

問題となるケース

消費者契約において、事業者が損害賠償責任を負う状況として、これまで見てきた債務不履行、不法行為の他に、契約の目的物に欠陥（本来備えているはずの機能が発揮できないなど、目的物が不完全な状態にあること）のある場合があります。

たとえば中古自動車の売買などで「年式は古いが走行に支障はない」と説明を受けて購入したところ、1週間でエンジンがかからなくなったというようなことが考えられます。

通常、このような一見しただけでは確認できない欠陥については、売主に責任があるとされていますから、契約解除や損害賠償などの形で対応してもらうことができますが、中には「引き渡し後に発見された瑕疵については一切責任を負いません」などという契約上の特約があることを理由に損害賠償責任を回避しようとする事業者もいます。

かつての瑕疵担保責任の免責特約

消費者契約法は、消費者契約において瑕疵担保責任を回避する条項を定める場合について、消費者契約が有償契約であるときに、隠れた瑕疵（欠陥）により消費者に生じた事業者の損害賠償責任の全部を免除する条項を無効としていました。

有償契約とは、「物と金銭」「役務と金銭」というように当事者双方が互いに対価的な給付をする契約をいいます。消費者契約のほとんどはこの有償契約に該当します。

一方、事業者の瑕疵担保責任の一部を免除する条項は、その効力が問題なく認められていました。つまり、免責された部分については、消費者は事業者に対して瑕疵担保責任に基づく損害賠償責任を追及できないとされていました。

契約不適合責任の免責特約

平成29年の民法改正では、上記の瑕疵担保責任を廃止すると共に、代わりに「契約不適合責任」を導入しました。

契約不適合責任は債務不履行責任のひとつであると位置づけられています。そのため、免責特約の有効性についても、原則として「債務不履行責任の免責特約」（170ページ）と同様に考えます。つまり、全部免除条項および故意または重過失がある場合の一部免除条項を無効とするのを原則とします。

15 契約不適合責任の免責特約②

事業者の損害賠償責任を免除する条項が無効にならないこともある

消費者に不利益が生じない場合

事業者の契約不適合責任の全責任を免除する条項は無効です。しかし、契約不適合責任の全部または一部を免除するとしているものの、損害賠償以外の方法で一定の責任を負うという規定が置かれる場合があります。

目的物の種類・品質に契約不適合がある場合の損害賠償責任の全部または一部を免除する条項を定めても、そのような契約不適合責任の免責条項が無効とならないケースを認めています（消費者契約法８条２項）。

つまり、消費者契約が有償契約であって、①事業者が、消費者に対して、履行追完責任（欠陥のない目的物と交換する、欠陥を修理・補修するなど）あるいは代金（報酬）減額責任を負うとする場合、または②他の事業者（受託者など）が、消費者に対して、損害賠償責任もしくは履行追完責任を負うとする場合には、免責条項は無効となりません。なぜならば、たとえ事業者が契約不適合責任の全部を免除されたとしても、別の方法で消費者の権利や利益を守ることができるためです。

契約不適合責任の免除条項が有効とされる場合

> 第○条　購入した商品の種類又は品質に契約不適合がある場合、当社は返金などの賠償責任は一切負わない。ただし、目的物が１か月以内に事業者の責めに帰するべき事由で故障した場合、同種・同等の新品と交換する。

> 第○条　購入した商品の種類又は品質に契約不適合がある場合、当社は返金などの賠償責任は一切負わない。ただし、当該契約不適合に対する損害賠償等の責任は、○○社が負うものとする。

このような定めがあれば、契約不適合責任の免除条項は有効となる

16 損害賠償額の予定や違約金

妥当性のある範囲を超える分については無効になる

賠償額に限度を設ける特約

消費者契約において、場合によっては消費者ではなく、事業者側が損害を被ることもあり得ます。

たとえば、①あるホテルで「同窓会を開催したい」との依頼を受け、部屋を手配し、料理や給仕人などの準備をしていたにもかかわらず、寸前になってキャンセルの連絡が入ったという場合や、②自動車売買の契約をし、売主が納車したにもかかわらず、買主が約束の期日になっても代金の入金をしてくれず、契約を解除して自動車の返還を受けた、③家の賃貸借契約をしたが借主が家賃を滞納している、というような場合が考えられます。

このような場合、①の事例ではホテル側はキャンセルにより会場利用料の収入を得られないだけでなく、予約期間中、別の予約の申し出があっても受けられなかったり、すでに購入していた食材がムダになるなどの形で損害を受けていますし、②の事例では販売業者は自動車代金を受領できなかっただけでなく、本来新車で売却できるはずの自動車を再度整備したり、新古車として割安で販売しなければならないといった損害を受けることになります。

このように、将来の債務不履行で損害が生じた場合に備え、契約の時点で「キャンセル料」「違約金」などの名目で、損害賠償金を確保することがあります。このような措置を**損害賠償額の予定**といいます。

違約金の金額は制限されている

予定賠償額は当事者間の約束で定めることができます。そして、定められた予定賠償額が一方にとって不利な金額であっても、当事者同士が合意して定めたものであるため、基本的には裁判所が予定賠償額を増減させることはできません。

しかし、このような原則を貫いてしまうと、法律や契約に詳しくない消費者が過大な損害賠償額を負担しなければならない事態が生じかねません。

もっとも、かつては、裁判所は予定賠償額の増減ができないとする規定がありましたが、平成29年の民法改正により、この規定は削除されたことに注意が必要です。

そこで、消費者契約法９条１項では、消費者の一定の利益を保護することを目的として、消費者契約の解除に伴う損害賠償額や違約金を定めたとしても、それらの合計額が事業者に生ずべき平均的な損害の額を超える場合には、その超える部分を無効としています。

たとえば、ホテルのキャンセル（解除）において、「１か月前のキャンセルは利用料の５％、２週間前は20％、前日は50％」などのように、キャンセルの時期によってキャンセル料を設定している場合、設定されているキャンセル料が他の同業者の規定している平均的な内容であれば、その条項はそのまま有効とされます。

しかし、「キャンセルの場合、その時期を問わず利用料の80％のキャンセル料を申し受けます」などのように、平均的な内容を超える場合には、その超える部分が無効です。

遅延賠償の上限額が定められている

遅延賠償とは、債務の履行の遅滞により生じる損害に対する賠償のことをいいます。売主が物を引き渡すことが遅れたことで買主が転売できなかった場合には、買主が転売によって得られるはずだった利益が遅延賠償の対象になります。損害賠償の範囲は、通常生ずべき損害、あるいは、予見し、または予見できた損害に限られます（民法416条）。また、金銭債務の不履行による損害額については、法定利率によらなければなりません（同法419条、404条）が、遅延賠償に関しては、法定利率より高い利率を定める可能です。

もっとも、消費者契約法により、消費者の金銭支払債務の履行が遅れた場合の損害賠償額をあらかじめ定める場合、年14.6％の利率を超える損害賠償額を設定することは認められません（９条２項）。たとえば前ページの③の事例において、「家賃を滞納した場合は、その支払期日から１日1000円の遅延賠償金を支払う」などのように規定している場合、１日1000円の遅延賠償金のうち、家賃の額から見て年14.6％を超える遅延賠償金については無効となります。

賠償額の予定

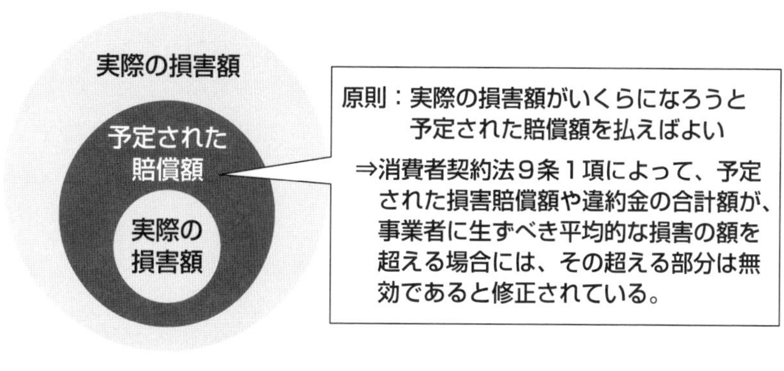

17 消費者の利益を一方的に害する規定

消費者が当然に受けられると認識している利益は原則として守られる

消費者に不利な契約の効力

前項まで見てきた消費者契約法８条、９条では、事業者が本来負うべき損害賠償責任を不当に回避したり、必要以上の賠償責任を消費者に負わせようとする条項を無効にするという形で消費者の利益を保護しようとしていました。

しかし、不適切な契約条項によって消費者に不利益が生じる可能性があるのは、損害賠償に関連することだけではありません。

たとえば、単品の商品を購入する契約であるのに、「消費者側が契約締結後に特別な手続をしなければ、自動的に定期購入契約に切り替わる」という内容の条項は、消費者の利益を一方的に害するものといえます。つまり、消費者側の不作為（特別な行為を行わないこと）を、新たな契約（定期購入）の申込または承諾とみなし、単品購入が目的である消費者に大きな負担を負わせています。

消費者契約法10条では、このような場合に備えて、消費者の利益を一方的に害する内容の契約条項を無効とすると規定しています。消費者の利益を一方的に侵害する契約条項にあたるか否かについて、消費者契約法は、以下の２つの要件を設けています。具体的には、①他の法律などの「公の秩序に関しない規定」が適用された場合に比べて、消費者の権利が制限され、あるいは、消費者の義務が加重されている契約条項が無効になります。また、②「民法１条２項に規定する基本原則」に違反して、消費者の利益を一方的に侵害する契約条項についても、同様に無効になると規定しています。

①における「公の秩序に関しない規定」とは、任意規定を指します。民法、商法をはじめとする法律には、当事者の意思に関係なく遵守しなければならない強行規定もありますが、それ以外の規定については当事者自身が異なる内容の意思表示をした場合、そちらを優先してもいいことになっています（民法91条）。この強行規定以外の規定は任意規定と呼ばれています。

また、②における「民法１条２項の規定する基本原則」とは信義誠実の原則（信義則）を指します。信義則とは権利の行使や義務の履行の際に、当事者が互いに相手方の信頼を裏切らない覚悟をし、誠意を持って行うことを求めるものです。私たちは社会生活を営むために、さまざまな契約をします。このとき、相手方がいつウソをついたり裏切ったりするかもしれないと疑わなければならないとしたら、契約はもちろん、社会生活そのものが維持できなくなります。信義則は、社会生活の秩序を守るために、社会を構成する一人一人が守らなければならない暗黙のルールになっているのです。

したがって、前述した消費者の不作為を新たな契約の申込とみなす条項は、消費者契約法10条によって、消費者の利益を一方的に侵害する規定にあたるため、無効になります。

その他、たとえば、消費者の契約解除権を剥奪したり、契約解除の条件を設定する条項は、無効とされる可能性が高くなります。具体的には、「消費者からの契約解除は、いかなる理由があっても認めない」「消費者が事業者の責めに帰する事由（帰責事由）を主張して契約解除を申し出る場合には、その事由を自ら証明することを要する」などといった条項がこれにあたります。

これらの条項は、消費者が本来持っている履行遅滞（契約の履行が遅れたこと）または履行不能（契約の全部または一部が履行できなくなったこと）に基づく契約解除権（民法541条、民法542条１項１号・２号）を侵害したり、本来事業者が負担すべき帰責事由の証明責任を消費者に転嫁するため、消費者保護の観点から無効とされるのです。

◎判例で問題になったケース

アパートやマンションの賃貸借契約では、あらかじめ契約書に「更新の際に更新料を支払う」といった規定が置かれていることがあります。この更新料条項が消費者の利益を一方的に害するものとして、消費者契約法10条に違反するのではないかが近年訴訟で争われてきました。地方裁判所では無効とする判断が下されたこともあったのですが、最高裁判所は「更新料の金額が高額過ぎるなどの事情がない限り消費者契約法10条違反にはならない」という判断をしています。

無効とされる規定の例

第○条　本契約の履行について民法で定める債務不履行責任が問題となった場合、甲が一切の立証の負担を負うものとする。

帰責事由がないことは債務者の立場にある者が証明しなければならないのに、一方的に甲（消費者のこと）の立証を加重しているので無効

18 消費者団体訴訟

被害の拡大を抑止する効果が期待されている

●どんな制度なのか

消費者団体訴訟制度とは、内閣総理大臣が認定した消費者団体が、消費者のために事業者に対し訴訟などができる制度で、差止請求と被害回復の２つがあります。

消費者契約による被害は、事業者が不特定多数の消費者を対象として事業を展開しているため、同様の被害が多数発生するという性質を持っており、被害が生じた後で事後的に個々の消費者を救済するだけでは十分な対応をとることが難しいといえます。そこで差止請求が典型的ですが、消費者の被害の発生・拡大を防止するため、事業者の不当行為そのものを抑止する手段として、消費者団体訴訟制度が導入されました。

●差止請求とは

差止請求とは、事業者の不当な勧誘や契約条項に対し、適格消費者団体が不特定多数の消費者の利益を擁護するため、それらの停止を求める制度です。

差止請求の対象となる行為とは、事業者が真実でないことを述べて勧誘した場合や、消費者にとって不利益になる事実を伝えていなかったような場合です。また、契約書に事業者の損害賠償責任を全額免除する条項や消費者を一方的に不利にする条項など、消費者契約法に反する規定が置かれていた場合も差止請求の対象になります。

このような事態が明らかとなった場合に、適格消費者団体は、事業者に対し、当該不当勧誘行為をやめるように求める、当該不当条項を規定した契約を締結しないように求める（停止・予防）、事業者が作成した従業員向けの勧誘マニュアルなどの廃棄を求める（停止・予防に必要な措置）といった内容の請求をすることができます。

ただ、その適格消費者団体や第三者の不正な利益を図ることや、当該事業者等に損害を加えることを目的とする場合など、請求者側に不正な目的がある場合には差止請求はできません。また、差止請求権は他の消費者団体と連携協力を図った上で適切に行使しなければならず、団体の従業員は差止を行う際に知ることができた消費者の秘密（個人情報など）を漏えいしてはいけません。

●訴訟手続等の特例とは

消費者団体訴訟制度による差止請求は、基本的には民事訴訟法の規定に従って手続きを行いますが、紛争の早期解決を目的とした特別の手続きも用意されています。

たとえば、適格消費者団体が裁判所に対し、差止請求に係る訴えをする場合、相手方事業者に対してあらかじめ書面によって請求することが必要です。そして、その書面の到達後、１週間が経過して初めて、訴えを提起することが認められます（消費者契約法41条）。

また、民事訴訟のルールでは、実際に裁判を担当する裁判所は被告となる事業者の本店（本社）所在地を管轄（裁判所がその事件を担当すること）する裁判所等と定められています。

これに対して消費者団体訴訟制度による差止請求の場合には、事業者の行為があった地を管轄する裁判所に提起することも可能です（消費者契約法43条）。消費者団体訴訟を提起される事業者の中には、本店地をあちこちに移したり、社名を変えるなどして営業しているような企業も多くあるためです。

なお、消費者団体訴訟制度の対象となるような事件は、その情報を知らない消費者が新たな被害者になるおそれがあります。そのため、消費者に情報を提供することにより被害を未然に防ぐ必要があります。そこで適格消費者団体は、消費者に対して、差止請求についての裁判所の判断や裁判外の和解の内容など必要な情報を提供するように努めなければならないとされています。

被害回復とは

被害回復とは、事業者の不当な行為により財産的被害が生じている場合に、特定適格消費者団体が消費者に代わり被害の集団的な回復を求める制度です。

具体的には、事業者の消費者に対する一定の金銭支払義務につき、①共通義務確認の訴えの提起（事業者の支払義務の有無を確定する）、②簡易確定手続き（①で勝訴した場合に消費者の債権を確定させ事業者に支払わせる）、という２段階構造で消費者の被害回復を図っています。

消費者団体訴訟の対象

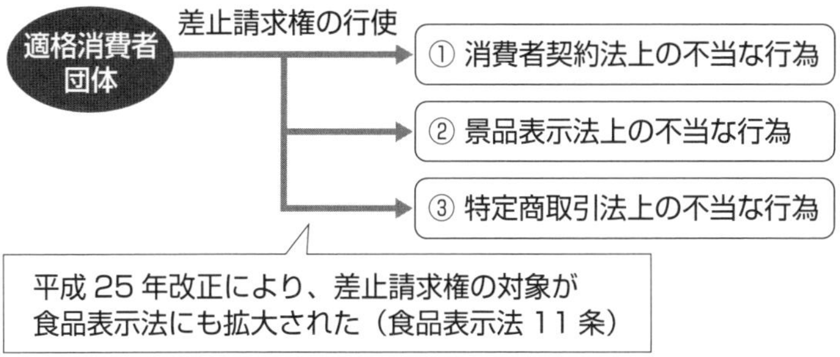

19 適格消費者団体

内閣総理大臣の認定を受けた消費者団体

適格消費者団体とは

適格消費者団体とは、消費者問題に取り組み、事業者に対して差止請求を行うことができる団体です。適格消費者団体の数は、令和元年6月の段階で21団体だけです。適格消費者団体にだけに対して差止請求権を認めているのは、差止請求が、本来は自由に行えるはずの事業活動を制限するという性質を持った行為であるためです。このため、消費者の権利を保護するという目的を達成するためだけに差止請求をする団体であるかどうかを審査した上で、認定を与えた団体に差止請求権を与えています。

適格消費者団体として認定されるための要件は、次ページ図のとおりです。これらの要件を満たした上で、内閣総理大臣に申請してその認定を受けることが必要です。

認定の申請・期間について

適格消費者団体の認定を申請する際には申請書を作成し、定められた書類を添付して提出しなければなりません(14条)。申請書に記載する事項には、①団体の名称・住所、代表者氏名、②差止請求関係事業を行おうとする事務所の所在地などがあります。添付書類には、定款、不特定多数の消費者の利益の擁護を図るための活動を相当期間にわたり継続して行っていることを証明する書類、差止請求関連業務に関する業務計画書、差止請求関連業務を適正に遂行するための体制が整備されていることを証する書類、業務規程などがあります。

このような申請を経て受けた認定は、認定の日から起算して6年間有効とされています(17条1項)。期間満了後も業務を継続したい場合は、更新申請期間(原則として有効期間満了の日の90日前から60日前までの間)に有効期間の更新手続が必要になります。

差止請求関係業務について

適格消費者団体は、認定を受けたからといっても、自由に差止請求関係業務を行えるわけではありません。

消費者契約法では、①差止請求権は不特定多数の消費者の利益のために適切に行使すること、②差止請求権を濫用しないこと、③他の適格消費者団体と連携協力を図ること、④差止請求関係業務において知り得た情報を漏らさないこと、⑤差止請求に関連する相手方から、原則として金銭などの利益を受けないこと、という規制が設けられています。

適格消費者団体に対する監督

消費者契約法では適格消費者団体を監督するため、帳簿書類の作成・保存義務、その事業年度の財産目録、貸借対照表、収支計算書及び事業報告書の作成義務などが課されています。

また、内閣総理大臣には消費者契約法の実施に必要な限度内において、①事務所への立ち入り、業務の状況・帳簿・書類等の検査等（32条）、②当該団体が不正の手段により認定を受けた場合や認定要件に適合しなくなったなど、一定の条件を満たす場合に、適格消費者団体の認定を取り消す（34条）、といった監督権限を認めています。特に、偽りや不正な手段を用いて、適格消費者団体としての認定を受けた場合などには、即座に認定が取り消されます。

特定適格消費者団体とは

消費者団体訴訟には、差止訴訟の他に、損害回復があります。消費者が被った損害の回復をめざす訴訟であるため、差止訴訟と同様に、あらかじめ訴訟の主体が定められています。これを**特定適格消費者団体**といいます。差止訴訟における適格消費者団体として認定されるための要件に、一定の事項が追加されています。

適格消費者団体として認定されるための要件

① 特定非営利活動法人（ＮＰＯ法人）又は一般社団法人もしくは一般財団法人であること

② 消費生活に関する情報の収集・提供、消費者の被害の防止・救済のための活動、その他不特定多数の消費者の利益の擁護をはかるための活動を行うことを主目的とし、現在その活動を相当期間にわたり継続して適正に行っていると認められること

③ 差止請求業務を適正に遂行するための組織体制や業務規程が適切に整備されていること

④ 理事会の理事の構成について、ある特定の事業者の関係者の人数が総数の３分の１を超えないなど、理事会の構成や決定方法が法に適合していること

⑤ 差止請求についての検討を行う部門において消費生活に関する専門家、法律に関する専門家などが必要な助言をし、意見を述べる体制が整備されていること

⑥ 差止請求関係業務を適正に遂行するに足りる経理的基礎があること

⑦ 差止請求関係業務以外の業務を行う場合に、その業務を行うことによって差止請求関係業務の適正な遂行に支障を及ぼすおそれがないこと

20 消費者契約法と他の法律との関係

民法・商法とそれ以外の法律で関係性が異なる

民法・商法との関係

消費者契約法は、民法・商法をはじめとする既存の法律だけでは保護しきれなかった消費者の権利を保護することを目的として制定された法律です。

たとえば、消費者契約法4条は、勧誘に際し、事業者が事実と異なることを告げたことにより、消費者が誤認をして契約の申込や承諾の意思表示をした場合に、これを取り消すことができると規定しています。

ただ、消費者が誤認していたことを認識した後で代金を支払うなど、契約の申込や承諾の意思表示を追認するような行為をした場合の取消権の扱いなどについては特に規定されていません。

消費者契約法は、このように消費者契約法に特段の規定がない場合には、民法や商法の規定によって判断されるということを規定しています（11条1項）。

したがって、誤認を認識した後の代金の支払いは、民法の規定により追認をしたものとして扱われ（法定追認、125条）、取消が認められなくなります。

その他の法律との関係

消費者契約法は、民法・商法だけでなく、これ以外の法律とも適用が重なる場合があります。

たとえば宅地建物取引業法には、「宅地取引建物業者が自ら売主となる宅地又は建物の売買契約については、宅地取引建物業者は当事者の債務不履行を理由とする契約の解除に伴う損害賠償額の予定等については代金の20％を上限とし、20％を超える部分については無効とする」という規定があります。

一方、消費者契約法9条1項によれば、平均的な損害額までは損害賠償額の予定をすることが認められており、相反する規定ということになります。

このような場合、消費者契約法は消費者契約の申込や承諾の意思表示の取消、消費者契約の条項の効力について民法や商法以外の他の法律に別段の定めがあるときは、その定めるところによると規定しています（11条2項）。

つまり、それぞれの業界の特別な事情を勘案（考慮）して制定されている法律（個別法）があり、そこで特段の規定が置かれている場合は、個別法を優先するよう規定されているわけです。前述した事例では宅地建物取引業法の規定が優先的に適用されることになります。

第６章

特定商取引法のしくみ

1 特定商取引法の概要

訪問販売やマルチ商法を規制する法律である

特定商取引法とは

特定商取引法は、消費者と事業者との間で特にトラブルになることが多い取引を特定商取引としてとりあげ、おもに事業者を規制することを目的に、取引をする際のルールについて規定を設けています。

特定商取引法が定める特定商取引とは、下図の７種類です。また、未購入の商品が突然を送り付けられた場合（ネガティブオプション）の取扱いについてもルールを定めています。

特定商取引法は、特定商取引として規制されている７種類の取引ごとに分けて、必要なルールを定めるという構造をとっています。多くの特定商取引に共通するルールは、①氏名等の明示の義務付け、②広告規制（虚偽・誇大広告の禁止など）、③契約締結時の書面交付義務、④不当な勧誘行為の禁止、⑤クーリング・オフ制度、⑥中途解約権の保障などです。

特に重要なルールが、通信販売を除く特定商取引が対象のクーリング・オフ制度です。事業者は消費者に対しクーリング・オフという権利があることを書面で伝え、消費者のクーリング・オフを不当に妨害してはいけません。

悪質な取引方法の規則

残念なことに、最初から顧客をだまして金を稼ごうとする悪質なビジネス（悪質商法）が問題になることがあります。キャッチセールス、催眠商法、送り付け商法（押付け販売）、内職商法といった商法が代表例です。

特定商取引法の対象・制限される方法

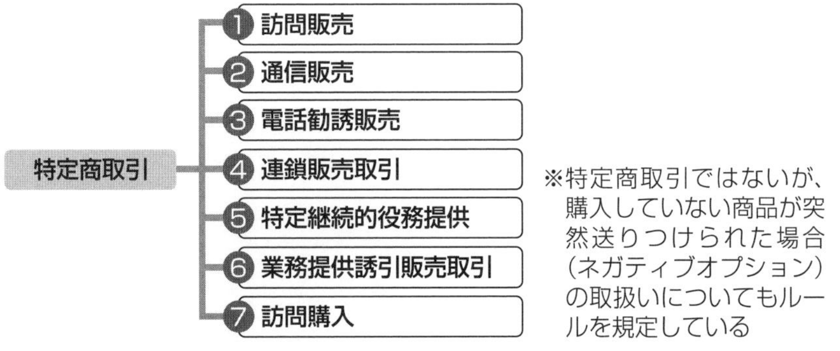

2 訪問販売①

原則として全商品が規制の対象になる

訪問販売とは

訪問販売とは、「営業所、代理店その他の経済産業省令で定める場所以外の場所」で行われる取引と、「特定顧客との取引」のことを意味します。簡単に言うと、店舗以外の場所での販売であり、その一例として自宅への訪問、押し売りがあります。

また、消費者が冷静に考えることもできず、本当は買うつもりがないのに買ってしまうことがあるかもしれません。さらに、実際に買ってしまった商品について、後になってトラブルが生じても販売者と連絡がつかないことも生じかねません。無店舗なのをよいことに、売り逃げをする場合も考えられます。

このように、訪問販売は、常設の店舗での販売と比べると信頼ができない面もあるので、店舗販売とは異なる特別の規制を置いているのです。

訪問販売の当事者とは

特定商取引法によると、訪問販売の当事者は、「販売業者または役務提供事業者」と「購入者等」です。

販売業者とは商品を売る者のことで、役務提供事業者とは商品を売るのではなく、役務（サービス）を提供する者のことです。役務（サービス）とは、たとえば、エステサービス、庭石の据え付けなどです。それらの販売や役務提供を業として営む（営利の意思をもって、反復継続して取引を行う）者を、まとめて「販売業者または役務提供事業者」と表現しています。

一方、購入者は、消費者のことを指します。

訪問販売とは

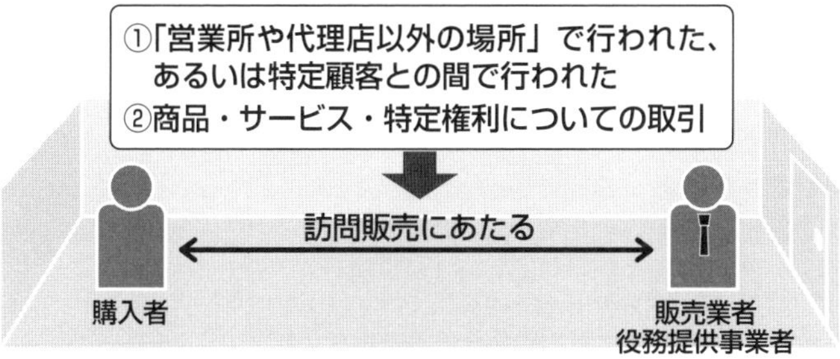

3 訪問販売②

訪問販売にあたるか否か問題になる場合がある

訪問販売にあたらない場合

当事者が物を購入した取引が訪問販売にあたる場合、クーリング・オフの規定が適用されますし、不当な勧誘行為が行われていた場合には、特定商取引法で認められている契約の取消権を行使することができます。一方、その取引が訪問販売にあたらなければ、このような権利を行使することはできません。そして、訪問販売が、「営業所、代理店その他の経済産業省令で定める場所以外の場所」で行われる取引のことを意味するということは、逆に言えば営業所や代理店などでの販売は、訪問販売にはあたりません。

ここでいう営業所とは、営業の行われる場所です。洋服販売であれば、洋服を陳列して売っている店舗が営業所です。一方、代理店とは、「代理商」の営業所のことを指します。代理商とは、他の商人のために、継続・反復して取引の代理・媒介（仲介）をする者です。１回だけ単発で行っただけというように、継続性・反復性がない場合には代理商にはあたりません。

また、「その他の経済産業省令で定める場所」というのは、たとえば露店や屋台などのことです。

突然誘われて誘導される取引も訪問販売となる

キャッチセールスやアポイントメントセールスも、特定商取引法上の訪問販売に含まれます。もっとも、これらが訪問販売にあたるかどうかについてはすぐに判断できない部分もあるため、特定商取引法が適用されるかどうかのトラブルが生じることもあります。

訪問販売の類型

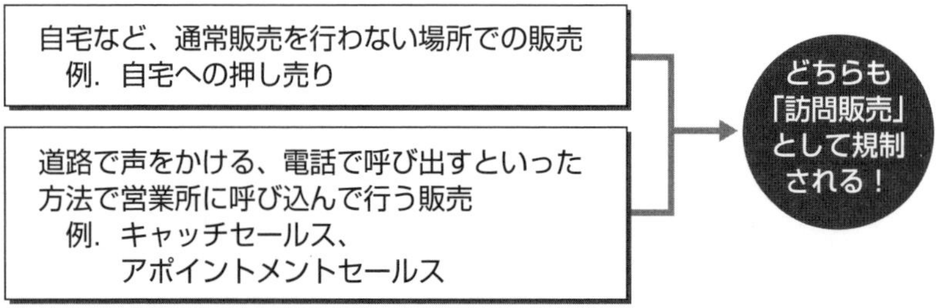

4 対象となる商品・サービス・権利

原則全商品が対象だが例外もある

対象となる商品やサービス

消費者が購入したものを問わず、原則としてすべての商品・サービスおよび特定権利が、特定商取引法上の訪問販売・通信販売・電話勧誘販売の適用対象とされています。

具体的には、下図の①～③に該当する権利を指します。権利の販売というとイメージが湧かないかもしれませんが、生活が豊かになり、物品だけではなく権利も買おうという意識が高まり権利の取引が増えています。それに伴いトラブルも増えているため、規制対象を広げることにしました。

適用されない例外もある

特定商取引法の訪問販売の対象は、原則としてすべての商品・サービスと**特定権利**です。訪問販売で購入したものが商品やサービスであれば、たいていは特定商取引法の保護を受けることができる取引ということになります。

ただし、購入者が営業として行う取引や組織内部の取引など、特定商取引法による規制にはなじまない取引（212ページ）については、特定商取引法の規制が及びません。また、使用や一部の消費によって価額が著しく減少するおそれがあるとして政令で定められた消耗品を使用・消費した場合や、直ちに代金を支払う現金取引で購入した商品の金額が3000円（税込）未満の取引は、クーリング・オフの対象外とされています。

商品購入の際には念のため、特定商取引法の規制対象になる取引かどうかについて確認することが必要になるでしょう。

特定商取引法の規制対象となる特定権利

①	施設を利用しまたは役務の提供を受ける権利のうち、国民の日常生活に係る取引において販売されるものであって政令で定めるもの
②	社債その他の金銭債権
③	ⓐ株式会社の株式 ⓑ合同会社、合名会社、合資会社の社員の持分、その他の社団法人の社員権 ⓒ外国法人の社員権でⓐⓑ記載の権利の性質を有するもの

5 事業者の義務

氏名等を明示し、必要事項を告知しなければならない

事業者の義務とは

訪問販売は店舗販売と比べて消費者がトラブルに巻き込まれる可能性が高いので、特定商取引法では、訪問販売をする際には、事業者に以下のような義務を課しています。

① 事業者名、氏名、商品等の種類、目的を明示する義務

② 取引内容などの一定の事項を記載した書面を交付する義務

これらの義務は、消費者に「誰と話しているのか、何を話しているのか、何をいくらで取引しようとしているのか」といった点をはっきりと認識してもらうための義務といえます。一般的に消費者は、事業者よりも取引についての知識がなく、同等の立場にはないのが通常です。これらの事情をふまえ、消費者を保護することが目的です。

たとえば、本当は水道局関係者ではないセールスマンが、水道局関係者であるかのように装ったために、消費者が浄水器を取り付ける契約を結んでしまったとします。これは、水道局という公的なイメージを消費者が信用したために生じたトラブルです。このような被害を防ぐためにも、事業者名や氏名を名乗ることが義務付けられているのです。

また、このような義務を課さないと、最後まで目的を告げずにセールストークを続け、消費者が取引だと認識しないまま取引が成立してしまうという事態も生じ得ます。

氏名等の明示義務

訪問販売では、訪問者はまず一番に、「私は○○（事業者名）の△△です」と明確に伝えなければなりません。これは、販売・勧誘をはじめる前に伝える必要があります。身分証明書をつけている販売員もいますが、必ずしも書面での証明は必要ありません。

なお、事業者名については、会社の通称や略称などでは名称を明らかにしたことになりません。商号として商業登記簿に登記されている会社名を名乗ることが必要とされています。明確に名乗ってから「今日は化粧品の販売に来ました」というように、訪問目的をはっきりと消費者に伝えなければなりません。

再勧誘の禁止

一度契約をした消費者に対して、言葉巧みに必要のない商品やサービスを次々と販売する「次々販売」という商法があります。次々販売では、消費者

側としても購入する必要がないことをわかっているのですが、何度も来訪されるうちに仕方なく契約してしまうというケースが後を経ちませんでした。特に、判断力が弱った高齢者などが、執拗に繰り返される勧誘によって、不要な契約に巻きこまれる場合が増加しています。そこで、同様の被害を防ぐ目的で、特定商取引法では、訪問販売に再勧誘禁止規定を置いています。

事業者（販売業者または役務提供事業者）は、訪問販売をしようとするときは、その相手方に対し、事業者の名称、販売目的、商品の種類を明示した上で、勧誘を受ける意思があることを確認する必要があります。ここでいう「意思」とは、積極的に勧誘を聞くことを意味しており、「拒否します」と明示しなかったからといって、勧誘を受ける意思を認めることはできません。

そして、訪問販売による売買契約または役務提供契約を締結しないという意思を表示した消費者に対しては、事業者は当該売買契約または当該役務提供契約の締結について勧誘をしてはいけません。「契約しない」「訪問しないでほしい」などとはっきり意思表示した消費者のもとに居座り続けることや、帰ったとしても再三訪問するなどの行為は禁止されることになります。

消費者のもとに居座り続けると、刑法上の不退去罪（刑法130条後段）にあたる可能性があります。

再勧誘を禁止されるとその後は訪問販売できないのか

再勧誘が禁止されるのは、勧誘の対象となった商品やサービスについての再勧誘であり、別の商品などの契約についての勧誘は禁止されません。

また、同じ商品であれば、断る意思を示した消費者に再勧誘をすることは禁止されますが、永久に再勧誘が禁止されるわけではありません。

訪問販売に対する規制

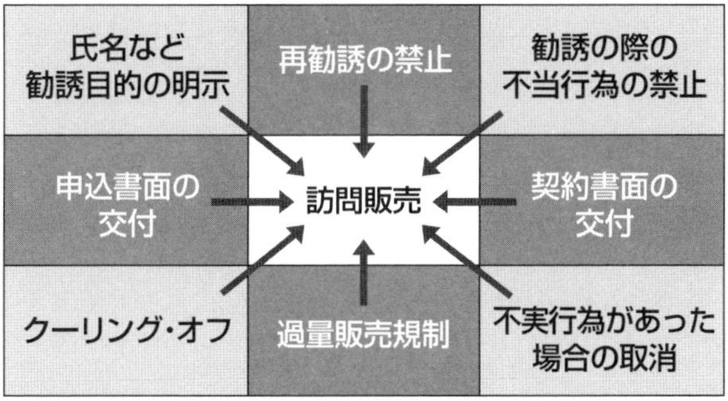

6 書面交付義務

申込書面と契約書面を交付する

書面の交付義務と法律上の規制

事業者は訪問販売をする際、消費者に販売商品の名称・種類・数量・商品の販売価格・支払方法・引渡時期・クーリング・オフ等について記載した書面を交付しなければなりません。これを**書面の交付義務**といいます。

書面を作成する際には、一定の大きさ以上の文字・数字を使用し、書面には、赤枠の中に「書面内容をよく読むべきこと」と赤字で記載しなければなりません。

申込書面と契約書面

訪問販売にあたって、事業者（販売業者・役務提供事業者）が消費者に交付しなければならない書面には、①申込書面と②契約書面があります。法律上では、事業者は消費者からの申込があった段階で取引内容を確定することになっています。

契約書面の他に申込書面の交付が要求されている理由は、その後の契約段階で、取引の内容が変わってしまうと、トラブルの原因となりかねないためです。そのため、すぐに契約を締結しない場合でも、事業者は申込内容を記載した書面を交付しなければならないのです。申込書面は、原則として事業者が申込を受けた場で交付しなければならず、日を改めて交付することは許されません。ただ、消費者からの申込と同時に契約を締結する場合には、申込段階と契約段階で取引の内容が異なるというトラブルが生じるおそれがないので、契約書面のみの交付でよいとされています。

現金取引の場合の記載事項

現金取引とは、商品の受け渡しと同時にその代金の授受を行う取引のことです。訪問販売はクレジット契約が多いのですが、現金取引の場合もあります。訪問販売で現金取引をする場合にも、契約書面の交付が必要です。契約締結と同時に商品の引渡し、代金の全額を支払う取引などについても、契約書面を交付しなければなりません。

書面に記載される事項は、事業者の名称、代表者と販売担当者の氏名、商品名、商品の数量、商品の形式、クーリング・オフに関する事項、特約に関する事項などです。現金取引のときには、クレジット契約の時に記載される「代金の支払時期」「商品の引渡時期」といった項目の記載は不要です。

書面の交付時期

申込書面は「直ちに」、契約書面は「遅滞なく」消費者に交付されなければなりません。したがって、消費者としては申込書面であれば申し込んだその場で、契約書面であれば３～４日以内に書面を受け取ることになります。

なお、特定商取引法による訪問販売のクーリング・オフの行使期間は、契約書面を受領した日（起算日）から受領日も含めて８日間です。ただし、契約書面より前に申込書面を受け取っている場合には申込書面の受領日が起算日となります。

書面の交付義務に違反した場合

書面の記載事項が不完全な場合や虚偽の記載がある場合、事業者は交付義務に違反したことになります。また、特定商取引法では、「書面」による交付を義務付けており、電子メールなどのデータ形式によって、必要事項を伝えたことによって、書面の交付義務を果たしたことにはなりません。

そして、事業者が書面を交付していない場合、書面の交付日がクーリング・オフの起算日になります。さらに、書面が交付されていても、クーリング・オフに関する記載がなければ、交付していないのと同様に扱われます。

申込書面・契約書面の記載事項

①商品・権利・役務の種類
②商品・権利の販売価格、役務の対価
③商品・権利の代金、役務の対価の支払時期および方法
④商品の引渡時期若しくは権利の移転時期または役務の提供時期
⑤クーリング・オフに関する事項
⑥事業者の氏名（名称）、住所、電話番号、法人の代表者の氏名
⑦契約の申込または締結の担当者氏名
⑧申込または締結の年月日
⑨商品名、商品の商標または製造者名
⑩商品に型式があるときは、その型式
⑪商品の数量
⑫契約不適合責任（瑕疵担保責任）について定めがあるときは、その内容
⑬契約の解除に関する定めがあるときは、その内容
⑭その他特約があるときは、その内容

7 過量販売規制

たくさん買わされた場合に解除できる制度

過量販売とは

訪問販売には必要のないものを消費者に販売してしまうという問題がありますが、たとえ消費者に必要であっても、必要以上の分量を販売するという問題があります。

そのため、訪問販売や電話勧誘販売の際に、消費者が日常生活で通常必要な分量を著しく超える商品や特定権利を購入する契約、または役務の提供を受ける契約を締結した場合、原則として、契約締結日から１年以内であれば、消費者は契約の解除（申込の撤回を含む）ができます（**過量販売規制**）。

過量販売の種類

過量販売にはいくつかのパターンがあります。たとえば、①一度に大量のものを販売するケース、②同じ事業者が何度も訪問して次々と購入を迫るケース、③通常必要となる分量を著しく超えることを知りながら、同じ事業者、あるいは複数の事業者が次々と購入を迫るケースです。いずれの場合も過量販売規制の対象になりますが、特に販売回数が複数回にわたる場合には、事業者側において過去の販売量に、新たに販売する量を合わせると、過量になると認識していることが必要になります。

過量販売といえるかどうかは、商品・特定権利・役務の内容や購入者の生活を基に判断することになります。また、過量販売を理由に消費者が契約解除を主張する場合、商品の売買契約だけでなく、同じく１年以内のクレジット契約の解除も可能です。

過量販売を理由とする契約の解除

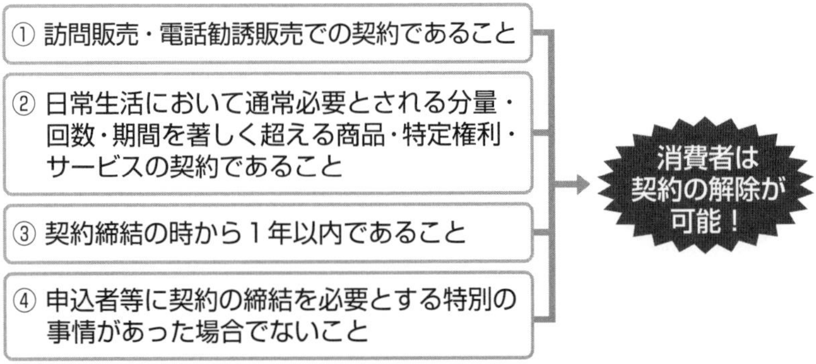

8 役務付帯契約の問題点

工事の費用は負担しなくてよい

◎役務を提供する契約の類型

訪問販売では、商品だけでなく、役務を商品とセットにして販売する事があります。役務とは、一言でいうとサービス、人のために行う労働という意味で捉えておけばよいでしょう。

一方、役務付帯契約とは、このような役務を商品の販売と共に行う販売形態です。

これら「商品の販売」と「役務」のどちらがメインのサービスで、どちらが付随するサービスとなるのかは、販売契約によってまちまちです。商品の販売と役務のどちらが主体となる場合であっても、役務付帯契約として認められています。

◎どんな問題点があるのか

役務付帯契約では、商品の販売と役務の提供の両方が共にクーリング・オフの対象となるのかが問題です。たとえば、訪問販売で家に新しい床暖房を購入して、取り付ける役務付帯契約を行った場合、古い床は取り外すなどして、何らかの手を加えなければいけません。もし、この契約を途中で止めたいと思っても、すでに古い床の取り外しや新しい床の取り付けが行われている場合、床暖房の販売と取り付ける役務の両方に対してクーリング・オフが有効になるのかという問題が出てきます。

特定商取引法では商品の販売だけでなく、役務の提供についてもクーリング・オフが適用されると定めています。

◎原状回復請求ができる

原状回復とは、役務を行った際に発生した変化について、販売契約を行う前の状態にまで戻すことです。

たとえば、業者が新しい工事を行って変更されてしまった所があれば、それを元に戻す必要があります。前述の床暖房を取り付ける契約のクーリング・オフについても、工事は途中まで行われていて、床には手が加えられています。

しかし、消費者から原状回復の請求があれば、業者は販売契約する前の状態に戻すために、床暖房の取り付けの工事を中止し、元あったような床に付け替える処理をしなければなりません。

なお、原状回復のための費用は、業者側で負担しなければなりません。たとえ床を元の状態に戻すために費用がかかったとしても、それを消費者側に請求することはできません。

9 消耗品の使用・消費①

消耗品については特別な規制が置かれている

消耗品とは

消費しやすい以下の商品について、特定商取引法では、以下のような、一度でも開封して使用・消費すると大きく価値が損なわれる商品を「政令指定消耗品」と定めています。

① 健康食品（動物や植物の加工品、医薬品を除く）
② 不織布、織物（幅13cm以上）
③ コンドーム、生理用品
④ 医薬品を除く防虫剤・殺虫剤・防臭剤・脱臭剤
⑤ 医薬品を除く化粧品・毛髪用剤・石けん、浴用剤、合成洗剤、洗浄剤、つや出し剤、ワックス、靴クリーム、歯ブラシ
⑥ 履物
⑦ 壁紙
⑧ 配置薬

政令指定消耗品は、一部でも使用・消費すると、契約書面を受領してから８日以内であっても、クーリング・オフができなくなります。

ただし、このような商品を販売する際には、あらかじめ商品が政令指定消耗品に該当し、一部でも使用・消費するとクーリング・オフができなくなることを、消費者に交付する書面の中で伝えておく必要があります。政令指定商品にあたることを書面で告げていない場合、その書面は、必要事項の記載が不十分とみなされ、クーリング・オフが可能な場合があります。また、販売業者側から使用するように勧められた場合、政令指定消耗品であっても、クーリング・オフの対象に含まれます。

政令指定消耗品とクーリング・オフ

政令指定消耗品

政令指定消耗品については、消費者に交付する書面に記載がある場合にはクーリング・オフ不可

↓

- 単に蓋を開けたというだけでは使用・消費とは言えず、クーリング・オフが認められる可能性がある
- 消耗品がセットとなっている商品の場合、「未使用の政令指定消耗品」や「政令指定消耗品外の商品」については、クーリング・オフが可能

10 消耗品の使用・消費②

残部のクーリング・オフは可能

使用・消費とは

政令指定消耗品の説明で「開封した場合はクーリング・オフができません」という表記をよく目にしますが、実際には、商品を開封しただけでは使用・消費にはあたらないとされています。

ただし、真空パックなどのように容器に密封されていて、開封した時点で価値がなくなるという性質を持っている商品の場合は、開封しただけで使用・消費にあたり、クーリング・オフの対象外となってしまいます。

一部の使用・消費について

政令指定消耗品を含む商品がセットとなっているものを購入し、これを使用・消費した場合でも、セットの商品すべてがクーリング・オフの対象外になるわけではありません。

また、購入した商品のうち、使用・消費したものに関してはクーリング・オフができませんが、それ以外の「未使用の政令指定消耗品」や「政令指定消耗品外の商品」については、クーリング・オフをすることが可能です。この場合、個々の商品の小売価格が返金金額の目安となります。

なお、セット商品のどれが政令指定消耗品であるかの表記も説明もない場合は、たとえ一部を使用・消費したとしても、セット品すべてについてクーリング・オフが可能になります。

この場合、一部使用した分の費用を事業者が消費者に請求することについては、特定商取引法が規定を設けており、費用の請求を行うことは認められません。これに対して、商品を一部消費した場合の費用請求について、特定商取引法は規定を設けていません。しかし、一部使用・一部消費の場合を一体的に取り扱い、クーリング・オフを認めていることから、一部消費した分の費用も消費者が支払う義務はないと考えられています。

試用販売とは

購入すると決めていない段階で、セールスマンに「試しに商品を使ってみてください」と言われることがあります（試用販売）。ここで使用した化粧品は、あくまで見本として使用したものです。その後、この化粧品を購入した場合は、たとえ政令指定消耗品であってもクーリング・オフが可能です。政令指定消耗品の使用・消費が消費者の意思によって行われていないのですから、クーリング・オフが認められることになります。

11 不当勧誘行為

不当勧誘行為の種類と規制方法

訪問販売の禁止行為とは

特定商取引法では、訪問販売を行う際の禁止行為を定めています。

① 不実の告知

消費者に対して事実とは異なる説明をして、商品を購入させる行為です。たとえば、クーリング・オフできる商品であるのに、この商品はクーリング・オフできないと説明して販売する行為は不実の告知とみなされます。なお、主務大臣（経済産業大臣など）は事業者に対し、不実の事項を告げる行為の有無について、合理的な根拠を示す資料を提出するように求めることができます。

② 故意による重要事項の不告知

消費者に不利な重要な事実を、故意に（わざと）伝えずに契約を結ぶ行為は禁止されています。たとえば、販売する商品が一定期間を過ぎると壊れるという事実を、あえて説明しなかったなどが挙げられます。

なお、①の不実の告知と故意による重要事項の不告知があった場合、消費者は、そのことを知った時（追認できる時）から1年以内であれば、契約の申込または承諾の意思表示の取消ができます。

③ 威迫行為・詐欺行為

消費者をだましたり、威迫して契約を交わすことです。威迫とは、強迫よりは軽度であるものの、他人に対する言動によって相手方を不安・困惑させることを意味します。当然、このような契約は認められません。

④ 販売目的を隠した行為

消費者に接触するために、販売の目的を隠して訪問する行為は禁止されています。たとえば、販売目的であることを言わずに道路などで声をかけ、営業所に誘い込む行為は禁止されます。

⑤ 債務の履行拒否・履行遅滞

正当な理由もなく、債務の履行を拒否したり遅らせたりすることです。約束の期日までに履行しないことを履行遅滞といいます。特に契約の解除を消費者が求めている場合、クーリング・オフの期間をやりすごすために、それを拒否したり、遅らせるといった手口がよく使われています。

⑥ 夜間の勧誘やしつこい勧誘

夜遅くに自宅などを訪問して勧誘する、長時間にわたってしつこく勧誘する、病気や老齢などによる判断力不足に乗じて勧誘する、通常必要な分量を著しく超える商品の購入について勧誘する、商品に対する経験・知識・財産の状況に照らして不適当な勧誘をする、などが禁止されています。

行政や刑事上の規制

特定商取引法で定められている禁止行為を販売業者が行った場合、行政規制や刑事罰の対象となる場合があります。

①　行政規制

違反業者に対しては、業務改善措置を指示する、業務の一部または全部を停止させる（業務停止命令）、違反業者の役員などが業務停止命令に関する業務を新たに開始するのを禁ずる（業務禁止命令）といった行政規制がとられます。主として訪問販売に関する取引として公正さを害する禁止行為や、消費者の利益を害する禁止行為が、行政規制の対象になります。

その他にも、事業所への立入調査を行い、報告や資料提出を命じるなど、消費者の被害を最小にするための措置がとられます。

②　刑事罰

たとえば、不実の告知、故意による重要事実の不告知、威迫行為（特定商取引法６条１項～３項）をした者に対しては、３年以下の懲役または300万円以下の罰金が科せられるというように、刑事罰の対象となる場合もあります。また、行政規制について、たとえば指示に対する違反が認められれば、６か月以下の懲役または100万円以下の罰金が科せられます（懲役と罰金の両方が科せられる場合もあります）。

消費者契約法による損害賠償

消費者が、不実の告知、故意による重要事実の不告知の結果、契約内容について誤認し、契約を結んでしまったという場合、消費者契約法によって契約の申込・承諾の意思表示を取り消すことが可能です。

また、販売業者の不正な販売行為によって被害を被った場合には、損害賠償を請求することができます。つまり、消費者は、契約の無効や取消だけでなく、損害がある場合には民法上の不法行為を理由とする損害賠償請求を求めることができます。

不当勧誘が行われた場合に消費者が採りうる手段

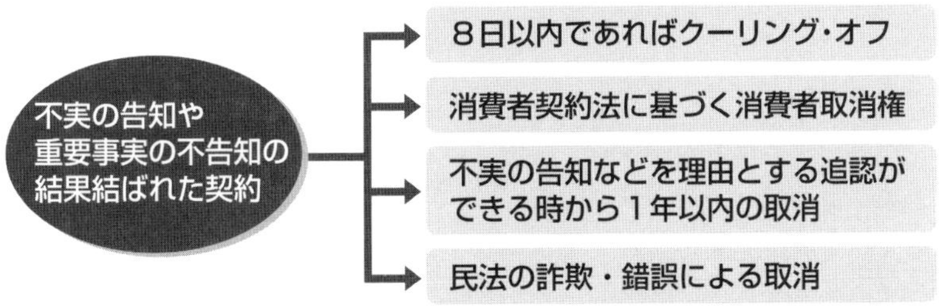

12 違約金についての定め

一方的な通知で契約を解除できる場合がある

損害賠償の定め

事業者が商品を渡そうとしているのに、消費者が代金を支払わないといった場合には、消費者が債務（代金の支払い）をしないという債務不履行をしているわけですから、事業者は契約を解除することができます。契約の解除とは、当事者の一人が契約を一方的に破棄することです。

契約の解除においてときどき問題となるのが、契約を解除した側の当事者が、一定の損害賠償額（予定賠償額）または違約金を支払わなければならないとの契約条項が存在する場合です。

妥当な金額であればよいのですが、事業者と消費者では、明らかに事業者のほうが取引に精通しており、不当に高い損害賠償額や違約金に関する約束を結ばされている可能性もあるのです。

また、契約といっても、そのつど協議して契約内容を決めるのではなく、事業者の用意した契約書に消費者がサインするだけという場合が多いと思われます。

このような状況で契約が成立してしまうというのは、消費者には著しく不利です。たとえば、不当に高い損害賠償金を支払う約束を結ばされている可能性も高いのです。

そのため、特定商取引法は、本来は当事者間で自由に決められる損害賠償額や違約金を、妥当な金額の範囲内に制限する規定を置き、消費者の利益が不当に害されないようにしています（特定商取引法10条）。消費者契約法９条に消費者が支払う損害賠償額や違約金を一定の範囲内に制限する規定がありますが、消費者契約法９条の内容を具体的にしたのが特定商取引法10条です。

特定商取引法10条の趣旨

特定商取引法10条は、後述する４つの場合を想定して事業者が請求できる契約の解除等に伴う損害賠償額や違約金を制限し、これを超える金額を無効にするという規定です。

具体的には、想定される４つの場合に応じて、法定利率によって遅延損害金の額を計算し、それを上限の金額としています。この場合の法定利率とは、平成29年の民法改正により、民法改正の施行時に法定利率は年３％に一本化され、３年毎に１％単位で利率が変動することになります（変動制）。

なお、民法改正施行時までは民事債権の法定利率が年５％、商事債権の法定利率が年６％です。

したがって、この規定によって、消

費者は、不当に高い損害賠償金を支払わされる危険がなくなるといえます。

具体的な制限

特定商取引法10条が適用されるケースは4つあります。具体的には、①商品または権利が返還された場合、②商品または権利が返還されない場合、③役務提供契約の解除が役務の提供開始後である場合、④契約の解除が商品の引渡し前、権利の移転前、役務の提供開始前である場合です。

①は、商品や権利が返還されていますので、「商品の通常の使用料の額」または「権利の行使により通常得られる利益に相当する額」を基準に違約金や損害賠償額を考慮します。使用料や利益相当額については、販売業者が一方的に提示するのではなく、公的機関の評価を基準に考えるべきだとされます。たとえば、その商品などが通常、それくらいの価格の賃料で、貸し出されているのかが参考になります。このような賃料などの目安がない場合には、商品の減価償却費などによります。

②は、商品・権利を返還していませんから、「販売価格に相当する額」を違約金や損害賠償額とするのが基準です。分割払いにしている場合には、その分割払いにおける支払総額です。

③は、「提供された役務の対価に相当する額」が違約金や損害賠償額の基準ですが、なかなか判断が難しい部分もあります。また解約手数料の問題もあり、合理的な判断基準については個別に検討することが多くなります。

④は、商品の引渡し前であったり、権利の移転前であったりするので、損害は生じないとも思われがちですが、契約を締結するために一定の費用がかかっています。たとえば、契約書などの書面作成に関する費用や印紙代です。これらは「契約の締結及び履行のために通常要する費用の額」として算定されます。

そして、①～④で算定される金額の合計に、法定利率による遅延損害金の額を加えた金額が、消費者が契約を解除した際に、損害賠償額や違約金として事業者が請求可能な金額の上限です。

不当に高い違約金を定める契約条項の例

第●条　本契約が解除された場合には、購入者は事業者に対して商品の代金の２倍の違約金を支払うものとする。

特定商取引法10条に反する高額の違約金の契約条項は無効！

13 通信販売

通信販売は特定商取引法の適用を受ける

通信販売の問題点

通信販売とは、消費者が新聞・雑誌・テレビ・カタログ・インターネット・電子メールなどを見て、郵便・電話・FAX・インターネット・電子メールなどを通じて購入の申込をする販売形態をいい、特定商取引法で規定されています。最近では、インターネットの普及により、ネットショッピングが増えています。

通信販売には、実際に手にとって商品を確かめることができないという弱点があります。広告には、商品のよい面が載せられており、写真があるにせよ、もっとも見栄えのよい状態で載せられていることが多いようです。商品説明も、100％正しいというわけではないかもしれません。また、店舗で商品を見定めるときのように、気軽に販売員に質問をするということもできません。このような状況で購入する場合、商品が届いてみると、自分の思っていたものと違う、と感じることもあります。

以上のような通信販売独特のトラブルもあり、特定商取引法は通信販売にさまざまな規制をしています。また、経済産業省令（特定商取引に関する法律施行規則）による規制もあります。

原則として、どんな商品やサービス（役務）を扱っても特定商取引法が適用されます。ただし、権利の販売については、特定権利（189ページ図）を扱う場合に限り特定商取引法が適用されます。そのため、権利を購入する場合には、扱う権利が特定権利に該当するかチェックするようにしましょう。

通信販売の広告規制

通信販売では、消費者は広告を見ることで商品を購入するかどうかを判断します。そこで、特定商取引法は、原則として通信販売を行う際の広告について、以下に記載する一定の事項を表示することを義務付けています（特定商取引法11条）。この一定の事項のことを**必要的記載事項**といいます。

個人事業者の場合には、氏名（または登記された商号）、住所及び電話番号を記載します。一方、法人では、名称、住所、電話番号、代表者の氏名（または通信販売業務の責任者の氏名）を記載します。「氏名（名称）」は、戸籍上または商業登記簿に記載された氏名または商号を記載します。通称、屋号、サイト名の記載は認められません。「住所」「電話番号」は、事業所の住所・確実につながる電話番号を記載します。インターネットのホームページの場合には、画面がどんどん変わっていきますが、事業者の氏名、住所、電話番号等については、消費者が見たいと思った時にすぐに探せるように、原則として画面上の広告の冒頭部分に表示しなければなりません。

迷惑メール規制

最近では、電子メールで通販業者からの広告メールが来ることも多くあります。しかし、消費者にとっては、頼んでもいない広告メールがたくさん送られてくるのは迷惑でしかありません。そこで、特定商取引法は、電子メール広告を送信する前にあらかじめ消費者の「請求や承諾」を得ることを義務付け、こうした請求や承諾を得ていない電子メール広告の送信を原則として禁止しています（**オプトイン規制**）。

返品制度

通信販売はクーリング・オフが認められていません。そこで、通信販売では、**返品制度**が導入されています。返品制度とは、通信販売により購入した商品・特定権利について、消費者が事業者に返品することで、売買契約の申込の撤回、あるいは、売買契約の解除を認める制度のことです。

つまり、通信販売で購入した商品の到着後、８日以内であれば、購入者の負担で返品することを認める制度です。注意が必要なのは、通信販売の対象が役務である場合には、返品制度は利用できないということです。役務について返品制度の対象外とされているのは、契約の解除によって、すでに受けたサービスを返還するということが、現実的に困難であることなどが挙げられます。

ただし、通信販売の広告に、あらかじめ「返品できない」ことが記載されている場合には、返品制度を利用した返品ができません。この点がクーリング・オフとの違いだといえるでしょう。

通信販売のしくみ

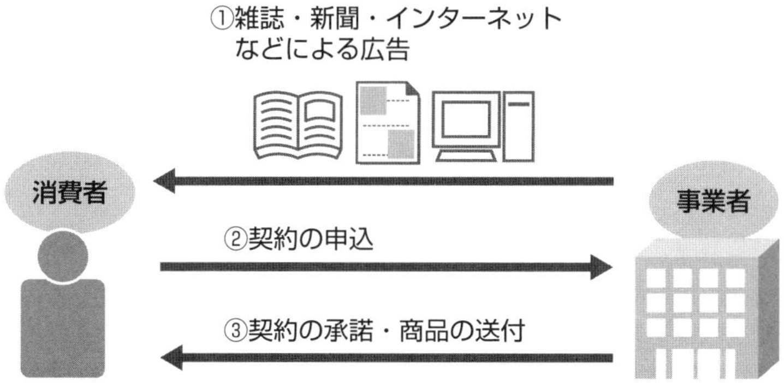

14 広告記載事項の省略

消費者の請求時に遅滞なく情報提供する措置を講じることで、省略することが可能

必要的記載事項を省略できる場合

「特定商取引法に基づく表示」とは、特定商取引法11条に基づいて通信販売業者に義務付けられている広告事項です。必要的記載事項（202ページ）について表示することになります。

ただし、広告スペースなどの関係で、必要的記載事項をすべて表示することが難しい場合には、以下の要件を満たせば、表示を一部省略できます。

まず、広告上に、「消費者からの請求があった場合には必要的記載事項を記載した文書または電子メールを送付する」と記載することが必要です。

また、あわせて実際に消費者から請求があった場合に、必要的記載事項を記載した文書や電子メールを遅滞なく送付できるような措置を講じていなければなりません。「遅滞なく送付」とは、消費者が購入を検討するのに十分な時間を確保できるようになるべく早く送付するという意味です。商品の購入に関して、申込期限がある場合には特に重要です。

ただし、こうした措置を講じても、返品制度に関する事項やソフトウェアの動作環境など、表示を省略できないものもあります。

そして、この特定商取引法11条の規定に違反した場合、消費者などの利益が著しく害されるおそれがあると認められたときには、事業者に対し２年（平成28年の特定商取引法改正により１年から伸長された）以内の期間を限り、通信販売に関する業務停止が命じられることがあります。

必要的記載事項の省略と省略できない事項

原則として必要的記載事項の広告が必要

↓

請求があった場合に文書などで提供する措置をとっていれば
一部事項の記載省略が可能

↓

ただし、その場合でも、返品制度に関する事項、申込みの有効期限があるときはその期限、ソフトウェアの動作環境、販売数量の制限などの条件、省略した広告事項に関し書面請求があった場合の費用負担、電子メール広告をする場合の電子メールアドレス、については省略することは認められない。

書式　特定商取引法に基づく表示

特定商取引法に基づく表示

商品名	商品毎にウェブサイト上に表示しています。
代金	商品毎にウェブサイト上に表示しています。
送料	4,000円以上お買上げの場合は無料、その他の場合は全国一律400円をご負担頂きます。
代金支払方法	次のいずれかの方法によりお支払いください。 ①　クレジットカード番号を入力する。 ②　弊社指定の銀行口座へ振り込む。 ③　コンビニ決済の番号を取得してコンビニで支払う。 ④　商品を届ける宅配業者に現金で支払う。
代金支払時期	①　クレジットカードによるお支払いは商品発送の翌月以降に引き落とされます。 ②　弊社銀行口座へのお振込は商品発送前に前払いしてください。 ③　コンビニでのお支払いは商品発送前に前払いしてください。 ④　代金引換発送は商品お受取り時にお支払いください。
商品の お届け時期	代金引換の場合はお申込日から、それ以外は決済日又は入金日から１週間以内にお届け致します。
商品のお申込の キャンセル	お申込後のキャンセルはお受け致しかねます。
商品の返品について	商品不具合以外を理由とする返品はお受け致しかねます。
事業者名	株式会社スズタロダイエット
所在地	東京都○○区○○１－２－３
電話番号	03－0000－0000
通信販売業務 責任者	鈴　木　太　郎

15 前払式通信販売

事業者は承諾・不承諾などを通知しなければならない

前払式通信販売とは

前払式通信販売とは、消費者が商品を受け取る前に代金を支払うという販売方法です。代金の一部を支払うこともあれば、全額を支払う場合もあります。消費者にとっては商品が届くまでは不安がつきまとう反面、事業者にとっては、商品の代金を支払ってもらえないというリスクがないため、安心で便利な販売方法だといえます。ただし、前払式通信販売という形態を悪用して、消費者からお金をとっておきながら「商品を送らない」「役務（サービス）を提供しない」などのトラブルも発生しがちなため、特定商取引法では、前払式通信販売について規定を設け、事業者に通知義務などを課して消費者保護を図っています。

前払式通信販売ですでに代金を支払ったのに品物が届かないという場合、販売業者だけでなく広告を行った事業者に責任を追及したいところです。しかし、これらの事業者は単に広告をするためのスペースを提供しているにすぎず、責任を追及するのは難しいといえます。ネット通販の場合であっても同様に、プロバイダ（インターネットの接続業者のこと）への責任追及は困難だといえます。

事業者には通知義務がある

事業者の行う前払式通信販売が、商品・特定権利・役務について、申込をした消費者から、その商品の引渡し・権利移転・役務提供をする前に、代金・対価の一部または全部を受け取る形態の通信販売を行う場合には、事業者は消費者に対して通知をしなければなりません。具体的には、消費者から実際に申込を受け、その代金・対価の一部または全部を受け取った場合に承諾についての通知をすることになります。

たとえば、事業者は消費者から申込を受け、商品や役務の対価を受け取った場合には、遅滞なく商品を消費者に商品を送付（権利移転、役務提供）しなければなりません。また、それができない場合には、申込の承諾や商品の引渡しなどについて通知をしなければならないということです。

一般の通信販売では、消費者の郵便や電話などによる申込に対して、事業者による商品の送付や役務の提供が行われれば、その行為が承諾の意味を持ちます。この場合は、申込に対する承諾と契約の履行行為が同時に行われることになるので、承諾の通知は不要です。

しかし、前払式通信販売においては、申込に対して事業者が承諾したのかどうかがわからないまま、消費者が代金・対価を支払っている状態になっています。これでは商品の引渡しなどが行われない可能性があり、消費者が不安定な立場に立たされるので、特定商取引法は前払式通信販売を行う場合に、事業者に対して承諾についての通知義務を課しています。

通知の内容・方法とは

事業者が通知すべき内容は、①申込の承諾の有無、②代金を受け取る前に承諾の有無を通知しているときは、その旨、③事業者の氏名（名称）、住所、電話番号、④受領した金銭の額、⑤金銭を受領した年月日、⑥申込を受けた商品とその数量（権利、役務の種類）、⑦申込を承諾するときは、商品の引渡時期（権利の移転時期、役務の提供時期）です。

通知の方法については、かつては書面が主流でしたが、近年、電子メールが普及してきて、メールによる通知も認められるようになりました。

特定商取引法では、「書面」または「電磁的方法」によって通知する、と定められています。電磁的方法の一例が電子メールです。もっとも、原則は書面であり、電子メールによる通知が認められるのは申込をした消費者の承諾がある場合であることに注意が必要です。そして、特定商取引法では「遅滞なく」通知することを義務付けているので、書面では郵送等の日数を考慮して３～４日程度、電子メール等であれば１～２日以内に通知をする必要があるといえるでしょう。

違反するとどうなるのか

前払式通信販売の場合は、事業者には、消費者に対して承諾・不承諾をはじめ、一定の事項を通知する義務があります。通知義務違反をした事業者は、指示や業務停止命令などの行政処分や罰金といった制裁の対象になります。

前払式通信販売のしくみ・トラブル

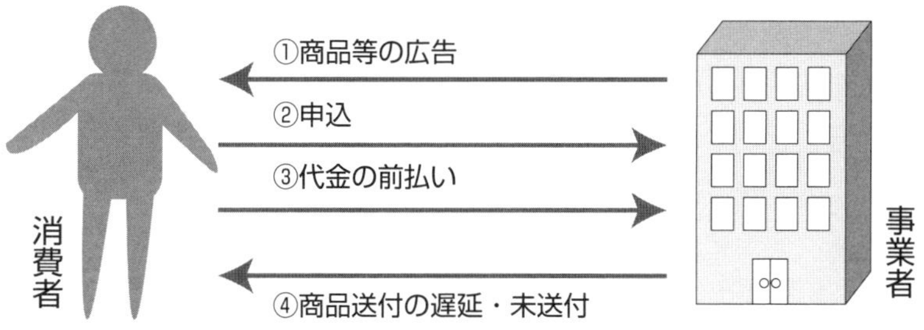

16 電話勧誘販売

電話勧誘販売の特徴と法規制

電話勧誘販売とは

電話勧誘販売とは、事業者が消費者の自宅や職場へ突然電話をかけて商品などを売り込み、それにより消費者が電話・FAX・メールといった通信手段で申し込む販売方法のことです。職場に電話をかけて、20～30代の若い人に資格取得講座などを売り込むケースや、自宅に電話をかけて、浄水器やハウスクリーニングなどの売り込みをする場合などがあります。

電話勧誘は事業者にとっては、簡単で低コストな営業手段です。しかし、電話勧誘が持つ特性上、消費者が十分納得しないまま、契約を締結させられてしまうトラブルが後を絶ちません。電話勧誘の特性とは、不意に商品を見せずに契約させることができる、密室の会話と同じく他者の介入を受けない、忙しいときでも会話を終わらせなかったり何度も繰り返し電話をかけたりすると断りにくい状況が作り出せる、といったことです。

電話勧誘販売の勧誘とは、事業者が消費者の契約意思を決める過程に影響を与える程度の進め方をいいます。「今回特別にこのお値段で提供します。今がチャンスですよ」と安さを強調したり、「これを使えばお肌が見違えてきます」というように、役に立つ商品であると強調することなどが勧誘にあたります。

法規制はどうなっているのか

電話勧誘販売については、以下の3つのいずれかにあたる事業者の販売方法に、特定商取引法が適用されます。

① 電話で契約の締結の勧誘を行う。

② DM、FAX、電子メール、チラシなどで、契約締結の勧誘という目的を隠して電話をするよう促したり、「抽選で商品を安価で購入する権利が当たったので電話してほしい」などとだましたりして、消費者に電話をかけさせる。

③ 顧客から郵便等で契約の申込を受け、商品・特定権利の販売や役務の提供を行う。

電話勧誘販売の対象

電話勧誘販売の対象にかかわらず、原則として特定商取引法が適用されます。ただし、権利の販売については、特定権利だけが対象になります。具体的には、スポーツジムの会員権や演劇鑑賞権、社債や株式などです。

クーリング・オフについて

電話勧誘販売におけるクーリング・オフの制度は、基本的には訪問販売と同様です。具体的には、①電話勧誘販売であること、②権利の購入契約の場合は特定権利であること、③法定の書面の交付を受けてから８日以内であること、④クーリング・オフの例外や適用除外事項に該当しないこと、の要件をすべて満たした場合に行うことができます。クーリング・オフが成立すると、契約申込や契約締結がなかったことになり、以下のような効果が生じます。これらの、クーリング・オフの効果について消費者に不利になる特約を定めても無効になります。

・消費者（購入者）は、損害賠償や違約金を請求されない。
・事業者は、商品の引渡しや権利の移転があった後にクーリング・オフがなされた場合、その引取りまたは返還の費用を負担しなければならない。
・消費者は、すでに施設を利用したり役務の提供を受けたりしていたとしても、その使用料金などの対価を請求されない。
・事業者は、その契約に関連して受け取っている金銭があれば、これを返還しなければならない。
・消費者は、契約の履行に伴って土地や工作物の現状が変更されている場合、無償での原状回復を請求できる。

ただし、電話勧誘販売で購入した商品などが以下に該当する場合、クーリング・オフは適用されません。

①　乗用自動車の電話勧誘販売
②　政令指定消耗品を使用・消費してしまった場合
③　代金または対価が3000円（税込）に満たない場合
④　消費者が「契約をしたいので電話をかけてきてほしい」と業者に請求した場合の電話勧誘販売
⑤　これまで１年間に２回以上取引がある事業者と消費者との間での、電話勧誘による慣例的な取引

電話勧誘販売のしくみ

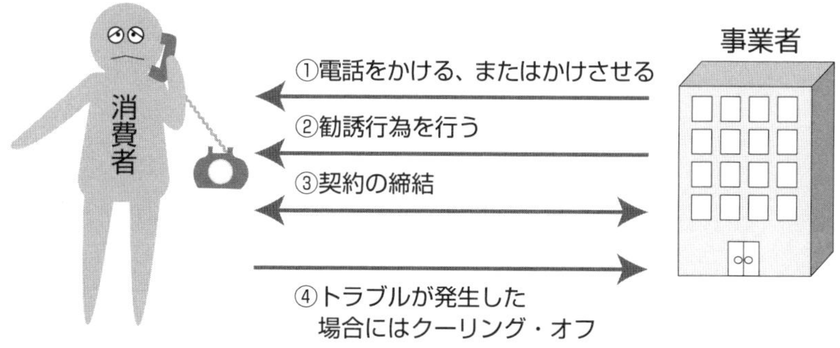

17 電話勧誘販売の規制

いやがる相手に勧誘してはいけない

どのような規制があるのか

電話勧誘販売には、①氏名等の明示義務、②勧誘継続、再勧誘の禁止、③指定事項を記載した書面の交付義務、④前払式電話勧誘販売における承諾等の通知義務、⑤不実を告げる行為、故意に事実を告げない行為、強迫行為の禁止などの規制が設けられています。

氏名等の明示義務とは

販売業者または役務提供事業者は、電話勧誘販売をするとき、勧誘に先立って、①事業者の氏名または名称、②勧誘を行う者の氏名、③商品・特定権利・役務の種類、④電話が勧誘を目的とするものであること、について伝えなければなりません。

勧誘継続・再勧誘の禁止とは

電話勧誘販売において、消費者が契約を締結しないという意思を示した場合、事業者は、その契約について勧誘を続けたり、再電話勧誘販売において、相手が契約を締結しないという意思を示した場合、事業者は、その契約について勧誘を続けたり、再度勧誘の電話をしたりしてはいけません。

契約を締結しない意思表示とは、「いりません」「興味がありません」「契約しません」といった言葉です。

書面の交付義務

電話勧誘販売を行う事業者は、契約の申込時あるいは締結時に、特定商取引法や主務省令に指定された事項が記載された書面を遅滞なく消費者に交付しなければなりません。契約の申込に関する内容を記載した書面を申込書面といい、契約締結時に契約内容の明示を目的に交付される書面を契約書面といいます。申込書面と契約書面において、記載が求められる事項はほぼ共通しています。電話勧誘販売は、事業者が消費者に突然、電話により働きかけることが可能なため、消費者にとっては予期することができず、不意打ちになる可能性が高いといえます。

また、直接対面するのとは異なり、交渉においても、書面などを提示しながら行うことは困難です。そのため、契約条件などの重要な内容が、消費者に曖昧になりやすく、ある程度取引が進んだ状況で、トラブルに発展するケースも少なくありません。書面には、内容を十分に読むべきことを赤枠の中に赤字で、8ポイント以上の大きさの文字や数字を用いなければなりません。

ただし、電話勧誘販売では、①販売

業者が契約不適合責任を負わないこと、②購入者からの契約の解除ができないこと、③事業者責任の契約解除で購入者が民法の定めよりも不利になる規定、④その他法令に違反する特約、を記載することは禁止されています。

◎前払い式電話勧誘販売の場合

電話勧誘販売で前払式の取引をする場合、契約の成立が不明確になりやすく、消費者（購入者）は履行がなされるかどうか不安な状況になります。代金は支払ったものの、その後に事業者が商品を届ける確実な保証もありませんので、非常に不安定な地位に置かれます。

そこで、特定商取引法では、前払式の電話勧誘販売を行う場合、事業者に承諾等の通知義務を課しています。承諾等の通知が必要になるのは、事業者が契約履行に先立って代金や対価の一部または全部を受領する場合です。ただし、代金や対価の受領後に遅滞なく契約履行がなされる場合は除きます。

承諾等の通知には、承諾をするかしないかをまず記載して、承諾する場合には、商品の引渡時期（または権利の移転時期や役務の提供時期）を記載します。承諾をしない場合には、返金の意思と返金方法を記載します。

書面の記載事項と書面に記載してはいけない事項

申込書面または契約書面の記載事項

① 商品等の代金の金額・支払時期・方法
② 商品引渡し、権利移転、サービス提供開始の時期
③ クーリング・オフについて
④ 事業者の連絡先及び代表者の氏名
⑤ 担当者の氏名
⑥ 契約の申込または契約の締結をした年月日
⑦ 商品の名前や型式、権利やサービスの内容
⑧ 商品の数量
⑨ 契約不適合（瑕疵担保）責任及び契約の解除に関する事項
⑩ 特約がある場合には特約について

書面に記載してはいけない事項

① 販売業者が契約不適合（瑕疵担保）責任を負わないという規定
② 購入者からの契約の解除ができないという規定
③ 事業者責任の契約解除で、購入者が民法の定めよりも不利になる規定
④ その他法令に違反する特約

18 法律の規定が適用されないケース

消費者保護の規定が適用されない場合がある

適用除外とは

訪問販売・通信販売・電話勧誘販売であっても、特定商取引法の適用が除外され、クーリング・オフの制度の適用がなくなる場合があります。**適用除外**となるケースは、特定商取引法26条で規定されています。

・購入者が営業として行う取引

たとえば、訪問販売であっても契約者が「営業のために」あるいは「営業として」締結する取引には、特定商取引法は適用されません。

・海外との取引

海外にいる者に対する販売やサービス（役務）の提供といった取引について、特定商取引法は適用されません。訪問販売は想定しがたいですが、通信販売や電話勧誘販売については、海外の事一般の事業者ではなく、国や都道府県、市区町村が行う販売やサービスの提供といった取引は特定商取引法の対象外です。

・組織内部の取引

事業者がその従業者に対して行う販売やサービスの提供や、労働組合などの団体がその構成員に対して行う販売やサービスの提供は特定商取引法の対象外です。

・他の法律で保護が図られている取引

弁護士が行う役務の提供、金融商品取引、宅地建物取引、旅行業者の行う旅行役務の提供といった取引については、それぞれの取引の安全を図るための法律が別に存在するので、特定商取引法の対象外とされています。

訪問販売の規制が適用されない場合

訪問販売の場合でも、その住居で契約を結ぶことを請求した消費者との間の契約には、特定商取引法が適用されません。また、販売業者やサービスの提供事業者が定期的に住居を巡回訪問し、勧誘を行わずに結ばれる契約についても、特定商取引法の訪問販売の規制が適用されないものとされています。

電話勧誘販売に特有の適用除外

電話勧誘販売では、以下の①または②に該当する場合は、電話勧誘取引の規制が適用されません（適用除外）。

具体的には、申込書面や契約書面の交付義務が生じません。また、事実でないことを告げたり、故意に事実を告げなかったりした場合の行政処分・罰則や、クーリング・オフ及び損害賠償額の制限に関する規定も適用されなくなります。

①　消費者が「契約をしたいので電話をかけてきてほしい」と業者に請求した場合の電話勧誘販売。ただし、消費者が電話を請求した場合であっても、勧誘の目的を隠している業者に電話の請求をさせられた、と認められる場合には、適用除外になりません。

適用除外の対象は、「契約の申込や締結のため」の電話を請求した場合ですから、その意思が明確でない場合は適用除外になりません。「商品を購入したいのですが…」などと契約の意思が消費者から明確に示された場合のみ、適用除外の対象です。

②　これまで１年間に２回以上取引がある事業者と消費者との間でなされる、継続的取引に関する電話勧誘販売については、適用除外となります。

割賦販売法が優先的に適用される場合

分割払いで商品を購入する場合、特定商取引法だけでなく割賦販売法の適用対象にもなるため、適用される規定が調整されています。

たとえば、特定商取引法では訪問販売や電話勧誘販売が解除された際に、事業者が消費者に請求できる損害賠償の金額は一定限度に制限されますが、訪問販売や電話勧誘販売が割賦販売法の割賦販売に該当する場合には、特定商取引法の規定は適用されません。

特定商取引法の適用が除外されるおもな事項

除外の種類	例
おもな適用除外事由	①事業者間取引の場合 ②海外にいる人に対する契約 ③国、地方公共団体が行う販売または役務の提供 ④労働組合などが組合員に対して行う販売または役務の提供 ⑤事業者が従業員に対して行った販売または役務の提供 ⑥株式会社以外が発行する新聞紙の販売 ⑦他の法令で消費者の利益を保護することができる等と認められるもの
適用除外事由⑦の具体例	・弁護士が行う弁護士法に基づく役務の提供 ・宅地建物取引業法に基づいて宅地建物取引業者が行う商品（宅地建物）の販売または役務の提供

19 連鎖販売取引

マルチ商法とも言われる連鎖販売取引とは

連鎖販売取引とは

連鎖販売取引とは、商品を販売しながら会員を勧誘するとリベートが得られるとして、消費者を販売員にして、会員を増やしながら商品を販売していく商法です。マルチ商法とも呼ばれています。たとえば、その組織の会員になると化粧品の販売員として化粧品の販売が可能になる組織があるとします。販売員は商品の仕入代金の支払いが必要ですが、他の人を勧誘して会員にすると、商品仕入代金の一定額が返還されるしくみがとられています。そのため販売員は勧誘を熱心に行うので、組織は拡大していくことになります。

ネズミ講との違い

マルチ商法と似た構造をもつ悪質商法にネズミ講というものがあります。ネズミ講とは、金銭を支払って加入した人が、他に２人以上の加入者を紹介・あっせんし、その結果、出費した額を超える金銭を後で受け取る販売方法です。ネズミ講は「無限連鎖講の防止に関する法律」に違反する行為です。

マルチ商法も、ネズミ講と似たシステムで、組織の販売員になり、自分の下位に販売員を増やすことで利益を得ます。マルチ商法とネズミ講は、組織の形態としては基本的に同じですが、マルチ商品は商品販売組織であり、商品販売という実体があります。そのため、法律上ネズミ講が全面的に禁止であるのに対し、マルチ商法は、販売方法自体は違法ではないが、特定商取引法で規制を加えるという対応がとられています。

規制される取引とは

以下の要件を満たす販売形態が連鎖販売取引です。

① 物品・権利の販売、有償で行う役務の提供

権利の販売や役務（労働や便益）提供も規制の対象となるので、物品の販売だけでなくレンタルやリースなども含まれます。不動産は宅地建物取引業法によって連鎖販売取引が規制されているため、対象の範囲外です。

② 再販売・受託販売のあっせん、役務の提供やそのあっせんをする者の勧誘

再販売とは、売る目的で商品を購入し、後にそれを別の相手に販売することです。

受託販売とは、商品の所有者から委託を受けて商品を販売することです。特定商取引法では、特定利益を得ることによってこのような行為を行う人を誘引する（勧誘する）ことも規制の対象とされています。もちろん物品だけでなく、役務提供に関する誘引であっても同じように規制対象となります。

③　特定利益とは

特定利益とは、組織に入り商品の購入や役務の利用を勧めたり、あっせんすることで得られる利益のことです。連鎖販売取引では、この特定利益が得られることを売り文句として、消費者を組織に勧誘します。たとえば、会員を増やして化粧品を購入させることができれば、その10％が手に入るというケースが考えられますが、この報酬が特定利益にあたります。

その他、よくある例としては、会員を増やすことで得られる利益や、自分の獲得した会員や自分より下位にいる組織の人間の売上げに応じて得られる利益なども特定利益とみなされています。このような利益になるお金には入会金以外にも、取引料、保証金、加盟料などのさまざまな名前が使われていますが、似たような性質を持っていれば、これらを得ることはすべて特定利益として扱われます。

④　特定負担とは

特定負担とは、組織に入会するために支払う費用や販売用の商品を購入する際に支払う金銭的負担を意味します。

たとえば組織の入会時に必要な入会金や保証金、組織の中で地位の変化に伴って支払うお金や、自分が商品販売をするために必要となる購入費や経費といった出費など、その名前はさまざまですが、金銭的な負担であればすべて特定負担になります。

連鎖販売取引のしくみ

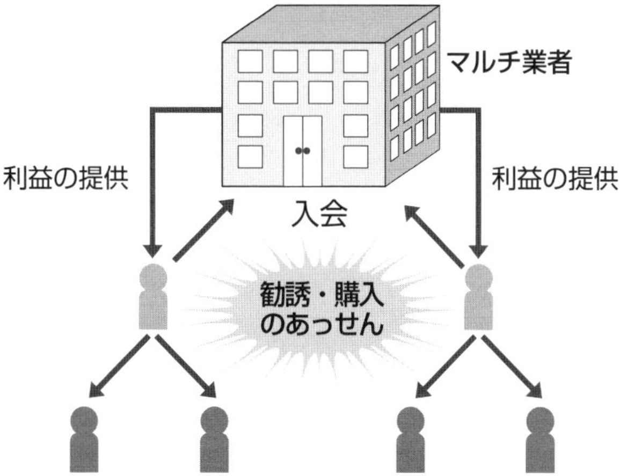

20 連鎖販売取引の規制

消費者を惑わす行為は許されない

契約書面には何を記載するのか

連鎖販売取引を行う場合、事業者は、勧誘する消費者（会員）に対して、以下の事項を記載した書面を交付する必要があります。消費者側も書面の記載内容について理解しておきましょう。

① 統括者や代表者の名前や住所

連鎖販売取引を行う人が統括者や代表者でない場合は、連鎖販売取引を行う者の名前・住所の記載も必要です。

② 販売する商品や役務の種類など

重要な情報商品や役務の名前はもちろん、その重要な内容を詳細に記しておく必要があります。

③ 販売方法に関する重要事項

商品の販売方法や役務提供、あっせんの方法全般に関して重要な情報を記載します。

④ 特定利益・特定負担の内容

会員が受け取ったり支払う特定利益・特定負担の内容を記載します。なお、実際に特定利益・特定負担の条件を満たすような金銭のやりとりが行われた場合は、たとえ契約書面に書かれていない事柄であっても特定利益・特定負担として扱われます。

⑤ その他の重要な事柄

入会者にとって、知っていなければ損害を被るような、重要な契約に係る事柄を記載します。

⑥ クーリング・オフに関する記載

この連鎖販売取引契約が契約書面の交付から20日間がクーリング・オフの対象期間であることを記載します。

⑦ 契約の解除等に関する事項

契約を取り消したり、契約を途中で解約（解除）する場合、その方法を明記しておきます。

⑧ 法令に規定される禁止行為

特定商取引法では、勧誘の際にわざと重要な事実を伝えない行為やウソの事実を伝える行為を禁止していますが、このような禁止行為に違反していない旨を明記します。

不実告知・事実の不告知とは

連鎖販売取引では、会員を獲得するために入会を迷っている人や契約の解約を申し出た会員などに対し、故意に商品の質や性能、契約内容に関して事実を言わない場合（事実の不告知）や、事実と異なる説明をして消費者（会員）が誤解を生むような勧誘を行うこと（不実告知）が頻繁に起こっています。特定商取引法では、勧誘時や契約締結後の業者による以上のような行為を禁ずる規制を定めています。

まず、事業者や勧誘者が故意に事実

を告げなかった、または不実のことを告げたことで、消費者（会員）が事実を誤認して相手方との間で連鎖販売契約をしたと認められる場合には、原則として、その契約を取り消すことができます。取消権の行使期間は、事実誤認に気づいた時から１年間または契約締結時から５年間です。

さらに、販売物に関することだけでなく、契約に関するすべてのことにおいて、消費者に誤解を与える可能性のある不実告知や事実の不告知が禁止行為の対象となります。

広告規制について

連鎖販売取引について広告を出す場合には、広告に下図で示す事項について記載することが必要です。連鎖販売取引の場合も通信販売と同様にオプトイン規制とされているため、事前に承諾していない者に対して広告メールを送信することは認められません。

クーリング・オフは20日以内

商取引に不慣れな消費者が、簡単で確実に儲かるという巧妙な演出などにより、複雑な契約内容をよく理解しないまま契約を結んで大きな不利益を被る、という事態が頻繁に発生しているので、連鎖販売取引においてもクーリング・オフ制度が導入されています。連鎖販売取引のクーリング・オフ期間は、20日間とされており、訪問販売や電話勧誘販売の８日と比べて、長めに設定されています。連鎖販売取引のクーリング・オフ期間の起算日は、契約書面を受け取った日です。

連鎖販売契約の中途解約とは

連鎖販売契約を結んで組織に加入した消費者（無店舗個人に限ります）は、契約書面の受領日から20日を経過しているためクーリング・オフができないとしても、いつでも自由に連鎖販売契約を中途解約する権利が認められています。この場合、事業者の消費者（会員）に対する損害賠償額に制限が設けられており、損害賠償額の予定や違約金の定めに関する不当な特約は無効です。

連鎖販売取引に対する規制

21 特定継続的役務提供契約

エステなど７業種が該当する

特定継続的役務とは

特定継続的役務とは、役務提供を受ける者の身体の美化、知識・技能の向上に関して誘引されるが、その目的の実現が確実でないという特徴を持つ有償の役務（サービス）のことです（特定商取引法41条）。

たとえばどんなケースなのか

特定継続的役務に該当する役務（政令指定役務）や権利を見てみましょう。

①　エステティックサロン

よく知られていますが、美顔や脱毛、瘦身などを目的として行う役務（サービス）です。

②　語学教室

語学（日本語含む）の指導をするサービスです。生徒を教室に集めて行う指導だけでなく、インターネットや電話を通じた指導も規制の対象です。外国語（日本語以外）だけでなく、日本語の指導も語学指導に含まれますから、規制対象になります。なお、入学試験対策のための語学指導は、下記の学習塾や家庭教師に該当するものとして、特定商取引法の適用を受けます。

③　学習塾など

教室など事業者が用意した場所で、入学試験対策（幼稚園入試・小学校入試の対策を除く）や補習を目的として、学校（幼稚園・大学を除く）の児童生徒、学生を対象に勉強を教えるサービスです。資格取得が目的である場合や就職セミナーは含まれません。

④　家庭教師など

入学試験対策（幼稚園入試・小学校入試の対策を除く）や学校教育（大学・幼稚園を除く）の補習のために勉強を教えるサービスで、上記の「学習塾など」とは違い、事業者が用意した場所以外で行われるものです。最近増えてきたインターネット上での学習指導も含まれます。また、幼稚園または小学校受験は、上記の「家庭教師など」「学習塾など」には含まれません。

⑤　パソコン教室

パソコン操作に関する知識または技術を教えるサービスです。

⑥　結婚相手紹介サービス

結婚を望む人に異性を紹介するサービスです。

⑦　美容医療

人の皮膚を美化したり、体型を整えたり、体重を減らすなどするための医学的処置などを行うサービスです。

これら①～⑦を直接行うサービス以外にも、その権利を販売するという場合もありますが、この場合も同様に特定商取引法の適用を受けます。

指定期間や指定金額とは

特定商取引法の適用がある特定継続的役務提供は、一定期間（指定期間）を超えるもの、かつ一定金額（指定金額）を超えるものであると規定しています。一定期間とは、エステティックサロンと美容医療の場合は1か月間、それ以外のものについては2か月を超える期間と規定されています。通常は役務開始日から提供期間を計算します。開始日が定められていない場合は契約締結日から計算します。提供期間の算出については、チケット制の場合はチケットの有効期限までとされます。何らかの事情で期間を更新した場合や前契約と更新後の契約が一体であるとみなされる場合には、期間は合算可能です。

指定金額は、すべての役務で５万円を超えるものです。この金額は総額であるため、施設費や入会金も含めて考えます。

関連商品とは

特定継続的役務提供の関連商品とは、役務を受ける消費者が購入する必要がある商品として政令で定めるものをいいます。たとえば、エステティックサロンであれば、石けんや化粧品、下着などがあります。また美顔器などの高額な商品もあります。ほぼすべての役務に関連商品が存在します。

関連商品は、あまり望んでいないのに強引に買わされたり、解約の際に返品をめぐりトラブルになることも多いため、関連商品の売買契約として規定が設けられています。具体的には、役務提供契約書面に関連商品を記載しなければならず、関連商品のクーリング・オフや中途解約も認められます。

特定継続的役務提供の種類

種　類	役務が提供される期間（指定期間）	支払った金額（指定金額）
エステティックサロン	1か月を超える期間	総額５万円を超えるもの
美容医療		
語学教室	2か月を超える期間	
家庭教師		
学習塾		
パソコン教室		
結婚相手紹介サービス		

22 特定継続的役務提供の規制

広告や勧誘には特定商取引法の適用がある

書面等の交付義務とは

特定継続的役務提供の場合、書面を交わして業者と消費者が情報や意思を正しく伝え合うことは非常に重要です。このため、書面の交付については、概要書面と契約書面という形で２段階に分けて交付することが義務付けられています。これらの書面に記載されていることは非常に重要な事項ですから、消費者がしっかり読んでくれるよう、工夫することが求められています。特に、契約書面においては、クーリング・オフに関する事項を赤枠の中に赤字で記載することが必要です。

広告規制とは

特定継続的役務提供に関して、広告で問題となるのは、内容や金額、事業者の氏名などについてのウソや偽りの広告ですが、これ以外にも、実際の内容よりも著しく優良で有利であると消費者を誤信させ（優良誤認・有利誤認）、契約における消費者の判断を誤らせるような誇大広告等も規制対象です。

広告内容について、一般の消費者などが疑念を持つような内容である場合には、主務大臣（経済産業大臣など）が事業者に対して、その広告内容に対する合理的な証拠資料を提出するよう求めることができます。証拠が提出できないのであれば、誇大表示があったとみなして、その広告を規制することができます。罰金が科されたり、主務大臣による指示、業務停止などの措置がとられます。

勧誘行為規制とは

勧誘に際しては、不実告知が問題になります。これは不実（ウソなど）を告げることで、①役務の種類、内容、効果など、②関連商品の有無、③関連商品の種類など、④役務提供期間、⑤支払うべき費用や支払方法などについて、不実の内容を告知することは禁止されています。

不実告知には、契約締結に関連することだけではなく中途解約などの契約の解除に関することも含まれます。また、わざと事実を告げないということも禁止されています。

これらの不実告知や故意の事実不告知については、主務大臣は事業者に合理的な根拠を示す資料の提出を求めることができ、提出がない場合には、不実告知や故意の事実不告知があったとみなされます。その他にも、暴力行為や威迫行為、強迫行為で契約をさせることは禁止されています。

クーリング・オフの要件と効果

特定継続的役務提供においてクーリング・オフをするための要件は、①特定継続的役務提供の契約であること、②契約書面を受け取った日を含めて8日以内であること、③書面によって契約解除の意思を表示することです。

また、関連商品（219ページ）を購入している場合は、主契約だけのクーリング・オフでは消費者を救済できないことが多いため、主契約のクーリング・オフがなされた場合であり（主契約と同時に関連商品のクーリング・オフをすることも可能です）、契約書面を受け取ってから8日以内などの要件を満たせば、主契約と共に関連商品についてもクーリング・オフが認められます。ただし、使用・消費により返品不可能な場合は認められません。

クーリング・オフが行われると、消費者は支払義務がなくなり、手元に受け取っている商品を返さなければなりません。商品の引き取りにかかる費用は事業者負担です。事業者は、損害賠償や違約金などの請求はできず、すでに受け取っている金銭があれば、速やかに消費者に返還しなければなりません。

申込や承諾の取消

事業者による不実告知や、故意の事実の不告知があって、消費者が重要な事実を誤認して契約をした場合は、消費者取消権が発生し、申込や承諾の意思表示を取り消すことができます。

概要書面の記載事項

① 事業者の氏名（名称）、住所、電話番号、法人であれば代表者の氏名
② 役務の内容
③ 購入が必要な商品（関連商品）がある場合にはその商品名、種類、数
④ 役務の対価（権利の販売価格）その他、消費者が支払うべき金銭（概算金額）
⑤ ④の金銭の支払時期、方法
⑥ その役務の提供期間
⑦ クーリング・オフに関する事項
⑧ 中途解約に関する事項
⑨ 割賦販売法に基づく抗弁権の接続に関する事項
⑩ 前受金の保全に関する事項
⑪ 特約があるときはその内容

23 業務提供誘引販売取引

モニター商法や資格商法などがある

業務提供誘引販売取引とは

業務提供誘引販売業とは、特定の商品や役務（サービス）の利用で利益を受けられるのを誘い文句として、一定の金額を消費者に負担させ、商品の販売、役務の提供やこれらのあっせんを行う事業です。そして、**業務提供誘引販売取引**とは、業務提供利益を目的として顧客を誘引する取引、もしくは商品や役務のあっせんを目的として顧客を誘引する取引です。注意が必要な例として、モニター商法や資格商法が挙げられます。

モニター商法とは、事業者が消費者に商品を販売し、その商品を利用した感想などの提出を求め、それに対してモニター料を支払うものをいいます。モニター商法では、消費者が商品を利用した上で、その感想などを提出すれば、モニター料を受領できるというのを誘い文句として、消費者に商品を販売しているので、業務提供誘引販売取引にあたると考えられています。モニター商法は、布団などの生活用具について、よく用いられる手段といえます。着物などについては、利用した感想などの提出を求めるのではなく、消費者に対し、購入した着物を着用した上で展示会などに出席すれば対価を支払うことを誘い文句とする場合も、モニター商法に該当します。

資格商法とは、特定の資格を取得することを条件に、その資格を活用した業務の提供・あっせんを行うものをいいます。直接的に資格取得のための講座や教材を販売するのみでは、業務提供誘引販売取引にはあたりませんので、注意が必要です。あくまでも事業者が、資格を取得すれば仕事の提供や紹介をするのを誘い文句として勧誘していることが重要です。たとえば、行政書士の資格を取得することを条件に、顧問行政書士として契約を締結し業務を依頼することを誘い文句として、行政書士の資格取得に必要な講座や教材の販売を行う契約などが挙げられます。裁判例では、行政書士の資格を取得したら、行政書士の本来の業務とはいえない行政書士試験の模擬試験の問題の作成などの業務を依頼するとの勧誘を行った場合も、業務提供誘引販売取引にあたると判断した例があります。

業務提供誘引販売取引に関するトラブルのおもな要因となるのが、「利益が得られると信じたから商品を購入したのに、実際はまったく儲からない」「約束したモニター料の支払いが滞るようになった」などです。儲からないことを知りながら、あるいはモニター料の支払いをする意思がなく、業務提供誘引販売取引を行う悪質な事業者も存在します。なお、商品の購入はクレジット契約により行われることが多いといえますが、この場合は、事業者から利益の支払いが行われなければ、消費者は商品購入代金についてクレジット会社に対する支払いを停止できます(抗弁権の接続)。

特定負担とは

特定負担とは、特定商取引法によると、顧客が抱えている金銭的負担を指します。たとえば、内職をすることで一定の利益を上げられることを誘い文句として、パソコンやソフトを購入させられた場合には、そのパソコンやソフトの代金が特定負担にあたります。

このように、業務提供誘引販売取引は、単なる物品の販売契約やサービスの提供契約ではなく、消費者が利益を得られることを誘い文句にするものでなければなりません。つまり、内職の契約など最初からなく、パソコンの売買契約のみが行われているという場合、それは「物品の取引」であって、業務提供誘引販売取引ではありません。ただ、業務提供誘引販売取引の場合、多くの契約において、パソコンや健康器具などを購入させることが事業者のおもな目的であり、問題といえます。

クーリング・オフが利用できる

業務提供誘引販売取引で商品を購入して業務に従事してみたが、思っていたように在宅ワークがはかどらなかった場合、契約を解除したいと考えるでしょう。この場合、クーリング・オフ制度を利用することができます。業務提供誘引販売取引のクーリング・オフの行使期間は、連鎖販売取引と同じく、適法な契約書面を受領した日から起算して20日間です。

業務提供誘引販売取引のしくみ

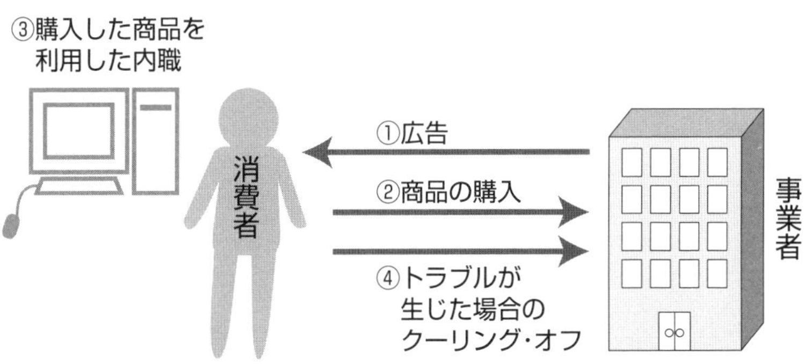

24 業務提供誘引販売取引の規制

不当な勧誘や不明確な契約を規制する

広告規制や勧誘規制がある

業務提供誘引販売取引に関して広告を行う場合に、一定の事項を明記する必要があると定めています。業務提供誘引販売取引では、誇大広告等が禁止されています。消費者にウソや大げさな説明をして勧誘が行われることが多いためです。

また、他の違法につながりやすい特定商取引と同じく、業務提供誘引販売取引でも勧誘時の規制が定められています。

① **事実不告知・不実告知**

商品の品質や性能や、その他契約に関する重要な事項を故意に告げなかったり、事実と違うことを告げる行為が禁止されています。

② **威迫行為**

消費者を威迫して困惑させる行為が禁止されています。

③ **勧誘の目的を告げない誘引**

キャッチセールスなどと同様に、勧誘が目的であることを知らせずに、店舗などに消費者を誘い込んで、業務提供誘引販売取引の勧誘を行う行為が禁止されています。

これらの規制は、勧誘時などの契約締結前にだけ有効なのではなく、契約の締結後も同様に規制されるものです。たとえば消費者が契約の解除を申し出た際に、それを防ぐために前述のような行為を行った場合も特定商取引法違反として処罰の対象になります。

書面交付義務とは

書面交付義務とは、契約の締結前の勧誘時や、契約内容に変更があった場合に、その契約内容が記された書面を消費者（無店舗個人に限る）に交付する義務のことです。勧誘時や契約前に消費者に対して交付する書面を概要書面、契約時や契約内容の変更時などの契約締結後に交付する書面を契約書面といいます。

業務提供誘引販売取引では、次の条件にあてはまる場合には、概要書面の交付を義務付けています。なお、書面を交付する際には、次ページの事柄を明記しておかなければなりません。

① 店舗や事務所によらないで行う個人と契約を締結する場合
② 特定負担のある契約を締結する場合

契約書面の注意点

契約書面についても、消費者（無店舗個人に限る）との間で業務提供誘引販売取引の契約を締結した際には、遅滞なく交付する必要があります。契約書面には次の事項を明記します。

・商品の種類、性能・品質、役務の提供を受ける権利や役務の種類、内容に関する事項
・商品・役務を利用する業務の提供・あっせんについての条件に関する事項
・特定負担に関する事項
・当該業務提供誘引販売契約の解除に関する事項
・事業者の氏名（名称・代表者氏名）、住所、電話番号
・契約の締結を担当した者の氏名
・契約年月日
・商品名・商品の商標または製造者名
・特定負担以外の義務の内容
・割賦販売法に基づく抗弁権の接続に関する事項

取消権・損害賠償額の制限

業務提供誘引販売業者が広告規制、勧誘規制など、前述したような不正を行い、消費者を誤認させた上で締結された契約であれば、取り消すことが可能です。ただし、取消権はあくまで消費者と業務提供誘引販売業者の間だけに有効であり、不正な行為が行われたことについて善意無過失の第三者がいる場合には、その人に主張することはできません。また、業務提供誘引販売契約が解除されたとしても、事業者が消費者に対して請求できる損害賠償額には上限が定められています。たとえば、解除により商品が返還された場合、通常の使用料に法定利率による遅延損害金を加えた額が上限になります。

業務提供誘引販売取引についての特定商取引法の規制

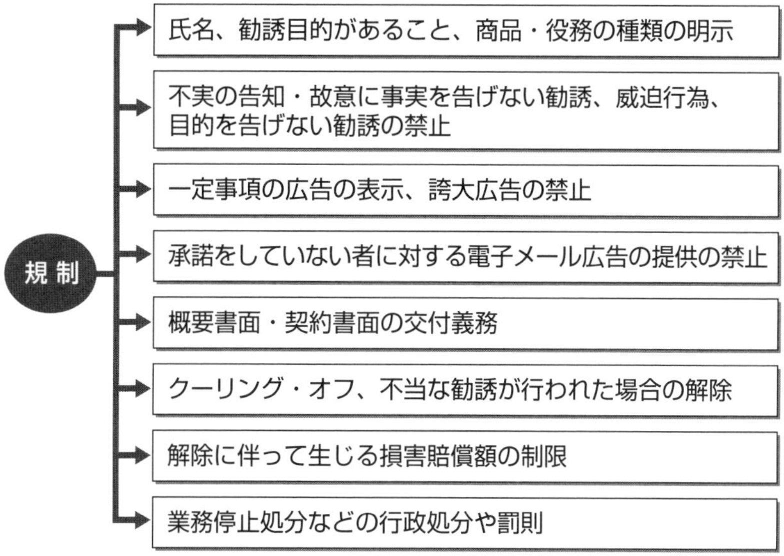

25 ネガティブオプション

一方的に商品を送り付けるのがネガティブオプション

ネガティブオプションとは

ネガティブオプションは、「送り付け商法」「押し付け販売」とも呼ばれる商法のことです。ある日突然家に注文した覚えのないものが請求書といっしょに送られてきて、通常、同封の書面に「何日以内に返品が行われなければ、購入したものとみなします」などと記載されています。

契約は成立しているのか

売買契約にかかわらず、契約というものはお互いの同意がなければ成立しません。買う気のない人に一方的に商品を送り付けただけでは、契約が成立したとは認められません。

そのため、ネガティブオプションには返品や代金の支払いなどを行う必要はありませんし、クーリング・オフを行う必要もありません。しかし、たとえ買う気がなくても、代金引換などでお金を支払った場合は、購入の意思があったとみなされてしまいます。特にネガティブオプションでは、代金引換郵便で送り付け、受け取った方は家族の誰かが購入したのだろうと勘違いして支払ってしまう、といったようなケースも目立っており、注意が必要です。

ネガティブオプションと規制

特定商取引法では、以下の条件にあてはまるものをネガティブオプションとして規制しています。

① 商品購入の申込をしていない相手に対して、販売業者が売買契約の申込を行うこと

② 実際に商品を送付すること

これらにあてはまる場合は、たとえどのような商品が送り付けられてきてもネガティブオプションの規制対象となります。

送付された商品の保管義務とは

ネガティブオプションで商品が送り付けられてきた場合に、「こんな商品を買った覚えはない」と考えて、商品の受取人が商品を勝手に処分してしまうケースがあります。

受取人としては処分したいところですが、たとえ送り付けられてきたものだといっても、他人のものであることに変わりはありません。そのため、送られてきた側としては、この商品の保管義務が課せられることになります。

このような他人の所有物の保管に関する問題を解決するため、特定商取引法では、ネガティブオプションで送り付けられてきた商品を「売買契約に基

づかないで送付された商品」として定め、14日間を保管期間として未使用のまま保管しておく必要があると規定しています。そして14日を過ぎた後は、販売業者の商品に対する返還請求権が消滅し、受け取った側は自由に処分してもよいことになります。保管期間中に商品を使用した場合は、購入の意思があるとみなされます。また、送り付けてきた業者に商品の引き取りを請求した場合は、保管義務期間は請求時から７日となります。引き取り請求は、証拠が残るように内容証明郵便にするとよいでしょう。

なお、この保管義務とは、特段丁寧に商品を取り扱う必要があるわけではありません。ただ送られてきたまま保管しておくだけで問題ありませんし、受け取った際に確認するつもりで小包の中身を開けただけでは使用したとはみなされません。

特定商取引法の規制が適用されない場合

ネガティブオプションによって送られてきた商品は保管期間の14日の経過後は自由に処分できることになります。ただし、以下のケースに該当する場合には、商品の一方的な送り付けがあったとしても、特定商取引法の規制は適用されません。

・商品の送付を受けた者が購入を承諾した場合

・受け取った人が送り付けた業者に商品の引き取り請求を行い実際に引き取られた場合

・送付を受けた者が一般の消費者ではなく会社などの商人である場合

ネガティブオプションの規制が適用されない場合

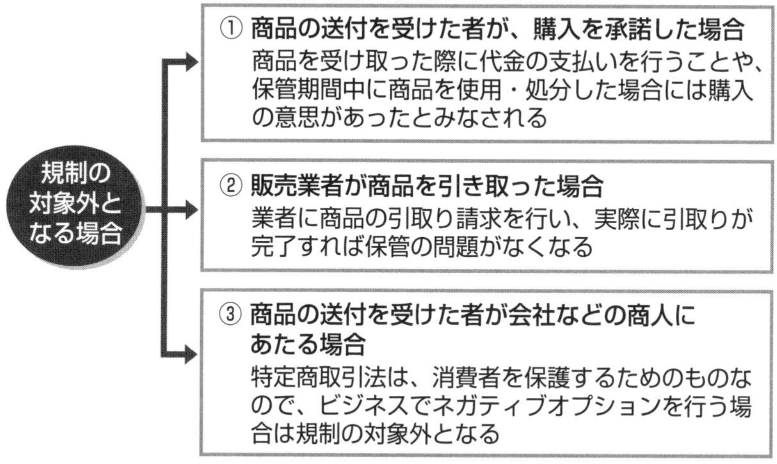

26 クーリング・オフ

一定の期間の間であれば、契約を解除できるという制度

クーリング・オフ制度とは

一定期間の間は、消費者から申込を撤回し、または契約を解除（最初から契約をなかったことにする）できることを法律で認めています。この法律で認められた一定期間のことを**クーリング・オフ期間**と呼びます。この期間を過ぎるとクーリング・オフができなくなります。クーリング・オフできる取引は、さまざまな法律で決められています。

クーリング・オフは一度行った契約を消滅させる強力な効果があります。クーリング・オフを行ったことをはっきりさせておかなければ、後で「契約を解除した」「いや解除しなかった」という水かけ論になる危険もあります。そこで、どんな法律でもクーリング・オフの通知は「書面」で行うことが必要です。「書面」であれば、ハガキでも手紙でもかまいません。ただし、普通郵便だと郵便事故で相手に届かないこともあります。また、悪質業者の場合だと、クーリング・オフのハガキや手紙が来ても無視するようなケースも皆無ではありません。

あらゆる事態に備えて、内容証明郵便を使うのが最も確実といえます。

クーリング・オフの起算日

クーリング・オフを行使できる期間は、クーリング・オフに関する記載のある契約書面（または申込書面）を交付した日から８日以内です。

８日以内であればたとえ契約した後でも、消費者は契約を解除できます。「８日」の期間について、民法の初日不算入の原則とは異なり初日もカウントされる点に注意しましょう。

また、特定商取引法では、クーリング・オフの効果は、消費者がクーリング・オフに関する書面を発信した時点で発生すると規定しています（発信主義）。

たとえば、日曜日に契約書面を交付したとすると、翌週の日曜日までが行使期間となります。消費者は８日以内に通知を発信すればよく、事業者に届くのは９日目以降でもかまいません。特に、消費者が商品購入から８日目にクーリング・オフの通知を手紙で送った場合、事業者に届くのは９日目以降になりますが、このような場合でもクーリング・オフは有効に成立するのです。

クーリング・オフ妨害とは

事業者によっては「書面が本社に到着していないため、クーリング・オフ

は無効です」「商品が消耗品の場合は、クーリング・オフが無効になります」などの理由をつけて消費者にクーリング・オフをさせまいとします。こういった行為は**クーリング・オフ妨害**と呼ばれます。具体的には、事業者が消費者にクーリング・オフができないと告げ、消費者がそれを事実であると誤認した場合や、事業者が消費者を威迫したために、消費者が困惑してクーリング・オフができなかった場合などが挙げられます。事業者が威迫する例としては、契約の解約を望む消費者に対して、契約を解消する行為は「無責任だ」などと主張して、高圧的な態度で接し、クーリング・オフの行使を、心理的に困難にするなどの行為です。

特定商取引法では、クーリング・オフ妨害が行われ、それにより消費者が誤認や困惑したために、クーリング・オフを行うことができなかった場合には、クーリング・オフ期間の延長を認めています。具体的には、事業者は「弊社はクーリング・オフを妨害する行為を行ったため、本日お送りした書面をお受け取りになった日より8日間はクーリング・オフが可能です」といった書面を、改めて消費者に交付しなければならず、その書面を受領した日から8日以内であれば、クーリング・オフができることになります。

なお、クーリング・オフ妨害行為は、契約締結前に行った場合にも、8日間の熟慮期間の延長の対象に含まれます。

契約締結前のクーリング・オフ妨害行為の具体例としては、事業者側の契約前の説明として、「この契約は特別な契約であるため、解約することができません」などと、クーリング・オフができないと虚偽の説明を行って、契約締結へと消費者を導く行為が挙げられます。

クーリング・オフできるおもな取引

クーリング・オフできる取引	クーリング・オフ期間
訪問販売	法定の契約書面を受け取った日から8日間
電話勧誘販売	法定の契約書面を受け取った日から8日間
マルチ商法（連鎖販売取引）	クーリング・オフ制度告知の日から20日間
現物まがい商法（預託取引）	法定の契約書面を受け取った日から14日間
海外先物取引	海外先物契約締結の翌日から14日間
宅地建物取引	クーリング・オフ制度告知の日から8日間
ゴルフ会員権取引	法定の契約書面を受け取った日から8日間
投資顧問契約	法定の契約書面を受け取った日から10日間
保険契約	法定の契約書面を受け取った日から8日間

※期間は契約日を含む。ただし、海外先物取引は契約日の翌日から起算。

27 内容証明郵便の活用法

法的効力はないが相手に心理的プレッシャーをかけることができる

内容証明郵便とは

契約をめぐる当事者のトラブルを解決するための手段のひとつとして利用される内容証明郵便について見ていきましょう。

内容証明郵便は、誰が・いつ・どんな内容の郵便を・誰に送ったのかを郵便局が証明する特殊な郵便です。郵便は、正確かつ確実な通信手段ですが、それでも、ごく稀に何らかの事故で配達されない場合もあります。一般の郵便物ですと、後々「そんな郵便は受け取っていない」「いやたしかに送った」というような事態が生じないとも限らないわけです。内容証明郵便を利用すれば、そうした事態を避けることができます。

たしかに、一般の郵便物も書留郵便にすれば、郵便物の引受時から配達時までの保管記録が郵便局に残されます。しかし、書留郵便は、郵便物の記載内容の証明にはなりません。その点、内容証明郵便を配達証明付にしておけば間違いがありません。

内容証明郵便の法的な効力

内容証明郵便自体は、特別な法的効力をもつものではありません。法的な効力が問題になるのは、書かれた内容の方です。

ただ、特殊な郵便物ですから、それを受け取った側は、たいてい何らかの反応をしてきます。

内容証明を上手に利用するコツを知れば、契約をめぐる多くの問題をスムーズに解決することができるのです。

相手に心理的プレッシャーをかけることができる

契約は結んでしまえばそれで終わりというものではなく、後になってさまざまなトラブルが生じることがあります。たとえば、「購入した商品に欠陥があるために抗議したい」「クーリング・オフしたい」「契約を中途解約したい」「クレジットの支払契約を止めてもらいたい」、といったケースです。このような場合に有効に利用できるのが内容証明郵便です。内容証明郵便で通知することで、相手方との間で「受け取っていない」というトラブルが生じることを防ぐことができます。

タイトルに「請求書」などと記載し、「特定商取引法第９条に基づき、本日付で上記売買契約をクーリング・オフする」など請求の根拠を書きます。その後法的手段をとる可能性がある場合には、そのことを記載します。

内容証明郵便は、受取人が１人の場合でも、同じ内容の文面の手紙を最低３通用意する必要があります。ただ、全部手書きである必要はなく、コピーでも問題はありません。郵便局はそのうち１通を受取人に送り、１通を局に保管し、もう１通は差出人に返してくれます。同じ内容の文面を複数の相手方に送る場合には、「相手方の数＋２通」分用意することになります。

書ける字数が決まっている

内容証明郵便で１枚の用紙に書ける文字数には制約があり、用紙１枚に520字までを最大限とします（下図参照）。長文になれば、用紙は２枚、３枚となってもかまいません。ただ、枚数に制限はありませんが、１枚ごとに料金が必要になります。

郵便局へ持って行く

こうしてできた同文の書面３通（受取人が複数ある場合には、その人数に２通を加えた数）と、差出人・受取人の住所氏名を書いた封筒を受取人の数だけ持って、郵便局の窓口へ持参します。内容証明郵便を取り扱っている窓口をあらかじめ確認しておきましょう。

郵便局に提出するのは、内容証明郵便の文書、それに記載された差出人・受取人と同一の住所・氏名が書かれた封筒です。窓口で、それぞれの書面に「たしかに何日に受けつけました」という内容の証明文と日付の明記されたスタンプが押されます。

その後、文書を封筒に入れて再び窓口に差し出します。引き替えに受領証と控え用の文書が交付されます。差し出した郵便局では謄本を５年間保存しています。

内容証明郵便を書く際の注意事項

用　紙	市販されているものもあるが、特に指定はない。 B4判、A4判、B5判が使用されている。
文　字	日本語のみ。かな（ひらがな、カタカナ）、 漢字、数字（算用数字・漢数字）。 外国語不可（英字は固有名詞に限り使用可）。
文字数と行数	縦書きの場合　：20字以内×26行以内 横書きの場合①：20字以内×26行以内 横書きの場合②：26字以内×20行以内 横書きの場合③：13字以内×40行以内
料　金	文書1枚（440円）＋郵送料（84円）＋書留料（435円） ＋配達証明料（差出時320円）＝1279円 文書が１枚増えるごとに260円加算

Column

クーリング・オフの通知書面の書き方

特定商取引法では、訪問販売・電話勧誘販売・連鎖販売取引・特定継続的役務提供・業務提供誘引販売取引・訪問購入の各取引について、消費者にクーリング・オフを認めています。事業者は購入者からこれらの契約の申込を受けた際には、書面を交付してクーリング・オフに関する事項を告知しなければなりません。告知は赤枠の中に赤字で記載します。たとえば、訪問販売の場合には以下のように記載します。

【クーリング・オフのお知らせ】

・書面受領日を含む８日間は、書面により無条件に売買契約の申込の撤回または契約の解除をすることができます。

・クーリング・オフの効力はお客様が書面（下記参照）を発信した時（消印日付）から発生します。

・クーリング・オフをした場合、損害賠償または違約金の支払いの必要はなく、お客様が支払っている金銭等があれば全額返金し、手数料のご負担もございません。

・申込が営業のため、もしくは営業として締結された場合にはクーリング・オフの適用はありません。

×××－××××
東京都××区××4−5−6
株式会社○○エージェンシー
××××殿
（※簡易書留での郵送が確実です）
（表）

契約解除通知書
私は貴社と以下のような契約を結びましたが、特定商取引法第９条の規定に基づき契約を解除させていただきます。
契約年月日
商品名
契約金額
販売会社　　株式会社○○エージェンシー
担当者
令和○年○月○日
（ご住所・ご契約者氏名・お電話番号）
（裏）

第７章

割賦販売法のしくみ

1 割賦販売法の概要

販売信用取引について規制する法律

割賦販売法の規制する取引

商品の代金を何回かに分割して支払う割賦払いは、支払方法や割賦金利といった点で複雑な契約です。そこで、当事者が不利益を被らないように、販売方式について規定しているのが**割賦販売法**です。

割賦販売法が規制する取引の概要は以下のとおりです。

① 割賦販売

割賦販売とは、一定の要件を満たす、物品やサービス等の代金を、分割で支払うことを約束して売買を行う販売形態のことです。割賦販売は購入者と販売会社（またはサービスの提供業者）の二者間の取引です。

売主と買主の間で、直接割賦販売が行われるため、「自社割賦」と呼ばれることもあります。代金が後払いのものと前払いのものがあります。

② ローン提携販売

提携金融機関を介しての販売形態をローン提携販売といいます。売主は、金融機関で買主が借り受けた金銭から支払いを受けることができるので、「代金を受け取れないかもしれない」というリスクを回避することができます。ただ、買主がローンの返済を滞ると、保証人である売主が、金融機関に対し、保証債務を履行しなければなりません。

③ 包括信用購入あっせん

消費者がクレジットカードを利用して商品などを購入し、代金を信販会社が立て替えるケースがあります。このようにクレジットカード等を利用して、限度額の中で包括的に与信（信用を与えて代金の支払時期を商品等の引渡時期よりも遅らせること）をするタイプを包括信用購入あっせんと呼びます。買主ではない第三者が用意した金銭を売主に支払うという点では、前述したローン提携販売と同じですが、信用購入あっせんの場合、ローン提携販売のように売主が保証人になることはありません。信用購入あっせんでは、売主は与信をせず、売買契約だけを行い、信販会社が買主に対して与信（限度枠の設定）を行います。

④ 個別信用購入あっせん

包括信用購入あっせんと異なり、クレジットカード等を使用せずに、車・宝石・呉服・携帯電話などの商品を買うたびに（個別に）契約し、信販会社が買主に与信を行うものを個別信用購入あっせんと呼びます。クレジット契約などと呼ばれます。

⑤ 前払式特定取引

経済産業大臣の許可を受けた特定の事業者に対し、会費などの名目で代金を支払うことにより、特定の物品やサービスの提供を受けることができる取引を前払式特定取引といいます。

指定制度

割賦払いで商品を購入すれば、常に割賦販売法が適用されるということにはなりません。割賦販売とローン提携販売は、取引の対象が指定商品・指定権利・指定役務（サービス）である場合のみ割賦販売法の適用の対象となります（下図参照）。

一方、包括信用購入あっせんは、原則としてすべての商品・権利・サービスが適用対象になります。また、個別信用購入あっせんは、権利については指定権利のみが適用対象となりますが、商品とサービスについては原則としてすべての商品・サービスが適用対象となります。そして、前払式特定取引は、すべての商品と指定役務（下図の前払式特定取引の指定役務）に適用対象が限定されています。

割賦販売法の規定する指定商品・指定権利・指定役務

種類	指定されている対象物
指定商品（抜粋）	真珠・貴石・半貴石、幅が 13 ㎝以上の織物、履物及び身の回りの品を除く衣服、ネクタイ・マフラー・ハンドバッグ等の装身具、履物、書籍、ビラ・パンフレット・カタログ等の印刷物、ミシン・手編み機械、はさみ・ナイフ・包丁等の利器、浄水器、レンジ、天火、こんろ等の料理用具、化粧品、化粧用ブラシ・化粧用セットなど 54 項目。
指定権利	①人の皮膚を清潔・美化し、体型を整え、または体重を減らすための施術を受ける権利、②保養のための施設またはスポーツ施設を利用する権利、③語学の教授を受ける権利、④学校や専修学校の入学試験のための備えや学校教育の補習のために学力の教授を受ける権利、⑤児童・生徒・学生を対象としている、サービスを提供する事業者の事業所で行われる、入学試験への備えや学校教育の補習のための学力の教授を受ける権利、⑥電子計算機・ワードプロセッサーの操作に関する知識・技術の教授を受ける権利、⑦結婚を希望する者を対象とした異性の紹介を受ける権利。
指定役務（抜粋）	人の皮膚を清潔・美化し、体型を整え、または体重を減らすための手術を行うこと、入学試験の備えまたは学校教育の補習のための学力の教授、結婚を希望する者を対象とした異性の紹介、など 10 項目。
前払式特定取引の指定役務	婚礼・結婚披露のための施設の提供・衣服の貸与その他の便益の提供及びこれに附随する物品の給付、葬式のための祭壇の貸与その他の便益の提供及びこれに附随する物品の給付。

2 割賦販売

自社割賦とも呼ばれる

割賦販売法の定める割賦販売

割賦販売法で定める割賦販売とは、販売業者・役務提供事業者が、商品などの対価を２か月以上の期間にわたり、かつ、３回以上に分割して受領することを条件に政令で指定された商品などの販売を行うことを意味します。対象となるのは、政令で指定された商品・権利・役務に限られます。

また、支払の形態が「２か月以上の期間にわたり、かつ、３回以上」のものに限られるので、たとえば2回払いで購入しても、割賦販売法の適用対象にはなりません。

割賦販売の形態

割賦販売は購入者と販売会社（またはサービスの提供業者）の二者間の取引です。

支払形態ごとに分類すると、個々の取引ごとに申込を行う「個品方式」と、販売会社が発行する「クレジットカードを利用する方式」に分けることができます。クレジットカードを利用する方式のうち、事前に包括的な契約を締結して分割払いで支払うものが「総合方式」、リボルビング払いで支払うものが「リボルビング方式」です。

割賦販売は、通常代金後払いのものが多いといえますが、指定商品を引き渡すに先立って購入者から２回以上にわたって代金の全部または一部を受領する前払式割賦販売という割賦販売もあります。前払式割賦販売は先に代金を前払いするため、消費者が損害を被るおそれがあります。そのため、前払式割賦販売を行うことを検討している事業者などは、あらかじめ経済産業省の許可を得ることが必要です。

広告の規制と契約書面の交付

割賦販売業者は自己に都合のよいことだけを広告してはいけません。広告をする際には、支払方式に応じて支払期間や支払回数、利率といった法定事項を一括して表示します。

割賦販売業者は、割賦販売契約を締結した場合には、必要事項を記載した契約書面を交付しなければなりません。個品方式と総合方式の必要事項は、①商品などの割賦販売価格、②１回ごとの支払分（賦払金という）の額、③賦払金の支払時期及び方法、④商品等の引渡時期、⑤契約の解除に関する事項、⑥所有権の移転に関する定めがあるときはその内容、⑦その他割賦販売法施行規則で定められている事項、です。

リボルビング方式の場合、上記の④

〜⑦に加えて、商品などの現金販売価格・弁済金の支払方法が必要事項となります。また、リボルビング方式の場合、代金請求の際に、あらかじめ支払時期・支払金・算定根拠を明示した書面が購入者に対して交付されることになっています。購入者は契約の際に契約書面を十分に確認することが必要です。

契約の際に気をつけること

契約をしたものの、さまざまな手違いがあって事業者が当初の予定どおりに契約を履行できないこともあります。このような場合に備えて、購入者の解除権をあらかじめ失わせることを内容とする特約や、解除の効果を民法の定めよりも不利にする特約を結ぶことは認められていません。契約不適合責任の免責特約も原則として禁止されています。事業者の利益を守るために消費者の利益を不当に害するような条項を定めることは、消費者保護の観点から、割賦販売法で禁止されているということは知っておく必要があるでしょう。

また、多くの契約では、債務者が定められた支払金を払わない場合、債権者は期限の利益を喪失させ、残価の一括での支払いを要求することが多いようですが、割賦販売法では、期限の利益を喪失させるためには20日以上の期間を定めて催告しなければならないという義務を販売業者に対して課しています。割賦払いを少し怠っただけで解除されてしまうのでは購入者に酷であるため、このような業者の解除権を制限する規定が置かれているのです。また、契約を解除されたとしても、購入者が不当な賠償金を請求されることのないように、損害賠償額（遅延損害金）を一定の範囲に制限する規定が置かれています。

割賦販売のしくみ（商品の販売の場合）

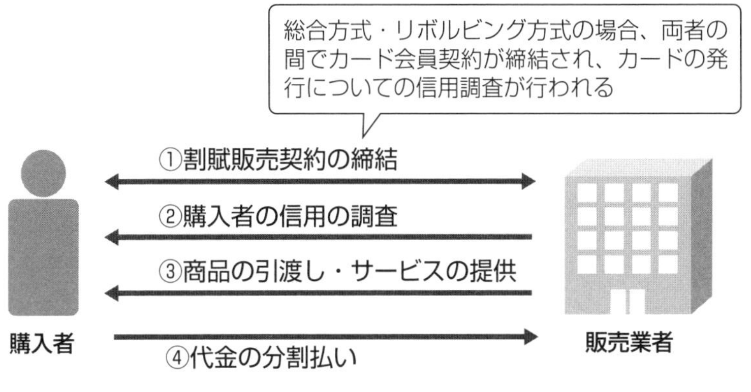

3 ローン提携販売

金融機関から資金を借り入れて購入する

ローン提携販売のしくみ

消費者が、信販会社（金融機関）とのカード契約に基づき発行されたクレジットカードを利用して商品を購入する際、その代金を信販会社から借り入れ、２か月以上の期間にわたり、かつ、３回以上に分割して信販会社に返済することを条件に、販売会社が消費者の債務を保証する販売方式を**ローン提携販売**といいます。販売会社にとっては、保証債務を負うというリスクがあるため、同様の販売形式であっても、保証の責任を負わない信用購入あっせんによる販売方式が多く用いられる傾向にあります。

ローン提携販売のしくみは、まず買主が販売業者との間で商品等の売買契約を結ぶ際、買主と信販会社の間でカード契約に基づき金銭消費貸借契約が締結され、買主が信販会社から商品等の代金分の金銭を借り入れます。買主は、借り入れた金銭を売主に対する支払いに充てますが、この際、買主の返済債務について売主と信販会社の間で保証契約が結ばれます。その後、買主が信販会社に対し、月々のローンを返済していきますが、買主が支払いを延滞した場合は、保証債務を負う売主が返済します。

条件の表示と書面の交付

割賦販売法は、販売業者に対して、広告表示に関する規制を定めると共に契約書面の交付義務を課しています。

①　ローン提携販売条件の表示

販売業者は、取引を行う際に、商品・権利の現金販売価格や役務の現金提供価格、支払総額、借入金の返還の期間や回数、借入金の利率やその他の手数料の料率などを購入者（買主）に表示することが必要です。

②　書面の交付

契約締結時に、販売業者は購入者に対して、遅滞なく、支払総額や分割返済金、返済時期、返済方法、契約解除に関する事項など、所定の内容を記載した書面を交付することが必要です。

契約内容についての規定

割賦販売と同様に、購入者を保護する規定が設けられています。具体的には、契約不適合責任を免除する特約も原則として禁止されます。また、販売業者に債務不履行があった場合に購入者が行使できる解除権を不当に制限する特約も禁止されています。ただし、割賦販売法では、ローン提携販売について、割賦販売では規制されていた解除の際の損害賠償額（遅延損害金）の制限についての規制や、期限の利益を喪失させる措置についての規制は定められていません。

金融機関に対する抗弁の主張

一般的な商品売買では、商品に欠陥が見つかった場合や、期日までに商品が届かなかった場合、購入者は販売業者に対し、商品の交換や修理などの要求や対価を支払の拒否といった形で対抗することができます。これを抗弁権といいます。このとき抗弁権を主張する相手は、取引相手である販売業者です。

しかし、ローン提携販売の場合は、購入者が金銭を返済するのは販売業者ではなく、借入先の金融機関です。そのため、販売業者に抗弁を主張できたとしても、金融機関にその抗弁を主張できないとなると、購入者は予定していた商品が手に入らないにもかかわらず、代金は支払わなければならないという二重苦の状況に陥る可能性があるのです。消費者をこのような状況から救済するために設けられているのが、**抗弁権の接続**という考え方です。

抗弁権の接続とは、購入者が商品の欠陥や期日の遅延といった販売業者に対する抗弁をもつ場合には、その抗弁を金融機関などの第三者にも主張して、金融機関からの弁済の請求を拒むことができるという考え方のことです。

この抗弁権の行使について、購入者に不利な特約を結んだとしても、そのような特約は無効となります。ただし、商品等の支払総額が4万円未満の場合には、抗弁権の接続が認められないため、販売業者に対する抗弁を金融機関に主張することができなくなります。

ローン提携販売のしくみ

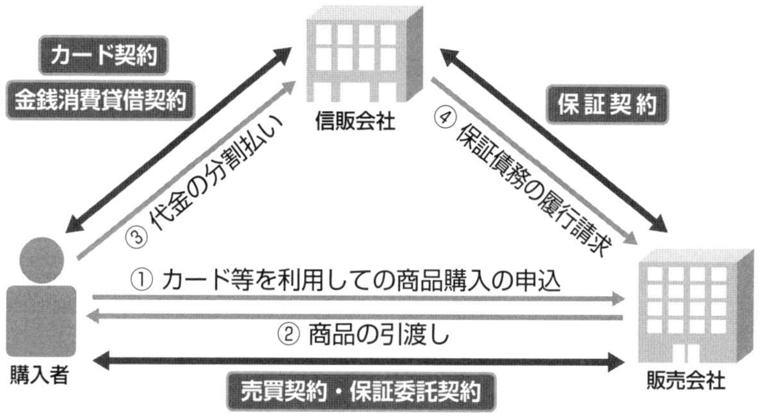

4 包括信用購入あっせん

クレジットカードを利用した商品などの購入のこと

包括信用購入あっせん契約とは

包括信用購入あっせん業者（カード発行会社）の交付するクレジットカード（会員番号・パスワードなどの付与による場合もあります）を利用して商品等を購入し、販売業者が包括信用購入あっせん業者から立替払いを受け、購入者が代金を包括信用購入あっせん業者に対して支払う形態を**包括信用購入あっせん（包括クレジット）**といいます。包括信用購入あっせん業者は、開業にあたり登録が必要です。

包括信用購入あっせんの原則的な形態は、カード発行会社と販売業者の間で、加盟店契約（販売業者がカード発行会社のクレジットカードで決済できるようにするため、カード発行会社との間で締結する契約）が締結されている場合です（次ページ図）。

しかし、包括信用購入あっせんにおいて、カード発行会社と加盟店契約会社（販売業者との間で加盟店契約を締結する会社で、アクワイアラとも呼ばれます）が異なる形態が一般化しています。そのため、割賦販売法は、カード発行会社の他に、加盟店契約会社についても、開業にあたり立替払取次業者としての登録を義務付けています。

支払可能見込額の調査

新規でクレジットカードを交付する場合や、交付済みであるクレジットカードの利用可能限度額を変更する場合は、利用者の支払能力や借入れの状況等について、包括信用購入あっせん業者による調査が行われます。利用者の収入や財産状況に見合わない限度額が設定されてしまうことで、多重債務・カード破産といった事態が生じるのを防止するためです。この調査に基づき、利用者の支払能力を超えるクレジットカードの発行は禁止されます。ただし、利用限度額が30万円以下のクレジットカードを発行する場合には、この規制が適用されません。

簡単に言うと、支払可能見込額（年収と預貯金の合計額からクレジット債務と生活維持費を除いた金額）の90％相当の金額を超える極度額（限度額）を定めるクレジットカードの発行が禁止されます。生活維持費の金額は、住宅ローンの返済、家賃の支払いの有無や世帯人数を基に、法令で定められています。

さらに、利用者が利用限度額の増額を希望する場合も、包括信用購入あっせん業者は、クレジットカードの発行時と同様の調査義務を負います。

対象となる契約

割賦販売法の規制対象は、購入から支払いまでが2か月を超えるものです。これに該当する場合には、1回払い・2回払いも規制対象に含まれます。ただし、翌月一括払いの支払方法（マンスリークリアカード）は、決済手段としての性格が強いことから、割賦販売法の規制対象外とされています。

取引条件の明示

包括信用購入あっせん業者がクレジットカード交付時の取引条件について広告するときは、割賦販売と同様、これらの取引条件を一括して表示することが必要です。この取引条件の明示義務に違反した業者には、罰金刑が科される可能性があります。

契約内容についての規制

クレジットカードを利用して商品等を購入する契約を締結した際には、購入者は、販売業者と包括信用購入あっせん業者のそれぞれから書面の交付を受けます。販売業者からは、現金販売価格、商品名、商品の引渡時期などについて記載された書面の交付を受けます。他方で、包括信用購入あっせん業者からは、支払総額、支払回数、各回の支払時期などについて記載された書面の交付を受けます。

販売業者の契約不適合責任を免責する特約の制限や、契約を解除した購入者が支払う損害賠償額（遅延損害金）が制限されている点、期限の利益を失わせる措置を採る場合の規制が設けられている点は、割賦販売と同様です。

包括信用購入あっせんの原則的なしくみ

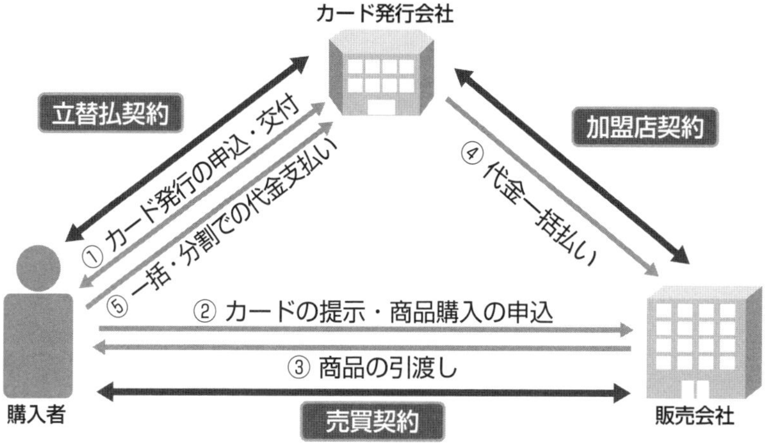

5 個別信用購入あっせん

個別信用購入あっせん業者は調査義務を負う

個別信用購入あっせんとは

個別信用購入あっせんとは、購入者が商品等（商品・役務・指定権利）を購入する際、販売業者と提携する個別信用購入あっせん業者（個別クレジット会社）が購入者に代わって立替払いをした上で、その金額と立替手数料の合計額を購入者から分割で回収するという方式です。クレジット契約・ショッピングクレジットと呼ばれることが多いようです。個別信用購入あっせん業者は、開業の際には、登録と資産5000万円以上が要求されています。

個別信用購入あっせんは、手元に現金やクレジットカードがなくても、分割払いによって商品を購入できるというメリットがあります。その反面、「消費者が支払能力を超える長期間の返済を迫られている」といったトラブルが多発しています。また、個別クレジット業者は、販売業者と密接な関係を持っていることが多く、販売業者の悪質な勧誘によって得た利益の一部を受け取っているケースもあります。そのため、消費者被害を防ぐ目的から、割賦販売法では個別信用購入あっせんに対する規制が行われています。

取引条件の明示

商品等を販売しようとする（広告する）場合、販売業者は、購入者に対し、現金販売価格、支払総額、支払期間・回数などの取引条件を明示しなければなりません。取引条件の明示は、必ず書面の交付により行う必要があります。

販売業者に対する調査

特定商取引法の定める一定の取引（特定契約）を販売業者が行う場合、個別信用購入あっせん業者は、消費者契約法や特定商取引法に違反する事実の有無を調査することが義務付けられています。「特定契約」とは、販売業者が個人の購入者との間で、特定商取引法が規定する、①訪問販売、②電話勧誘販売、③連鎖販売取引に関して個人との間で結ばれる契約のうち一定のもの、④特定継続的役務提供、⑤業務提供誘引販売取引に関して提供される業務について行われる個人との契約（業務提供誘引販売個人契約）を指します。

調査の結果、違法行為が見つかった場合には、個別クレジット会社（個別信用購入あっせん業者）は、勧誘の相手方（消費者）に対して、契約の申込やその承諾が禁止されます。

契約書面の交付

特定商取引法で規定されている５つの特定契約について、個別信用購入あっせん（個別クレジット）を利用して商品等の販売契約が結ばれた場合には、販売業者と個別信用購入あっせん業者（個別クレジット会社）は、購入者に対し、商品等の引渡時期、支払総額、支払時期・方法、クーリング・オフに関する事項などを明記した書面（契約書面）を交付しなければなりません。個別信用購入あっせん契約に関する契約書面は個別クレジット会社が、商品等の販売契約に関する契約書面は販売業者が交付義務を負います。

契約内容についての規制

契約内容については包括信用購入あっせんと同様の規制が置かれています。具体的には、契約不適合責任を不当に免責する特約は無効となります。また、購入者側から契約を解除した際の損害賠償金（遅延損害金）が一定の額を超えないように制限されています。さらに、購入者の未払いを理由に期限の利益を喪失させて一括支払を要求する場合、個別クレジット会社は20日間以上の期間を定めて催告することが必要です。そして、購入者が販売業者に対して、契約の取消権・解除権や欠陥商品の交換請求権などの抗弁権を持つ場合には、その抗弁権を個別信用購入あっせん業者に対しても主張可能です。

個別信用購入あっせん契約のしくみ

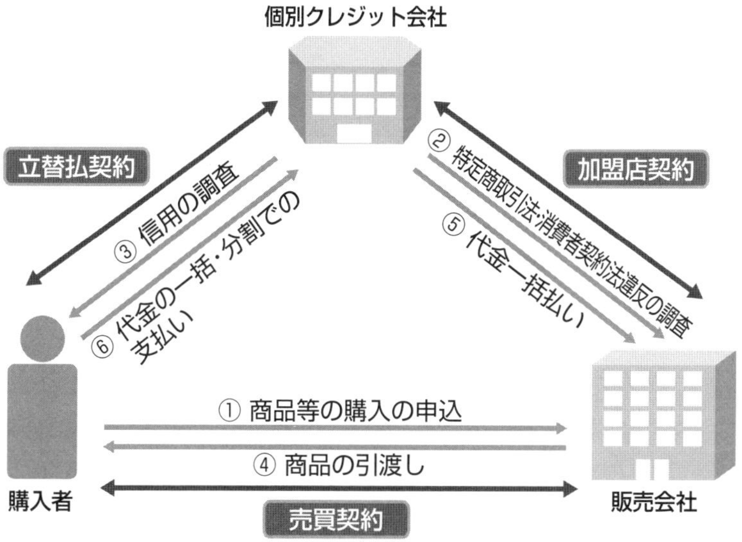

6 前払式特定取引

掛け金を支払うことでサービスを受けることができる取引

前払式特定取引のしくみ

「前払式」といわれる取引では、買主が先に代金を支払い、目的物の引渡しは原則としてその支払いが終わった後ということになります。

割賦販売法における前払式特定取引とは、①商品売買の取次ぎ（連絡や仲介のこと）や特定役務の提供についての取次ぎを行う取引であること、②目的物の引渡しに先だって対価の支払いを受けること、③対価は２か月以上の期間にわたり、かつ３回以上に分割して受領すること、これらの条件をすべて満たしたものを意味します。

前払式特定取引業を開業するにあたっては、経済産業大臣の許可が必要ですが、取引条件の開示や契約内容についての規制は定められていません。

トラブルの多くは、解約に関するトラブルです。特に、契約書に「転居や生活保護が必要なほどの困窮に陥るなどよほどの事情がない限り解約はできない」「解約時には当社の規定する解約料を請求する」などという特約が設けられている場合に問題になります。この場合、前払式取引業者が、解約の拒否を行ったり、解約料を請求する行為は、消費者が合意をした、契約の内容にのっとっているため、通常は特約に基づく正当な行為といえます。

ただし、割賦販売法や消費者契約法などの法律の規定や約款基準により、消費者が解約条項の無効を主張できる可能性があるため注意が必要です。

前払式特定取引のしくみ

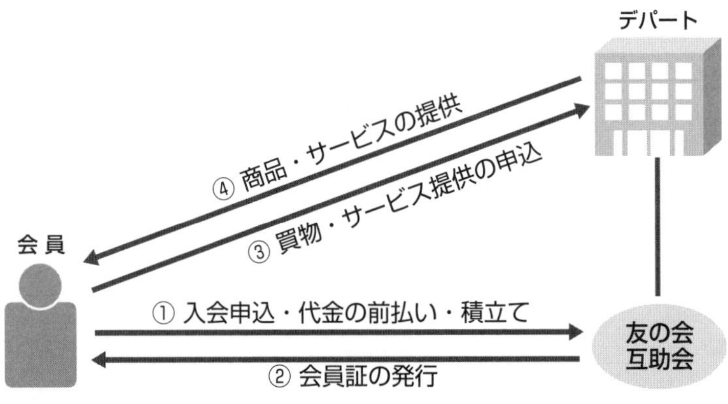

巻 末

実務で役立つ契約書式集

書式１　継続的取引契約書

収入印紙
4,000円

継続的商品売買取引基本契約書

○○商事株式会社（以下「甲」という）と××産業株式会社（以下「乙」という）とは、甲の製造する製品（以下「本件商品」という）の乙に対する継続的供給に関し、基本となる契約（以下「基本契約」という）を次の通り締結する。

第１条（目的） 甲及び乙は、甲乙間の取引につき、相互の利益を確保し、本契約関係につき信義誠実に履行し、公正な取引関係を維持することを目的とする。

第２条（基本契約と個別契約との関係） この基本契約は、甲乙間に締結される個別の契約（以下「個別契約」という）に特約なき限り、甲乙間のすべての個別取引に適用するものとする。

第３条（個別契約の成立） 個別契約は、発注年月日、品名、仕様、単価、数量、納期、納入場所、支払方法その他を記載した乙所定の注文書を乙から甲に交付し、甲がこれを承諾したときに成立するものとする。

第４条（売買価格の決定） 売買価格の代金は、甲乙の協議により、双方合意の上で決定されるものとする。

第５条（売買代金の支払方法） 売買代金の支払方法は、甲乙の協議により、別に定めることとする。

第６条（商品納入後の検査義務） 乙は、甲から本件商品の納入を受けた時は、直ちに本件商品を検査しなければならない。

２　検査の方法は、あらかじめ当事者が定めた方法によるものとし、別に定めることとする。

３　前項の検査により、万が一、乙が本件商品に種類、品質又は数量に関して契約の内容に適合しないことを発見した場合、乙は直ちに書面をもって甲に対しその旨を通知することを要する。

第７条（所有権の移転及び帰属） 本件商品の所有権は、本件商品の現実の引渡によって甲から乙に移転することを原則とする。ただし、特約がある場合には、代金の弁済が完了するまで本件商品の所有権は甲に帰属するものとする。

２　乙は、本件商品受領の際、直ちに甲の納品書に受領の署名押印をして、甲に発送しなければならない。

第８条（相殺予約） 甲が乙に対して債務を負う場合、甲は、基本契約及びその他の契約に基づいて生じる甲の乙に対する債権と甲の乙に対する債務とを、甲の乙に対する債権の弁済期到来の有無にかかわらず、同一の金額、条件で相殺できるものとする。

第９条（契約不適合責任） 甲より乙へ本件商品を納入した後６か月以内に、乙が本件商品が種類、品質又は数量に関して契約の内容に適合しないこと（以下「契約不適合」という）を発見した場合、乙は、相当の期限を定めて、甲に対し、本件商品の修理又は交換すべきことを請求することができる。その場合の費用負担は、甲が負うものとする。また、本請求は、乙において遅滞なく甲に行うことを要する。

２　前項の場合において、当該契約不適合に基づき乙が損害を被ったときは、乙は甲に対し損害賠償の請求をすることができる。乙が、第三者に発生した損害を賠償したときも、これを準用する。

３　甲は、乙に対する本件商品の納入後６か月を経過したときは、本件商品につき、何ら責任を負わないものとする。

第10条（秘密保持） 甲及び乙は、基本契約及び個別契約に関して知り得た営業上又は技術上の秘密を、第三者に開示又は漏えいしてはならない。当事者以外の第三者の情報についても同様とする。

第11条（損害賠償） 甲又は乙が基本契約又は個別契約の条項に違反し、相手方に損害を与えたときには、違反した当事者は、損害を被った相手方に対してその損害を賠償するものとする。

第12条（契約解除） 甲又は乙は、相手方が次の各号に該当したときは、何らの催告を要せず、直ちに基本契約を解除することができる。

一　基本契約又は個別契約の条項に違反した場合

二　基本契約又は個別契約に違反すると思われる場合に、相当の期間を定めて是正を勧告したにもかかわらず、当該期間内に是正を行わないとき

三　営業停止など、行政処分を受けたとき

四　税の納付に関し、滞納処分を受けたとき

五　差押、仮差押、仮処分等を受けたとき

六　手形又は小切手につき不渡り処分を受けたとき

七　破産、民事再生又は会社更生の申立てを行ったとき。これらの申立てが第三者からなされたとき

八　会社の組織について、解散、合併、会社分割、又は事業の全部又は重要な一部の譲渡を決議したとき

2　前項に基づいて基本契約が解除されたときは、帰責事由の存する当事者は、他の当事者に対して、基本契約の解除により他の当事者が被った損害を賠償するものとする。

第13条（基本契約の有効期間） 基本契約の有効期間は、契約の日より２年間とする。

2　期間満了３か月前までにいずれかの当事者からも、書面による別段の申し出がない場合には、基本契約をさらに１年間延長するものとし、以後も同様とする。

3　基本契約の終結又は解除のときに、すでに成立した個別契約がある場合には、基本契約は当該個別契約の履行が完了するまで、当該個別契約の履行の目的のために、なお効力を有するものとする。

第14条（裁判における合意管轄） 甲及び乙は、基本契約より生じる紛争の

一切につき、甲の本店所在地を管轄する地方裁判所又は簡易裁判所を第一審の専属的合意管轄裁判所とする。

第15条（双方協議） 本契約に定めなき事項又は基本契約の条項に解釈上の疑義を生じた事項については、甲乙協議の上、解決するものとする。

本契約の成立を証するため、本書２通を作成し、甲乙署名又は記名押印の上、各１通を保有することとする。

令和○年○月○日

神奈川県○○市○○町○丁目○番○号
（甲）　○○商事株式会社
代表取締役　○○○○　㊞

東京都○○区○○町○丁目○番○号
（乙）　××産業株式会社
代表取締役　○○○○　㊞

■ 第６条・第９条

平成29年の民法改正によって、改正前の瑕疵担保責任が廃止され、新たに「契約不適合責任」が導入されたことに伴い、第９条は「契約不適合責任を定めた条項」となっている。

また、第６条は、商法526条の「買主による目的物の検査及び通知」に関する規定をふまえた条項でもある。改正前の商法526条は、目的物に瑕疵があるのを一定期間内に通知しないと、買主が瑕疵担保責任を追及できなくなるとの規定であった。しかし、平成29年の民法改正に伴い、商法526条も契約不適合責任をふまえた規定へと変更されている。第６条はこの点にも対応している。

書式2　物品売買契約書

物品売買契約書

売主○○株式会社（以下「甲」という）と買主△△株式会社（以下「乙」という）は、物品の売買において、次の通り契約した。

第1条（売買の目的） 甲は、その所有にかかる下記の物品（以下「本件物件」という）を乙に売り渡し、乙はこれを買い受けることをその目的とする。

2　目的となる物品は次の通りとする。

品名　○○○○○○

数量　○個

第2条（物件の引渡方法） 本件物件の引渡は、令和○年○月○日限り、乙の本店営業所において現実の引渡しを行うこととする。

第3条（単価及び売買代金の総額） 本件物品の単価は金○○○○円とし、売買代金の総額は金○○○○円とする。

第4条（売買代金の支払時期及び方法） 売買代金は、令和○年○月○日限り、第2条の引渡と同時に支払うこととする。

第5条（善管注意義務） 甲は、乙が現実に引渡を受けるまで、善良なる管理者の注意を払い、本件物件を管理することとする。

第6条（不可抗力による履行不能） 当事者は、天災地変その他甲乙双方の責めに帰すべからざる事由により、本契約の全部又は一部が履行不能になった場合には、相手方に対して責任を負わない。

第7条（所有権留保） 乙が代金の支払いを完了するまでは、本件物件は甲の所有に属するものとする。

第8条（危険負担） 本件物件の引渡が完了した後、乙の検査期間満了前において、本件物件の滅失、毀損、その他一切の損害があった場合には、甲がその責任を負う。ここにおいて、乙の検査期間は、本件物件の引渡完了日から○○日とする。

2　前項の規定は、乙の責めに帰すべき場合、乙の検査に合格した場合、又は乙が異議を述べずに受領した場合には、これを適用しない。

3　検査期間満了後に生じた損害は、甲の責めに帰すべき事由がある場合を除いて、乙の負担とする。

第９条（契約解除） 当事者の一方が本契約の条項に違反した場合には、相手方は直ちに本契約を解除することができる。本契約の解除は何らの催告も要しない。

第10条（損害賠償） 相手方が本契約の条項に違反した場合、その他債務の本旨に従った履行をなさなかった場合には、それによって生じた損害について賠償を請求することができる。

第11条（裁判上の合意管轄） 本契約より生じる法律関係の訴訟については、甲の本店所在地を管轄する地方裁判所又は簡易裁判所を第一審の専属的合意管轄裁判所とする。

第12条（双方の協議） 本契約に定めのない事項については、甲乙協議の上、定めるものとする。

本契約の成立を証するため、本書２通を作成し、甲乙署名又は記名押印の上、各１通を保有することとする。

令和○年○月○日

＜住所・氏名省略＞

■ 第６条

改正前民法の下では、契約の内容が原始的不能（契約締結前に履行が不可能な状態になっていた場合）である場合は、その契約が当然に効力を失うと考えられていた。しかし、平成29年の民法改正によって、契約の内容が原始的不能でも、その契約の効力は消滅しないことを前提とした上で、相手方に対して債務の履行を請求できない、言い換えると、相手方に対する責任を負わない旨を規定している（民法412条の２第１項）。第６条はこの点をふまえた条項である。

■ 第８条

改正前民法の下では、特定物売買に関する危険負担は、特約の定めがある場合を除き、債権者主義（危険について買主が責任を負う）としていた。しかし、平成29年の民法改正によって、特約の定めがない場合は、特定物売買を含めて危険負担は債務者主義（危険について売主が責任を負う）を採用することにしている（民法536条）。

もっとも、第８条第１項を見ると、売主である甲が、危険（本件物件の滅失や損傷など）について責任を負うのを原則としているので、民法改正の趣旨に適合している。また、危険負担は任意規定（当事者の合意が優先する規定）なので、第２項や第３項のような特約を定めること自体は問題ないといえる。

書式３　金銭消費貸借契約書

収入印紙
（課税額は
記載金額により
異なる）

金銭消費貸借契約書

貸主○○○○（以下「甲」という）、借主××××（以下「乙」という）、連帯保証人△△△△（以下「丙」という）は、下記の通り、金銭消費貸借契約を締結した。

第１条（本契約の目的） 本契約においては、甲が乙に対し、金銭を交付し、乙が次条で定める内容に従い、これに利息を付した金額を返還することを約する。

第２条（金銭消費貸借契約の内容） 甲は、乙に対し、令和○年○月○日、下記の内容において、金銭を貸与し、乙はこれを受領した。

一　金　額　　　　金○○○○円也

二　使用用途　　　○○○○

三　弁済期　　　　元金については、令和○年○月末日から令和○年○月末日まで、毎月末日限り金○万円ずつ（合計○回の分割払い）
　　　　　　　　　利息については、令和○年○月末日から令和○年○月末日まで、毎月末日限り

四　弁済方法　　　元利均等返済方式

五　利　息　　　　年○％の割合（年365日の日割計算）

六　利息の計算方法　残債方式

七　利息支払期間　貸付の当日から弁済の前日まで

八　賠償金　　　　年○％の割合（年365日の日割計算）

九　賠償額の計算方法　約定期日に支払うべき元本×賠償年率×（支払超過期日日数÷365）

２　前項第８号は、違約金、遅延損害金、その他の賠償金を示すものとする。

第３条（連帯保証） 丙は、前条に基づき乙が甲に対して負担する一切の債務につき、乙と連帯して履行の責に任ずる。

第４条（期限の利益喪失） 乙又は丙が下記の一に該当した場合には、甲は、

何らの催告をせず、乙において、当然に期限の利益を失わせ、乙及び丙は、本件契約に基づき甲に対して負担する一切の債務を直ちに支払うこととする。

一　本件契約に基づく割賦弁済金の支払いを3回以上、滞らせたとき

二　破産、民事再生手続き、会社更生、会社整理、特別清算の開始の申立てがあり、又は第三者に申し立てられたとき

三　手形、小切手に不渡りがあるとき

四　差押、仮差押、仮処分等を受けたとき

五　住所変更の届出を怠り、偽り又はその所在が不明となったとき

六　その他、本件契約に基づく債権を保全する必要があると認められるとき

本契約の成立を証するため、本書3通を作成し、甲乙丙署名又は記名押印の上、各1通を保有する。

令和○年○月○日

貸主（甲）住所　○○県○○市○○町○丁目○番○号
氏名　○○○○　㊞

借主（乙）住所　××県○○郡○○町○丁目○番○号
氏名　××××　㊞

連帯保証人（丙）住所　△△県○○市○○町○丁目○番○号
氏名　△△△△　㊞

■ **第3条**

丙が個人である場合（個人保証）には、平成29年の民法改正によって新設された「個人保証の制限」に関する諸規定に注意しなければならない。

たとえば、本契約は「事業のための貸金等債務に関する保証」（事業用融資）に該当すると考えられるので、保証契約の締結日前1か月以内に、丙の保証意思を「公正証書」によって確認しなければならず、公正証書が作成されずに保証契約が締結された場合は、その保証契約が無効となる（民法465条の6第1項）ことに注意する必要がある。

索　引

た

な

は

ま、や、ら、わ

【監修者紹介】

森　公任（もり　こうにん）

昭和26年新潟県出身。中央大学法学部卒業。1980年弁護士登録（東京弁護士会）。1982年森法律事務所設立。おもな著作（監修書）に、『図解で早わかり　倒産法のしくみ』『不動産契約基本法律用語辞典』『民事訴訟・執行・保全　基本法律用語辞典』『契約実務　基本法律用語辞典』『中小企業のための会社法務の法律知識と実務ポイント』『図解で早わかり 相続・贈与のしくみと手続き』『特定商取引法と消費者取引の法律問題トラブル解決法』など（小社刊）がある。

森元　みのり（もりもと　みのり）

弁護士。2003年東京大学法学部卒業。2006年弁護士登録（東京弁護士会）。同年森法律事務所 入所。おもな著作（監修書）に、『図解で早わかり　倒産法のしくみ』『不動産契約基本法律用語辞典』『民事訴訟・執行・保全 基本法律用語辞典』『契約実務　基本法律用語辞典』『中小企業のための会社法務の法律知識と実務ポイント』『図解で早わかり 相続・贈与のしくみと手続き』『特定商取引法と消費者取引の法律問題トラブル解決法』など（小社刊）がある。

森法律事務所
弁護士16人体制。家事事件、不動産事件等が中心業務。
〒104-0033　東京都中央区新川２－15－３　森第二ビル
電話　03-3553-5916
http：//www.mori-law-office.com

図解
最新　契約の基本と実務がわかる事典

2020年2月28日　第１刷発行

監修者　森公任《もりこうにん》　森元《もりもと》みのり
発行者　前田俊秀
発行所　株式会社三修社
〒150-0001　東京都渋谷区神宮前2-2-22
TEL　03-3405-4511　FAX　03-3405-4522
振替　00190-9-72758
http://www.sanshusha.co.jp
編集担当　北村英治
印刷所　萩原印刷株式会社
製本所　牧製本印刷株式会社

ISBN978-4-384-04835-3 C2032